Hawlik • Die Kapuzinergruft

MAGDALENA HAWLIK-VAN DE WATER

DIE KAPUZINERGRUFT

BEGRÄBNISSTÄTTE DER HABSBURGER IN WIEN

HERDER

FREIBURG • BASEL • WIEN

2. Auflage

© Herder & Co., Wien 1993 (1. Auflage 1987)
Alle Rechte vorbehalten.

Lektorat: Andrea Huemer
Umschlag- und Buchgestaltung: Helmut Frais

Satz: Bernhard Computertext, Wien
Reprofotografie: Brüll & Schor OHG., Wien
Printed in Hungary

ISBN 3-210-25151-7

INHALT

1. Vorwort.. 9
2. Vorwort.. 11

DAS ZEREMONIELL BEI TOD UND BEGRÄBNIS 13

Das Zeremoniell im Allgemeinen 14
Die reglementierte Trauer 15
Die Landestrauer 16
Die Hoftrauer 17
Die Kammertrauer 17
Die tiefe und halbe Trauer 18
Das Visier 19
Die Trauerfarben 19

DIE KAISERGRUFT BEI DEN KAPUZINERN 21

Veröffentlichungen über die Kapuzinergruft 22
Niederlassung der ersten Kapuziner-Ordensgemeinschaft in Wien
und die Stiftung der Kaiserin Anna 24
Die Kaisergruft – ein Spiegel österreichischer Geschichte 33
Die Grufträumlichkeiten aus kunstgeschichtlicher Sicht 37
Material und Techniken 46
Form, Schmuck und symbolische Bedeutung der Särge 47
Balthazar Ferdinand Moll und seine Sarkophage 51
Protokoll über den Trauerzug beim Begräbnis Kaiserin Maria Theresias.... 56
Besuche in der Kaisergruft 58
Die Gruft nach 1918 59
Die Restaurierungsarbeiten 64
Letzte Erweiterungspläne 69
Die Herzbestattung und die Herzgruft in der Augustinerkirche........... 71
Die Bestattung von Verstorbenen, die nicht zur kaiserlichen Familie
gehören 76

WER IST IN WELCHEM SARKOPHAG BESTATTET? 79

I. DIE GRÜNDERGRUFT 81
Anna – Gemahlin des Kaisers Matthias (1) 82
Kaiser Matthias (2) 83

II. Die Leopoldsgruft 85

Namen und Daten der Kinder in den Nischen (Arcosolien) 86

Maria Anna – Königin von Portugal (9) 88

Kaiser Ferdinand III. (27) 89

Maria Anna von Spanien – 1. Gemahlin Ferdinands III. (22) 93

Maria Leopoldina von Tirol – 2. Gemahlin Ferdinands III. (21) 96

Eleonora von Mantua-Nevers – 3. Gemahlin Ferdinands III. (19) 98

König Ferdinand IV. (29) 100

Maria Anna Josepha – Tochter Ferdinands III. (17) 104

Eleonora Maria Josefa – Tochter Ferdinands III. (18) 106

Maria Amalia – Schwester Kaiserin Maria Theresias (23) 110

Margarita Teresa – 1. Gemahlin Leopolds I. (20) 111

Claudia Felicitas – 2. Gemahlin Leopolds I. (24) 114

Eleonore Magdalena – 3. Gemahlin Leopolds I. (32) 116

Leopold Joseph – Sohn Leopolds I. (26) 118

Maria Antonia – Tochter Leopolds I. (28) 120

Maria Theresia – Tochter Leopolds I. (25) 123

Maria Magdalena – Tochter Leopolds I. (31) 125

Maria Josepha – Tochter Leopolds I. (16) 128

Leopold Joseph – Sohn Karls VI. (30) 129

III. Die Karlsgruft 131

Kaiser Leopold I. (37) 132

Kaiser Joseph I. (35) 138

Amalia Wilhelmina – Gemahlin Josephs I. (34) 146

Leopold Joseph – Sohn Josephs I. (33) 149

Maria-Elisabeth – Tochter Leopolds I. (38) 150

Kaiser Karl VI. (40) 152

Elisabeth Christine – Gemahlin Karls VI. (36) 158

Maria Anna – Tochter Karls VI. (39) 163

IV. Die Maria-Theresien-Gruft 165

Maria Theresia – Erzherzogin von Österreich, Königin von Böhmen,
Königin von Ungarn (55) 166

Kaiser Franz I. Stephan von Lothringen (56) 168

Kaiser Joseph II. (42) 179

Isabella von Parma – 1. Gemahlin Josephs II. (50) 183

Maria Josepha von Bayern – 2. Gemahlin Josephs II. (49) 185

Maria Theresia – Tochter Josephs II. (52) 187

Karolina, Reichsgräfin v. Fuchs-Mollarth – Gouvernante (41) 189

Johanna Gabriele – Tochter Maria Theresias (45) 191

Maria Josepha – Tochter Maria Theresias (46) 193

Karl Joseph – Sohn Maria Theresias (44) 194

Christine – Enkelin Maria Theresias (54) 198

V. Die Franzensgruft 199

Kaiser Franz II./I. (57) 200

Elisabeth Wilhelmine – 1. Gemahlin Franz II./I. (59) 204

Maria Theresia Karolina – 2. Gemahlin Franz II./I. (60) 206

Maria Ludovika Beatrix – 3. Gemahlin Franz II./I. (58) 208

Karolina Augusta – 4. Gemahlin Franz II./I. (61) 210

Joseph Karl Franz – Herzog von Reichstadt 213

VI. Die Ferdinandsgruft 219

Kaiser Ferdinand I. (62) 220

Maria Anna Karolina Pia – Gemahlin Ferdinands I. (63) 223

VII. Die Toskaner-Gruft 225

Albert von Sachsen-Teschen (111) 226

Maria Christine – Gemahlin Alberts von Sachsen-Teschen (112) 228

Kaiser Leopold II. (113) 231

Der Kenotaph Kaiser Leopolds II. 234

Maria Ludovika – Gemahlin Leopolds II. (114) 236

Maria Karoline – Tochter Maria Theresias (107) 238

Ferdinand Karl Anton – Sohn Maria Theresias (105) 241

Maria Beatrix Riccarda – Gemahlin Ferdinands v. Modena (106) 244

Franz V. Herzog v. Modena (101) 245

Ferdinand Karl d'Este (102) 245

Anton Viktor – Sohn Leopolds II. (103) 246

Ludwig Joseph – Sohn Leopolds II. (104) 246

Ferdinand IV. (108) 247

Leopold II. (109) 247

Rainer Ferdinand (110) 248

VIII. Die Neue Gruft 249

Leopold Wilhelm – Sohn Ferdinands II. (115) 250

Karl Joseph – Sohn Ferdinands III. (116) 252

Karl Joseph v. Lothringen – Enkel Ferdinands III. (117) 253

Maximilian Franz – Sohn Maria Theresias (118) 254

Rudolph Johann Joseph Rainer – Sohn Leopolds II. (119) 254

Wilhelm – Sohn Karl Ludwigs (120) 257

Karl Ferdinand – Sohn Karl Ludwigs (121) 257

Karl Ludwig – Sieger von Aspern (122) 258

Henriette von Nassau-Weilburg – Gemahlin Karl Ludwigs (123) 260

Rudolph Franz – Sohn Karl Ludwigs (125) 262

Maximilian von Mexiko – Bruder Franz Josephs I. (126) 262

Maria Ludovica (Louise) – Gemahlin Napoleons I. (127) 269

Albrecht – Sieger von Custoza (128) 271

Hildegard – Gemahlin Albrechts (129) 273

Mathilde – Enkelin Karl Ludwigs (130) 273

Karl Albert (131) 274

Leopold Salvator (132) 274

Rainer Karl (133) 276

Margarethe Karoline (134) 277

Franz Karl – Vater Franz Josephs I. (135) 277

Unbenannter Prinz – Sohn Franz Karls (136) 278

Sophie Friederike – Mutter Franz Josephs I. (137) 278

Karl Ludwig – Vater Franz Ferdinands (138) 282

Maria Annunziata – 2. Gemahlin Karl Ludwigs (139) 284

Otto Franz Josef – Vater Kaiser Karls I. (140) 285

Maria Josepha – Mutter Kaiser Karls I. (141) 285

Enthüllung einer Gedenktafel für das Thronfolgerpaar 286

IX. DIE FRANZ-JOSEPHS-GRUFT 289

Kaiser Franz Joseph I. (142) 290

Elisabeth – Gemahlin Franz Josephs I. (143) 296

Kronprinz Rudolph (144) 301

X. GEDENKRAUM 305

Kaiser Karl I. – Gedenkbüste (145) 306

Zita v. Bourbon-Parma – letzte österreichische Kaiserin (147) 309

ANHANG 315

Nachwort 317

Nachwort zur 2. Auflage 318

Andere habsburgische Begräbnisstätten 321

Die Bedeutung der Symbole an den Sarkophagen 331

Anmerkungen 334

Ausgewählte Literatur 339

Vollständiges Verzeichnis aller in der Kaisergruft beigesetzten Personen 344

Bildquellennachweis 348

Lageplan der Kaisergruft

Genealogie

1. Vorwort

*ALLENTHALBEN IST DAS LEBEN
AUF DEM WEG ZU SEINEM TODE.*

(Reinhold Schneider, Winter in Wien 1958)

Als sich im 17. Jh. auf dem Mehlmarkt, dem heutigen Neuen Markt in Wien, Gaukler und Marionettenspieler niederließen und 1708[1] der Schauspieler Josef Anton Stranitzky, der mit seiner Figur des Hanswurst berühmt geworden ist, sein Komödienhaus einige Schritte weiter am Kärntnertor errichtete, da paarte sich nach Alt-Wiener Tradition barocker Lebensüberschwang mit allgegenwärtiger Todesnähe. Das Kuriose verband sich mit dem Makabren, denn seit 1633 wurden die Habsburger Herrscher und ihre Angehörigen mit wenigen Ausnahmen in der Gruft bei den Kapuzinern auf dem Mehlmarkt bestattet. Längst war der liebe Augustin, ein Spielmann aus Memmingen, versehentlich in volltrunkenem Zustand mit Pestleichen eingesammelt und in die Grube geworfen, zum Topos der ungebrochenen Lebensfreude geworden, und Abraham a Santa Clara, Hofprediger Kaiser Leopolds I., hatte das Gottesgericht über Wien expliziert:

*„Mit schönen Titln und Nomine
thut euch vorm Todt nicht retten.
Denn sterben müssen alle Leuth,
das ist ein alte Metten."*

Viel später sollte Friedrich Heer in sein Tagebuch schreiben: „Herbst und Wien und Tod, sie hängen für mich zusammen wie Trauben an einem Rebstock" und „Der Österreicher glaubt nicht an Eisen, Stahl, Macht, weil er an den Tod und durch ihn hindurch an das Leben glaubt."

In der Kaisergruft freilich ging es zunächst um eine Zurschaustellung herrscherlicher Macht und kaiserlicher Grandeur, um jene „repraesentatio maiestatis", die nötig war, immer höher gesteckte Herrschaftsansprüche zu legitimieren. Denn die Sarkophage, die Materialkosten, die Künstler, deren Aufgabe es war, „nicht zu rühren, sondern vielmehr zu werben, zu repräsentieren und zu imponieren", kosteten Geld, viel Geld.

Nicht freies Schaffen in Schönheit, sondern ein streng begrenzter Werkauftrag – die Verherrlichung fürstlicher Erhabenheit – bestimmte die Arbeit der Künstler. Der Geist des österreichischen Barock schuf, um mit Balzac zu reden, „nach Art dieses Jahrhunderts, wo nichts gemacht werden konnte, ohne schön zu sein", in der Kaisergruft Kunstwerke, die uns in der Unmittelbarkeit ihrer Aussage betroffen machen.

Es scheint, daß die dem Menschen innewohnende Angst vor dem Tod vom Herrscher des Barock durch das triumphale Zelebrieren des eigenen Todes sublimiert wurde, daß die Suggestion seiner Unsterblichkeit und einstigen Auferstehung ein Mittel zur Bewältigung des Lebens, des Diesseits und·des Todes zugleich darstellte.

Wer wie und wo begraben wurde, darin äußerte sich im Barock oftmals der Versuch, Inhalte über den Tod hinaus zu bewahren. Dabei war naturgemäß das höfische Zeremoniell und insbesondere das Prunkbegräbnis als Medium der Repräsentation insofern wirksam, als es die künstlerische Sprache der Sarkophage mit ihren Allegorien, den Emblemen, Symbolen und Botschaften als politische Ansprüche manifestierte.

MANET AETERNUM DIADEMA MONARCHIAE

Ewig bleibt das Diadem der Monarchie – diese Inschrift auf dem Sarkophag Kaiser Leopolds I. bewahrt Herrschermacht auch noch im Tode. Das Bild des Phönix versinnbildlicht das Geheimnis der Unsterblichkeit der Herrscher. Immer wieder starb der Phönix, und immer stand er in neuem Glanz als der Gleiche auf. In der Darstellung der Motive, Tugenden, Handlungen und Ereignisse vermittelt die Hofkunst des Barock – und sie gestaltete die bedeutendsten Prunksarkophage – die Persönlichkeit des höfischen Menschen. Ehre, Ruhm, Nachruhm waren im Leben ebenso wie nach dem Tode höchste Wertmaßstäbe.

In den Inschriften zeichnet sich bisweilen eine biographische Rhetorik ab, die – oft weitschweifig, manchmal überschwenglich – letztlich einen rührenden Versuch darstellt, die eigene Identität über den Tod hinaus zu bewahren und doch das Gefühl der völligen Trennung jener zu lindern, die zurückbleiben.

Jedoch: „die Zeit zernagt die Dinge" (Ovid). Die Strömungen des französischen Rationalismus erreichten Österreich. Joseph II., Maria Theresias Sohn und Nachfolger, griff als aufgeklärter Monarch unwiederbringlich in den Begräbniskult seiner kaiserlichen Vorfahren und in den seines Volkes ein. Der schlichte Sarg des Reformkaisers vor dem Prunksarkophag seiner Eltern symbolisiert die geistige Kluft zwischen den beiden Generationen. Einfach, schmucklos, zweckhaft ist er der Ausdruck der Absichten und Weltanschauung Josephs II. Wegen anhaltender Unruhen sah der Kaiser sich gezwungen, in einem neuen Hofdekret seine Begräbnisverordnungen von 1784 zurückzunehmen: „Da die Menschen in diesem Lande eine so große Sorgfalt für ihre Leiber auch noch nach ihrem Tode äußerten, ohne zu bedenken, daß sie alsdann nichts weiter als stinkende Kadaver wären, so ist mir weiter nichts daran gelegen, auf welche Art sie künftig begraben sein wollen."

Der Glanz der Kaisergruft verblaßte ab Kaiser Joseph, dem Volk blieb jedoch das Spektakel um die „schöne Leich'" – jene häufig zitierte „Pompfüneberei" – erhalten. Die „Saturnalien des Todes" (Hilde Spiel) konnten sich weiter entfalten und sind noch heute lebendig, wenn an den Totengedenktagen die Wiener den Tod feiern.

Die Kaisergruft indessen wurde zu einem Denkmal und zum Symbol einer Herrschermacht, die die eigene Vergänglichkeit mit Schönheit bekleidete. Sie ist Bewahrung der Herrlichkeit einstiger Größe im Tode.

2. VORWORT

Nach Erscheinen der 1. Auflage der „Kapuzinergruft" erhielt ich zahlreiche Hinweise, auch über andere habsburgische Begräbnisstätten. Allen, die geschrieben haben, bin ich zu Dank verpflichtet. In die erweiterte und verbesserte Ausgabe wurden die Biographien und die kunstgeschichtlichen Beschreibungen der Sarkophage von 39 Habsburgern sowie zahlreiche neue, teilweise bisher nicht veröffentlichte Photos aufgenommen. Die in der Ferdinandsgruft nicht sichtbaren, vermauerten Grabstätten sind namentlich und mit Daten angeführt.

Obwohl alles getan wurde, um diese zu vermeiden, birgt die Verwendung Hunderter Daten die Möglichkeit von Druck-, Lese- und Übertragungsfehlern in sich.

Auch Zinngießer und Graveure des 17. und 18. Jhs. arbeiteten gelegentlich nicht fehlerfrei. In diesen Fällen wurden die nicht korrigierbaren Irrtümer auf den Inschriftentafeln der Sarkophage in den Fußnoten gekennzeichnet.
Im übrigen machten die Verfasser historischer Texte bereits in der Vergangenheit ihre leid-, aber auch freudvollen Erfahrungen! Schreibt doch Johann Basilius Küchelbecker[2] an die Leser der 2. Auflage seines Werkes im Jahre 1732:

„Nachdem diese zum erstenmal ans Licht getreten, so fand dieselbe so gering und schlecht du selbige auch immer schätzest dennoch solchen Abgang, daß der Verleger auf eine neue Auflage bedacht war – und das gantze Werck noch einmahl zu übersehen auftruge.
... Ja wenn du unpartheyisch handeln willst, so muß dir diese Auflage weit angenehmer, als die erste seyn, sintemalen hierinnen alles dasjenige aufs genaueste verbessert und selbige zugleich durchgehends sehr vermehrt finden wirst.
Du aber geneigter Leser wirst diese abermahlige Mühe wie auch des Verlegers anderweitige große Unkosten mit gütigen Augen ansehen und dieselbe eines leutseligen Urtheils würdigen welches mich nicht wenig erfreuen wird.
Lebe wohl! und sey ferner gewogen dem zu deinem Diensten bereitwilligsten Auctori"

Für die Hilfe bei der Beschaffung des erweiterten Photomaterials, sowie für wertvolle Hinweise bedanke ich mich besonders bei dem Provinzsekretär des Kapuzinerordens, Archivar und Kustos der Kaisergruft Pater Gottfried Undesser, bei Herrn Hofrat Dr. Georg Kugler vom Kunsthistorischen Museum in Wien, bei Frau Dr. Brigitta Zeßner-Spitzenberg vom Bildarchiv der Nationalbibliothek sowie bei Herrn Michael Krammer.

Wien, im April 1993

Vanitassymbol, Totenkopf mit Reichskrone, Detail vom Sarkophag Karls VI.

Das Zeremoniell bei Tod und Begräbnis

Die schönen Tode in jener Zeit sind Feste; sie entfalten sich wie auf einer Bühne vor einer Vielzahl von Zuschauern, die jede Geste, jedes Wort aufmerksam verfolgen, die vom Sterbenden erwarten, daß er zeigt, was er gilt, daß er seinem Rang gemäß spricht und handelt.

Wir, die wir nicht mehr wissen, was der prunkvolle Tod ist, die wir den Tod verstecken, ihn wie eine peinliche Angelegenheit hinter uns bringen, verfolgen wir Schritt für Schritt, in den Einzelheiten seines Ablaufs, das althergebrachte Ritual des Todes, der kein verstohlener Abgang war, sondern eine langsame, geregelte, geordnete Annäherung, Vorspiel, feierlicher Übertritt von einem Zustand in einen anderen, ebenso majestätisch wie der Einzug der Könige in ihre guten Städte.

Aus: George Duby, Guillaume le Maréchal.

DAS ZEREMONIELL IM ALLGEMEINEN

In der heutigen, von säkularisierter Weltanschauung bestimmten Industriegesellschaft Europas sind zeremonielle Formen und deren Symbole weitgehend in Vergessenheit geraten, obwohl gewisse Verhaltensweisen – als Zeremoniellfragmente, die noch praktiziert werden – Relikte des höfischen Lebens bzw. feudaler Herrschaftsformen darstellen.

Im vorindustriellen Europa lebte der Mensch in einer Gruppe, in der Verpflichtung und Rechte genau festgelegt waren, zugleich aber seine ständische Zugehörigkeit, sein Rang und seine Funktion durch rituelle Ausdrucksformen und Zeichen demonstriert wurden.

Der Monarch des 17. und 18. Jhs. war durch das Gottesgnadentum seiner fürstlichen Stellung zur Herrschaft berufen. „Ausgewählt durch Geburt und Salbung übte er seine Macht ‚Dei gratia' aus, als sichtbarer Vertreter Gottes."[1] Kaiser und Kirche bedienten sich der suggestiven Kraft des repräsentativen Aufwandes. Zwischen Liturgie und Zeremoniell bestand eine deutliche Analogie. Zur vornehmen Abstammung und Tugend mußte deren öffentliche Darstellung kommen. Durch einen gewaltigen, glänzenden, demonstrativ zur Schau gestellten Aufwand erwarb sich die Herrschaft jenes Prestige, welches dem Untertanen Größe und Legitimation fürstlicher Autorität suggerierte.

Der Hof mit seinen weitverzweigten komplizierten Gruppierungen bildete eine „dekorative Geschlossenheit" gegenüber den Untertanen, denn bei der Entfaltung des höfischen Zeremoniells war dem Volk nur eine ritualisierte Teilnahme als Publikum sowie kritiklose Zustimmung gestattet.

Der Kaiser und seine Familie waren die Hauptdarsteller des Zeremoniells im späten 17. und 18. Jh. Als Mitspieler fungierte die adelige Hofgesellschaft – die Ritter des Ordens vom Goldenen Vlies, die Damen des Sternkreuzordens, die Träger der vier obersten Hofämter, die Geheimen Räte und Kämmerer, Nuntius, Gesandte, Botschafter, der Magistrat der Stadt Wien und die Vertreter der Universität. Zur Komparserie gehörten die verschiedenen Abteilungen der Garden und die Lakaien, die die Kavalkaden und Züge flankierten.

Regieformen des Zeremoniells waren: das spanische Hofzeremoniell und das „Teutsche Campange"-Zeremoniell, je nachdem, ob in der Wiener Burg oder in einem der Sommerschlösser residiert wurde. Ferdinand I., der am spanischen Hof, den sein Vater, Philipp der Schöne, nach burgundischem Vorbild refor-

miert hatte, aufwuchs, vermittelte das Hofzeremoniell nach Wien, wo es sich
etablierte, auch weil die jungen Prinzen einen Teil ihrer Erziehung am spanischen Hof erhielten. Zur vollen Entfaltung gelangte das spanische Zeremoniell
unter Leopold I., Joseph I. und Karl VI.

Das europäische Hof-Trauerzeremoniell zeigte im allgemeinen große Überein-
stimmung, aber auch Unterschiede.

Die Hof- und Kammerklage im Todesfall mit all ihren Details – die Kleidervorschriften, die Ausstattung der Höflinge und des Hofpersonals, der Wagen, Pferde, der Hofburgräume, der Hofkirche und Hofkapellen, der Trauerzug in seiner
strengen Konduktsordnung, das Prägen der Totenmünzen, die Exequien, die
Trauergerüste – kurz die gesamte Etikettenapparatur um Tod, Paradierung, Begräbnis und Leichenfeiern waren ein Teil der fürstlichen Selbstdarstellung. Der
psychologische Aspekt des barocken Funeralzeremoniells ist darin zu suchen,
daß jenes übersteigerte Zelebrieren des Todes auch ein Weg zu seiner Bewältigung war. Die Angst vor dem Tod wurde damit sublimiert.

Die Totenfeier, die bis zur Mitte des 17. Jhs. ein einheitlicher Festakt war, der
Trauer und Triumph miteinander verbunden hatte, trennte sich in zwei vonein-
ander verschiedene Vorgänge. Durch diese Trennung von Bestattung und Verherrlichung paßte sich das Zeremoniell des Wiener Hofes der Überlieferung römischer Bräuche an.

Der öffentlichen Ausstellung des Leichnams auf dem Paradebett in der Hofburg,
dem Leichenkondukt und der Bestattung in der Kapuzinergruft folgten dann die
offiziellen feierlichen Exequien, bei denen in Verbindung mit pompösen Festap-
paraten (*castra doloris*) der Herrscher verherrlicht wurde.

Obgleich die personifizierte Darstellung des Todes als Sensenmann wesentlich
älter ist – erste Bildzeugnisse (Totentanz!) stammen aus der Pestzeit des 14. Jhs.
–, hatte keine Zeit ein solches Vergnügen am Bereich der Verwesung, der Särge
und Skelette wie das Barock. Barock – das ist jene Zeit, in der Lebenskraft und
Lebensbejahung sich verbinden mit Todesliebe und Todesmystik. Neben dem
irdischen wird auch das überirdische Leben, in das der Tod hinüberführt, lei-
denschaftlich umworben.

Das Wissen um die Flüchtigkeit des Lebens und um die Allgegenwart des Todes
hatte seinen Platz in der Symbolsprache der bildenden Kunst im allgemeinen
und in der Funeralkunst im besonderen. Vanitassymbole waren keine
Schreckensbilder, sie mahnten zur Ordnung in der Welt. Der Tod gehörte zum
Leben, ohne es völlig vernichten zu können.

Die ephemere Funeralkunst, pompöse Funeralfeiern, das Zeremoniell um Sterben und Begräbnis sowie, damit eng zusammenhängend, die kirchlichen Sepul-
kralriten waren ein Teil des Herrscherkults wie Theater, Prunkopern und Feuerwerke. In einer Epoche adeliger Selbstherrlichkeit in Europa war die Zurschaustellung herrrscherlicher Requisiten nach dem Tod des Herrschers auch
ein Mittel, machtpolitische Ansprüche zu manifestieren. Der Tod bot somit Anlaß, mit Hilfe einer sakral-politischen Symbolik dem Selbstbewußtsein der Dynastie noch einmal höchsten Ausdruck zu verleihen.

DIE REGLEMENTIERTE TRAUER

Beim Tod eines Herrschers kam jene besondere Facette des Zeremoniells zur
Anwendung, welche gleichwohl über den Toten als auch über die Lebenden verfügte – die Trauer in ihren diffizilen Spielarten und Auswüchsen.

Die komplizierte Rangordnung des Hofadels manifestierte sich in den unterschiedlichen Aufgaben und Handlungen im Bereich des Kultes um den Herrscherleichnam oder den seines Angehörigen. Das Zeremoniell regelte auch hier den gesellschaftlichen Wert, den ein Mensch besaß. So wurden die Zipfel des Bahrtuches immer von den ersten Höflingen getragenn.

Die Gebärden-, Körper- und Zeremonialsprache konnte sich in den unterschiedlichen Bereichen der Hof-, Land- und Kammertrauer und ihren diversen Ausprägungen voll entfalten. In einer Zeit, in der der Lebensgestus in seiner Gesamtheit theatralisch war, in der Tod, Begräbnis und Trauer vom Zeremoniell in feste Formen gebannt waren, half theatralische Äußerung des Schmerzes, über das Unabwendbare hinwegzukommen. Das Barock, in seiner „augenseligen, naiven und gemütstiefen Veranlagung" (Fred Hennings) schuf zugleich die würdevolle Fassung im Leid, welche half, vor der Öffentlichkeit in Ehre und Würde bestehen zu können.

Die Trauer an den Höfen Europas und so auch am Wiener Hof wurde in Land-, Hof- und Kammertrauer unterschieden. Hinsichtlich der Kleidung erfolgte eine Einteilung in große oder tiefe, halbe oder kleine Trauer, ferner gab es die gedoppelte Trauer sowie die Trauergala. Von all diesen Kriterien war die Länge der Trauerzeit abhängig.

DIE LANDESTRAUER

Den höchsten Grad nahm die Landestrauer ein. Sie wurde beim Tod des regierenden Herrschers, seiner Gemahlin und der Kinder (über zwölf Jahre) vom Landesherrn ausgeschrieben. Die Verordnung dazu wurde von Herolden und Läufern verbreitet und von den Geistlichen von den Kanzeln verlesen.

Eines der wichtigsten Anzeichen für Landestrauer war das Trauergeläut, welches sowohl in der Residenz als auch in allen anderen Provinzen, Städten und Ortschaften, die unter der Herrschaft des Verstorbenen standen, veranstaltet wurde. Die Verordnungen besagten, wie lange es dauern solle; eine allgemein gültige Regel für alle Fälle gab es nicht. Die übliche Stunde war mittags zwischen 11 und 12 Uhr.

Die Verkündigung der Landestrauer ging mit einer Vielzahl von Verboten und Einschränkungen im Leben der Untertanen einher. Im „Teutschen Hofrecht" heißt es: „Verbot des Sayten-Spils und anderer Music in den Kirchen und bey anderen Festivitäten, des Tanzens, öffentlichen Schiessens, Einschränckung der Hochzeiten etc., schwarze Bekleidung der vornehmsten Plätze, der öffentlichen Gebäude...".

In den Familienakten des Haus-, Hof- und Staatsarchivs weisen zahlreiche Aktenvermerke darauf hin, wie streng diese Verbote gehandhabt wurden. Der Tod Erzherzog Leopold Wilhelms (1662) brachte sogar die Anordnung zur Einstellung „des Schlittenfahrn in der Stadt" während der Trauer.

Am 22. Juni 1740 erging ein Mandat der Landesfürstin Maria Theresia an die Einwohner des Erzherzogtums ob und unter der Enns mit einem Verbot aller öffentlichen und privaten Lustbarkeiten aus Anlaß des Ablebens ihres Vaters, Kaiser Karls VI. Sie ordnete an, daß „nun hochlöblichsten und hochseeligsten angedenckhens zu erzeigung christlichen mittleydens mit uns" die Einstellung aller Lustbarkeiten „wie musiken, trompeten, jäger-horn, fecht-schulen, täntz, comödien und alle andere dergleichen freudenspiel und äusserliche erzeigungen bey denen hoch- und mahlzeiten auch anderen zusammenkunften sowohl bey tag als nacht, heimlich und offentlich" bei Strafe gegen Zuwiderhandelnde zu erfolgen habe.

Die Landestrauer dauerte im allgemeinen sechs Wochen, jedoch galten die Verbote hinsichtlich „der Musique, und Fröligkeit, der Kindtauffen, Gastereyen und Commoedien meist auf ein ganz Jahr" oder „bis auf fernere Verordnungen".

Beim Tod des Kaisers herrschte auch in den Ländern der Reichsstände eine gewisse Zeit allgemeine Landestrauer.

DIE HOFTRAUER

Um bei Todesfällen entfernter Verwandter des Regenten oder anderer regierender Häupter Respekt und Achtung Ausdruck zu geben, wurde Hoftrauer angelegt. Sie war eher eine Familientrauer und schloß gelegentlich die tiefe Trauer mit ein. Sie dauerte kürzer als die Landestrauer.

Während bei der Landestrauer in der Burg Zimmer und Möbel schwarz drapiert wurden (die Antichambres, die Audienzgemächer, das Tafelzimmer, die Schlafgemächer und Kirchenzimmer), die Karossen, Leibgespanne und Geschirr sowie die Livreen sämtlicher Lakaien auf Trauer ausgerüstet wurden und die Hofburgkirche mit schwarzem Taft behangen wurde (insbesondere Kanzel, Altar, Taufstein, die Beichtstühle, die Loge des Regenten und die Empore des Adels), wurde bei der Hoftrauer auf die Drapierung der Zimmer und Karossen nicht immer streng geachtet. Jedoch mußten diejenigen, die bei Hof erschienen, während dieser Zeit schwarz gekleidet sein. Militärpersonen durften auch während der Hoftrauer in Uniform erscheinen.

Die Hoftrauer wurde im allgemeinen nicht angelegt, bevor sie notifiziert wurde. In manchen Fällen, wo besondere Aufmerksamkeit und Ehrerbietung ausgedrückt werden sollte, wartete man die Notifikation nicht ab, sondern legte die Hoftrauer an, sobald sich das Gerücht des Todesfalles verbreitet hatte.

Hoftrauer dauerte manchmal sechs Wochen, manchmal drei Monate. Nicht ungewöhnlich war, daß auch beim Ableben von Herrschern, gegen die zu Lebzeiten Krieg geführt worden war, Hoftrauer gehalten wurde.

Die Trauerzeit wurde für die Livree tragenden Hofbedienten manchmal wegen der „menage" (Zweckmäßigkeit und Billigkeit) verlängert.

DIE KAMMERTRAUER

Bei der Kammertrauer handelte es sich um „entferntere" Todesfälle. Sie wurde nur von der Herrschaft, deren Familie und dem zum Hof gehörenden Adel getragen. Die Stadtadeligen durften, wenn sie keinen Hofdienst hatten, in bunten Kleidern bei Hof erscheinen.

Wie lange die Kammer- oder Familientrauer angelegt wurde, bestimmte der Grad der Verwandtschaft bzw. der Freundschaft der Höfe zueinander, aber auch die politische Bedeutung. Im allgemeinen dauerte sie vier Wochen.

Die aus der Trauer erwachsenen Kosten wurden in Wien von der Hofkammer übernommen. In manchen Fällen wurde an die Bedienten anstelle der Ausstattung das bare Geld ausbezahlt.

Befand sich der Hof beim Todesfall eines nahen Verwandten während des Sommers auf dem Lande (Schönbrunn, Kaiser-Ebersdorf oder Laxenburg), wurde nur die halbe Trauer angelegt. Hof, Adel und Dienerschaft legten die Trauer an, sobald ihnen der Grad derselben bekannt gemacht wurde. Kamen mehrere Todesfälle zusammen, wurde vom Hof ausdrücklich erklärt, daß unter den ersten oder letzten Tagen die Trauer für den N. N. verstanden werden sollte. Trat während der kleinen Trauer ein neuerlicher Todesfall ein, wurde die Trauer vertieft. Beim Gedächtnistag eines Toten bei Hof, der mit Andachten (Exequien) begangen wurde, erschien der Adel in entsprechender Trauerkleidung.

Während der ersten Trauerjahre der Witwe eines Herrschers ging die Livree schwarz, wobei Livree als Sammelbezeichnung für alle Bediensteten galt. Bei tiefer Trauer wurden die Livree, der Hof sowie die Staatsbediensteten in Trauerkleidung gesetzt. Gelegentlich wurde freigestellt, ob man die Bedienten bekleiden, das Tuch samt Zubehör in natura oder das Geld reichen sollte.

Die Trauerkleidung der Höflinge mußte aus schwarzem Tuch sein, „weil Wollen-Zeug und Seyde nicht tief trauert". An manchen Höfen mußte das Tuch aufgerauht sein.

Bei den Trauersolennitäten (Feierlichkeiten) wurden auch die Garden sowie die Trabanten schwarz eingekleidet. Aber auch das Militär trug schwarzen Flor an Fahnen und Trommeln, die außerdem mit dem Namenszug und den Wappenschildern des verstorbenen Herrschers behangen wurden. Bei den Jägern war es üblich, daß sie die Hornfessel in Flor einschlugen und diesen auch an ihre Hirschfänger banden.

DIE TIEFE UND HALBE TRAUER

Nach der Intensität der Trauer wurde in tiefe und halbe Trauer unterschieden. Die tiefe Trauer, die mit der Landestrauer verbunden sein konnte, dauerte ein Vierteljahr. Schauspiele, Musik und Lustbarkeiten wurden verboten, die Zimmer schwarz drapiert, die Livree und die Leibgarde schwarz gekleidet und die Hofequipagen schwarz bezogen.

Knöpfe und Ränder der Knopflöcher mußten aus Tuch sein, nur oben am Rock war ein anderer Knopf gestattet. Das Futter des Rocks mußte schwarz und ebenfalls aus Tuch sein. Bei der großen Trauer ging selbst der Kaiser ohne eine Feder auf dem Hut oder Spitzen auf dem Mantelkleid.

Bei halber Trauer trug der Kaiser eine schwarzen Weste und schwarze Beinkleider. Die halbe Trauer dauerte nicht über sechs Wochen.

Wenn die Kammertrauer zum ersten Male geändert wurde, durften bei schwarzen Kleidern Spitzen getragen werden.

Die Trauertracht der Witwen an anderen Höfen war zwei Jahre lang schwarz, ab diesem Zeitpunkt war ein Abrücken von der Trauer und allmählich das Tragen farbiger Kleidung erlaubt. Berühmte Witwen, die nach dem Tod ihrer Gatten die Trauerkleidung ihr restliches Leben trugen, waren Maria Theresia sowie ihre Großmutter, Kaiserin Eleonora Magdalena von Pfalz-Neuburg.

Die Hüte waren bei der tiefen Trauer mit Flor bezogen, bei der Hof- und Kammertrauer waren weder bunte Federn noch Tressen erlaubt. Die Trauerdegen waren bei der tiefen Trauer mit Tuch überzogen. Bei der halben Trauer trug man blau angelaufene, bei der Kammertrauer goldene und silberne Degen. Die Stöcke waren bei der tiefen Trauer mit schwarzem Tuch überzogen oder aus schwarz gebeiztem Holz, die Schuhe aus rauhem Leder. Beim Abrücken von der tiefen Trauer oder in der Hoftrauer konnten die Schuhe aus gewöhnlichem Leder sein. Die Schuhschnallen waren in der tiefen Trauer ganz schwarz, bei der Abtrauer aus angelaufenem Stahl, bei der Hoftrauer aus Gold oder Silber, jedoch ohne Steine.

DAS VISIER

Zum Verhaltenskodex der Trauer bei Hofe gehörte das Visier. Der von der Stirn über das Gesicht herabhängende Flor, auch „Fleckh" oder Maultuch genannt, wurde nur vom Adel getragen. Er verhüllte das Gesicht, „um den allzustarcken Affect der Traurigkeit vor dem Publico zu verbergen". Man sah nicht, wie tief der Schmerz ging. Wer nicht trauerte, brauchte nicht zu heucheln. Man trug den Fleck wie ein Kleidungsstück, das vom Zeremoniell vorgeschrieben war. Er gehörte zur Gala des Todes.

Die Obersthofmeisterin trug in ihrem Habit kein gekrepptes Tuch, jedoch Ärmel mit Pleureusen und ein Bandeau auf der Stirn, das Kopfzeug mit einem aufgezogenen Cornet, eine Kappe ins Gesicht gezogen und die Voile zurückgeschlagen. Ferner trug sie die Schleppe um den Arm gelegt, einen Kragen um den Hals und rauhlederne Handschuhe.

DIE TRAUERFARBEN

Die Trauerfarbe war nach „Teutschem Hofrecht" schwarz, aber auch gelegentlich weiß. Beim Abrücken von der Trauer wurde am Wiener Hof manchmal rot getragen, jedoch mit schwarzer Verarbeitung. Am französischen Hof pflegte der König in Violett zu trauern. Beim Begräbnis des Dogen zu Venedig erschien der Senat in roter Kleidung. Als Campagnetrauer war rot allgemein erlaubt. Sie wurde nur als halbe Trauer zur Sommerzeit auf dem Land gehalten. Auf Reisen waren auch andere Farben gestattet.

Das Abrücken von der Trauer und ihre Modalitäten wurde den Bedienten vom Hofmarschall oder vom Kammerfourrier mitgeteilt. Den Kavalieren wurde das Pudern der Perücken erlaubt, die rauhledernen Schuhe und die überzogenen Degen konnten abgelegt werden. So milderte man alle vier bis sechs Wochen die Trauer, bis sie ganz endete.

Sarkophag Isabellas von Parma

Die Kaisergruft
bei den Kapuzinern

Ein bibliographisch kostbares Werk über die Begräbnisstätten der Habsburger ist der 1772 in St. Blasien herausgegebene zweibändige Foliant „Monumenta Augustae Domus Austriacae". Der Untertitel lautet: Taphographia Principium Austriae quae est pars secunda tomi IV ultimi monumentorum Augustae Domus Austriacae. Der Inhalt des 2. Bandes bezieht sich ausschließlich auf die Begräbnisplätze des Hauses Habsburg in Österreich.

Bei den beiden Autoren handelte es sich um die gelehrten Benediktinerpatres *Marquard Herrgott* und *Martinus Gerbert* aus St. Blasien.

Durch Vermittlung seiner Gönner aus höchsten Regierungskreisen erhielt *Marquard Herrgott* die glänzende Gelegenheit, sich als Historiograph des Kaiserhauses zu bewähren. Aus seinem Briefwechsel geht hervor, daß er schon 1732 systematisch Forschungen zur Habsburgergenealogie betrieben hatte. Durch ihn sollten die genealogischen Ansprüche des Hauses Habsburg mit neuen wissenschaftlichen Methoden erforscht und begründet werden.[1]

Der erste Band der „Monumenta" mit einer Vorrede an die Kaiserin erschien 1750 in Wien. Weitere Teile wurden 1752 und 1760 in Freiburg gedruckt. Die Herausgabe der „Taphographia Principum Austriae" (Grabmäler) verzögerte sich durch den Klosterbrand von 1768 und durch den Tod *Herrgotts* und seines Mitarbeiters *Rustenus Heer* 1769 und erfolgte schließlich durch *Martinus Gerbert*. Dieser war von 1764 bis 1793, als Fürstabt von St. Blasien, Professor und Bibliothekar an der dortigen Abteischule.

Von den bis zur Herausgabe der Bände vorhandenen 57 Sarkophagen sind 52 durch Kupferstiche abgebildet, davon jener Karls VI. in seiner ursprünglichen Ausführung.

Das erste Buch über die Kaisergruft verfaßte 1887 der Wiener Kirchenhistoriker *Cölestin Wolfsgruber*. Er stützte sich dabei, ohne historische oder kunstgeschichtliche Deutungsversuche zu unternehmen, auf archivarisches Material aus dem Haus-, Hof- und Staatsarchiv (H.H. u. St.A.), dem Reichs-, Finanz-. Ministerialarchiv (R.F.A.), dem Niederösterreichischen Landesarchiv (L.A.), dem Consistorialarchiv (C.A.), dem Archiv des Obersthofmarschallamtes (O. H. M. A.), auf Material aus den „Hof Ceremonial Protokollen" (H.C.P.) und auf die Prokolle des Kapuzinerklosters (Prot.). Leider sind *Wolfsgrubers* Angaben so vage, daß das Aktenmaterial schwer aufzufinden ist.

Er führte alle Inschriften wörtlich an. Dies ist als eine große Leistung zu werten, da die Gasbeleuchtung zu jener Zeit das Arbeiten überaus erschwerte und die Särge wesentlich schwieriger zugänglich waren. Da zudem die Verwitterung weiter fortgeschritten ist, hat seine Arbeit heute einen unschätzbaren wissenschaftlichen Wert. Große Genauigkeit kennzeichnet *Wolfsgruber* auch bei der Beschreibung der Wappen und der Quellenangaben über Geburt und Sterben der einzelnen Habsburger.

Cölestin Wolfsgruber lebte von 1848 bis 1924 und war der vierundfünfzigste und letzte Hofprediger. Als Theologieprofessor, Kapitular und frommer Ordenspriester des Schottenstiftes hatte er zugleich zahlreiche Ämter inne.[2] Seine Monographien über Kirchenfürsten und Mitglieder des Herrscherhauses sind pietätvolle Schriften, die er mit gebeugtem Knie und gesenktem Haupt[3], jedoch ohne große wissenschaftlich-methodische Systematik verfaßt hatte. Weitschweifigkeit, Pathos, Frömmigkeit und vor allem Ergebenheit gegenüber dem Herrscherhaus bestimmten seinen Stil. Es konnte nicht ausbleiben, daß die Angehörigen des Kaiserhauses ihre Verbundenheit bezeugten: Kaiser Franz Joseph verlieh ihm 1908 den Eisernen Kronenorden III. Klasse; anläßlich des 40. Jahrestages seiner Primiz – er hatte 1873 sein Ordensgelübde abgelegt und 1874 die Priesterweihe erhalten – sandte die damalige Kaiserin Zita ein sehr herzlich verfaßtes Glückwunschschreiben „an den treuen Anhänger des Kaiserhauses"[4]. *Wolfsgrubers* Verdienst als Materialbereiter ist unbestritten, und er wird bis heute von vielen Autoren zitiert[5].

1925 behandelte *Carl Ginhart* das Thema „Kaisergruft" vor allem von der Architektur des Bauwerkes her. Neben Hinweisen auf die Inschriftenwiedergabe und die Wappenbeschreibung durch *Wolfsgruber* beschäftigte er sich vor allem mit den geistigen Strömungen in der Kunstgeschichte, die in der Verschiedenartigkeit der immer wieder hinzugefügten Erweiterungsbauten ihren Ausdruck fanden. Einigen kunstgeschichtlichen Detailfragen, wie zum Beispiel der Knorpelwerkornamentik, widmete er ganz besonders große Aufmerksamkeit.

In einer kleinformatigen Kunstbuchserie beschrieb die Kunsthistorikerin *Erika Tietze-Conrat* 1922 in einem elf Seiten langen Aufsatz die drei hochbarocken Prunksarkophage Leopolds I., Josephs I. und Karls VI. Auch hier erfolgte nur eine ausschnitthafte, von persönlicher Empfindsamkeit geprägte Betrachtung des Gesamtkunstwerkes Kaisergruft. Leider sind überdies von zehn Aufnahmen fünf seitenverkehrt wiedergegeben.

Aus den Reihen des Kapuziner-Konvents beschäftigte sich erstmals Frater *Urban Roubal* literarisch mit der Gruft. In einem schmalen Büchlein, welches 1933 in dritter Auflage erschien, erzählte er ihre Geschichte ehrfurchtsvoll und von großer Frömmigkeit geprägt, ohne historische Bezüge herzustellen oder eine kunstgeschichtliche Deutung zu versuchen.

Frater *Urban Roubal* war Gruftwart und setzte sich engagiert für die Erhaltung der Sarkophage ein. Auf seine Initiative soll erstmals mit Hilfe von einflußreichen Ministerialbeamten eine Restaurierung von Gruft und Särgen ermöglicht worden sein.

Pater Dr. phil. *Eberhard Kusin* verfaßte 1949 das Büchlein „Die Kaisergruft". Er beschrieb darin einige der barocken Sarkophage, erwähnte Künstler und Stilrichtungen und zitierte auch jenen Bericht über das Begräbnis Maria Theresias, welchen seinerzeit *Wolfsgruber* den Quellen des Haus-, Hof- und Staatsarchivs entnommen hatte. Weiters übernahm er die Texte „Ein Hofbegräbnis aus der Sicht des Hofes" aus dem Buch *Wolfsgrubers*. In die letzte Ausgabe (1973) wurden auch Aufsätze anderer Autoren über verschiedene Kronen und Orden sowie über Fragen der Restaurierung aufgenommen. In seinem Vorwort stellte Pater *Eberhard Kusin* fest, daß es an der Zeit wäre, eine gründliche Deutung und Wertung der Kaisergruft vorzunehmen.

1950 kam der Schweizer Kapuzinerpater Dr. phil. *Agatho Locher* (1903–1953) nach Wien. Ihm gebührt das Verdienst, die Inschriften auf den Sarkophagen abgeschrieben und übersetzt zu haben. Dabei nahm er, wenn infolge von Verwitterung die Texte unleserlich waren, *Wolfsgrubers* Abschriften zu Hilfe; bereits *Wolfsgruber* hatte jedoch erwähnt, daß schon in Quellen des 18. Jhs. auf die Unleserlichkeit mancher Inschriften hingewiesen worden war.

Die bisher unveröffentlichten Ergebnisse der mühevollen Forschungsarbeit Pater *Lochers* wurden mir dankenswerterweise von Bruder *Felix Zeintlinger* für mein Buch zur Verfügung gestellt und tragen wesentlich dazu bei, die verschiedenen Epochen und deren sprachliche Besonderheiten lebendig vor Augen führen zu können. Das mit Schreibmaschine verfaßte und liebevoll mit der Hand gebundene Originalmanuskript wurde am 10. 5. 1951 an Dr. *Otto Habsburg* anläßlich seiner Hochzeit mit Regina von Sachsen-Meiningen übergeben.

Seit der Merowingerzeit waren Klöster bevorzugte Begräbnisorte, und der Wunsch, in einem Kloster bestattet zu werden, erfaßte später alle Stände. Aus Klosterkirchen sind daher die bedeutendsten fürstlichen und nationalen Mausoleen hervorgegangen, wie zum Beispiel Westminster, St. Denis oder der Escorial Philipps II., die Kapuzinergruft in Wien und die Theatinergruft in München.[6]

Die Kapuziner waren Teil der Reformbewegung vom ersten Orden Franz von Assisis und suchten Rückbesinnung und Anschluß an die francisceischen Ideale des 13. Jahrhunderts. Unter dem Generalvikar Bernadin von Asti fanden sie 1535/36 ihre endgültige Form, die 1536 von Papst Paul III. durch die beiden Breven *„Cum sicut nobis"* und *„Superioribus diebus"* bestätigt wurde.[7]

In Prag residierte von 1582 bis 1612 Kaiser Rudolph II. Wegen der labilen religiösen Lage in Böhmen entschloß sich der Prager Erzbischof Zbigneus Graf von Berka zu Lippe und Dubna deutschsprechende Kapuziner nach Prag zu berufen, um den katholischen Glauben zu festigen. Dieses Vorhaben unterstützten Kaiser Rudolph II. und der päpstliche Nuntius Cinzio Aldobrandini, ein Verwandter des regierenden Papstes Clemens VIII. Auf dem Generalkapitel des Jahres 1599 wurde beschlossen, Pater Laurentius von Brindisi – er wurde später heilig gesprochen – mit zwölf Gefährten zur Gründung eines Klosters und zur Glaubensmission nach Prag zu entsenden.

Weil in Böhmen zur selben Zeit die Pest wütete und ein Einreiseverbot die Weiterreise verhinderte, zogen die Mönche die Donau entlang und erreichten am 28. 8. 1599 Wien. Sie fanden zunächst Aufnahme bei den Minoriten am Minoritenplatz. Da sich ihr Aufenthalt in die Länge zog, vermittelte ihnen Bischof Melchior Khlesl (Wien 1553–1630, Wiener Neustadt) und der Abt der Schotten, Georg Strigel von Lauingen, mit Einwilligung des Statthalters Erzherzog Matthias, dem Bruder Kaiser Rudolphs, eine Behausung in der Nähe von St. Ulrich, außerhalb der Stadtmauern.[8]

Schließlich erfolgte ein Angebot von Erzherzog Matthias, einige der Mönche zur Gründung eines Klosters in Wien zu lassen. Laurentius willigte ein und zog, nach Erlöschen der Pest in Böhmen, am 8. 11. 1599 mit der halben Anzahl an Mönchen nach Prag weiter.

Das erste Kapuzinerkloster in Wien wurde in St. Ulrich Am Plätzel gegründet. 1612, nach dem Tod seines Bruders, bestieg Erzherzog Matthias den Kaiserthron. Er hatte im Jahre zuvor Anna von Tirol, die Tochter Ferdinands, geheiratet. Nachdem der Hof 1617 von Prag nach Wien zurückgekehrt war, teilte Anna den Kapuzinern von St. Ulrich mit, daß sie gedenke, dem Orden einen Konvent mit Kirche zu stiften; auf dem Mehlmarkt, dem heutigen Neuen Markt, solle damit in Verbindung eine Begräbnisstätte für sich und ihren Gemahl errichtet werden. Ein Jahr später starb Anna. In ihrem Testament stellte die 32jährige Kaiserin den Kapuzinern die Mittel zur Verfügung:

„... ich zweifle auch nicht, daß Ihro Kayl. May. mein geliebtester Herr und Gemahl werde in der resolution Verharren ... und zu erbauung der Kürchen Alldort die Notdurfft selbst Von dem Ihrigen darzu verordnen ... den Capuzinern Schenkhen so verordne ich zu erbauung der Kürchen 10.000 fl. Ich verschaffe auch zu erbauung Einer daselbstigen Capelle und Altar samt unser Begräbnis 12.000 fl. und meine Heilig-

Kaiser Rudolph II. Detail einer Bronzebüste von Adriaen de Vries.

thumb alle so mir von Unterschidlichen orthen geschickt und geschenkt worden, zu zürung der gesagten Capellen und Altar, welche aldort, da Ihro Kayl. May. mein geliebster Herr und Gemahl ordnen wird, gesetzt, und iederzeit fleissig erhalten und Verwahrt werden sollen."[9]

Als Platz für das zu errichtende Kloster hatte Kaiserin Anna den Schaumburgerhof am Bürgerspitalplatz, dem heutigen Lobkowitzplatz, bestimmt, den ihr Gemahl den Kapuzinern überlassen solle. Das vorgesehene Klosterareal wurde im Laufe der folgenden Jahre und Jahrzehnte wesentlich erweitert. Zunächst erfolgte aus Spenden der Ankauf von drei Häusern am Neuen Markt. Damit erstreckte sich das Klostergebiet bis zur Ecke Tegetthofstraße–Gluckgasse. Von hier weg zog sich der Schaumburgerhof bis hin zur Spiegelgasse[10]. In der Spiegelgasse kamen in den nächsten Jahren noch der Altenburgerhof und der Seckauerhof hinzu, welcher 1635 von Bianca Polyxena de Collalto dem Kloster geschenkt wurde, sowie der Garten des Grafen Kuefstein. Die Annalen des Klosters berichteten 1637, daß der Bau bis zum Weißenwolfer-Haus vollendet war – ungefähr bei der heutigen Plankengasse gelegen.

Die weitläufige Anlage des Kapuzinerklosters sollte später, nachdem sich die Gruft des Stifterpaares zum Erbbegräbnis des Herrscherhauses gewandelt hatte, beim Ablauf des Zeremoniells und den dazu notwendigen Vorkehrungen eine Rolle spielen.[11]

Die Leichname der beiden Stifter Anna und Matthias wurden einstweilen in der Kirche des Königinnenklosters der heiligen Clara in der Dorotheergasse nahe der Burg beigesetzt. Auch die Urnen mit den Herzen und den inneren Organen des Herrscherpaares fanden dort ihren Platz. Nach der Aufhebung des Klosters durch Josef II. wurden auf Anordnung des Kaisers die Herzurnen nach St. Augustin und die Intestini nach St. Stephan gebracht. Die ehemalige Klosterkirche ist heute evangelisch AB. In ihr erinnern Epitaphien mit Siegel, Namen und Todesdaten an die einst hier bestatteten Stifter und an Kaiser Ferdinand II., den Vollstrecker des Testaments.

Zu Beginn des 17. Jhs. war der Neue Markt (Mehlmarkt) ein Zentrum des Handels und etwa doppelt so groß wie heute. Seine Begrenzung bildeten Kärntner Straße und Seilergasse. In der Mitte des Platzes stand der Pranger, auch das

Bernardo Bellotto, genannt Canaletto: Der Mehlmarkt (heute Neuer Markt) in Wien.

Erzherzog Ferdinand, der spätere Kaiser Ferdinand II., mit einem Hofzwerg. Gemälde von Joseph Heintz d. Ä., 1604.

Bäckerschupfen wurde hier durchgeführt, bis es 1624 zum Roten Turm bzw. Donaukanal verlegt wurde. Ab Beginn des 17. Jahrhunderts hatten sich auch Marionettenspieler und Zirkusartisten auf dem Neuen Markt niedergelassen.

Nur wenige Schritte vom Komödienhaus entfernt, erfolgte am 8. September 1622 die feierliche Grundsteinlegung zum Bau der Kapuzinerkirche im Beisein Kaiser Ferdinands II., der Kaiserin und des Hofstaates. 1624 zahlte der Hof den Kapuzinern zuerst 3000, dann 1000 fl., 1625 weitere 4000 fl. *„zue fortstelung ihres Kirchengebeis"*[12].

1627 wurde die kleine Krypta unter dem Mönchschor geweiht, 1632 die Kirche und Kaiserkapelle durch Bischof Anton Wolfrath. 1633 wurden die Stifterleichname aus dem Königinnenkloster in die fertige Gruft (heute Engelsgruft) mit außergewöhnlicher Feierlichkeit überführt, im Beisein Kaiser Ferdinands II., seiner Gemahlin Eleonora, der römischen Majestäten Ferdinand III. und Maria, des Erzherzogs Leopold Wilhelm, des Hofes, des Klerus der Stadt und des Volkes.

Die erste Gruft – unter der Kaiserkapelle gelegen – war klein, da sie nur für die beiden Särge des Stifterpaares bestimmt war. Ein Barockgitter schließt heute diesen Raum von der Leopoldsgruft ab.

Kaiser Ferdinand II. hatte sich in seiner Geburtsstadt Graz seit 1614 von Giovanni Pietro da Pomis und Pietro Valnegro ein eindrucksvolles Mausoleum bauen lassen, in dem er 1637 beigesetzt wurde.

Kaiser Ferdinand III. (1608–1657) ließ 1639 neben Anna und Matthias seine zwei Söhne Philipp und Maximilian beisetzen, die innerhalb einer Woche verstorben waren; 1646 deren Mutter Maria Anna und die neugeborene Prinzessin Maria, 1649 seine zweite Gemahlin Maria Leopoldine, 1653 eine kleine Tochter

Ansicht des Neuen Marktes. Die Kapuzinerkirche befindet sich am Ende der rechten Häuserzeile des Platzes.

Bis zur Fertigstellung der kleinen Stiftergruft im Jahre 1633 waren die Särge von Anna und Matthias in der Kirche des Königinnenklosters der heiligen Clara in der Dorotheergasse beigesetzt.

aus dritter Ehe (Maria Theresia) und 1654 den erstgeborenen Sohn, den römischen König Ferdinand IV: *„Nachmahlen Wir die Begräbnus halber, furguet angesehn das dieselbe zu Wien bey den Kapuzinern in der Statt, eben in der Jennigen Krufft und Capelln, wo Kayser Matthias und seine Gemahlin sel. Ged. wie auch unsere beede Prinzen ligen, am füeglichisten beschehen möchte."*[13]

Als sich Ferdinand III. 1656 am Antoniusfest in der Kapuzinerkirche aufhielt, teilte er dem Pater Guardian mit, es sei sein Wunsch, gleichfalls dereinst, wenn sich noch ein *„Oertlein für sein Ruhebettlein"* finde, hier zu ruhen. Die Gruft möge hiezu erweitert werden. Schon im Frühjahr des nächsten Jahres starb der Kaiser. Sein Sarg mußte quer über die anderen gestellt werden – *„weillen sonst khein Ort mehr darin wahr".*

Sein Nachfolger Leopold I. verfügte daher noch 1657 die sofortige Erweiterung der Gruft. Der Sakristan der Kaiserkapelle berichtete in einer Eingabe[14] vom 24. April 1700, *„dass die Kayl. Krufft auf dass die zwey Sarch Maria Eleonorens gest. 1697 und Maria Annas gest. 1691 könen beygesetzt werden, zu erweidern höchstens vonöthen".*

1701 wurde abermals ein Vergrößerungsbau begonnen. Die Hofkammer wies am 11. April 1701 das Zahlamt an, die *„zu Erweutherung der kayl. Grufften und zu verfertigung Zweyer Sarchen angewiesenen 6.500 fl. an das bau-Amt flüßig zu machen"*[15].

1710 führte Kaiser Joseph I. den Bau fort: *Wassmassen wür unser Grufft Bey denen P.P. Capuzinern erweithern auch sonsten in ainem und anderen repariren und verbessern die herzu erforderliche unkhosten aber aus denen Schlesischen Salz geföhln bezahlen zu lassen willens sind."*[16]

1720 beendete Kaiser Karl VI. den Ausbau. Die kleine, unter dem Klosterchor befindliche, 1627 geweihte Kapelle wurde jetzt miteinbezogen, so daß sich die Gruft nun unter der ganzen Kirche und unter dem Mönchschor ausdehnte.

Karl VI. ließ im gleichen Jahr auch eine neue breite Stiege an der Nordseite anbringen und durch den Hofschlosser Jacob Scheübl das prächtige schmiedeeiserne Gitter anfertigen, das sich beiderseits vor den Särgen die ganze Gruft entlangzog. Dieses Gitter war nötig geworden, um die Sarkophage vor Beschädigung und Beraubung zu schützen; es wurde erst 1909 entfernt. Am 18. Dezember 1719 wurde dem k. k. Hofschlosser Jacob Scheübl ein „Kammerpaß" *„auf 50 Centen gätter Eysen zu Verferttigung der Kruftengätter"* ausgestellt. Am 2. Dezember 1720 berichtete der Hofbauschreiber, daß *„zurr Verferttigung der Eisernen Grufften gatter sambt Eysen und Macherlohn 3500 fl. kaum erkhlekhlich sein werden und mit der neuen Stüegen yber 4500 fl. betragen wird"*[17].

Als Maria Theresia 1748 im Westen der Grabstätte einen weiteren Gruftraum hinzufügen ließ, fehlte noch der Prunksarkophag ihrer Mutter Elisabeth Christine von Braunschweig-Wolfenbüttel. Der Raum wurde, als er sich als zu klein erwies, wieder abgerissen.

Am 25. April 1753 wurde mit dem Bau der jetzigen Maria-Theresien-Gruft begonnen. Die Baumeister waren Jean Nicola Jadot de Ville-Issey und Nicolaus von Pacassi. Bereits am 13. Juli war der Bau beendet und am 13. Oktober die Eindeckung mit Kupferplatten sowie die Bekrönung der Kuppel durch eine Bronze-Laterne fertiggestellt.

Josef Ignatz Mildorfer beendete das Kuppelfresko noch während des Winters. Für ihn, einen der namhaftesten Schüler Paul Trogers, war das Thema – die Vision des Propheten Ezechiel – nicht neu. Er hatte es bereits in den Arkaden des ehemaligen Innsbrucker Friedhofs verarbeitet. Am 9. August 1754 – Maria Theresia war zu dieser Zeit 37 Jahre alt –, stellte Balthazar Ferdinand Moll den riesigen Doppelsarkophag auf und erhielt dafür 9193 fl. 18 1/2 Kr.

„Freytag den 20. Sept um 8 Uhr wurde das erweiterte Kayl. Königl. neue grufften gebäu und dabey befindliche Capelle, oder altar von dem hiesigen herrn Ertz Bischoffen Fürsten Trauthson grafen zu Falkenstein in bedienung des Hof-Ceremoniarij gantz in der Stille eingeweiht."[18]

Maria Theresia ließ einige Tage später die Särge ihrer Töchter Elisabeth und Maria Carolina sowie den der Gräfin Fuchs-Mollard in die neue Gruft tragen. Sie hatten bereits an der Epistelseite des Gruftaltars in die Hauptmauer einen Stollen treiben lassen, der einem Sarg Platz bieten konnte.

Joseph II. verfügte 1787 die Schließung der Gruft. Die neuen Regelungen waren tiefgreifend: Er verbot zwar nicht weitere Begräbnisse, ließ aber die zwei in die Gruft hinabführenden Türen und das Fenster vermauern; den von der Kirche in die Gruft führenden Abgang ließ er allerdings nur trocken mit Ziegeln verlegen, *„um, wenn ein Todtfall sich ereignet, diese Thür leicht öffnen zu können und nach der Begräbnis selbe wieder auf die nemliche Weise zuzumachen. Auch ist der Altar, welcher sich in der Mitte befindet ganz hinwegzunehmen, damit Raum für mich und für die Nachkommenden verschaft werde. Kein Mensch ist mehr hinabzulassen und sollen künftig hin die alda gestifteten Messen in der Kirche gelesen werden und nicht mehr unten. Wie auch die Thür nach einer jeden Begräbnis sogleich wieder vermauert und bis zur selben nicht wieder eröffnet werden. Welch' Allerhöchste Anordnung der Unter-Architect Dewez alsogleich in Volzug zu setzen hat."*[19]

Kaiser Leopold II. erfüllte gleich zu Beginn seiner Regierung die Bitte des Pater Guardian Gaudentius und ließ die Gruft wieder öffnen.

Zu Beginn des 19. Jhs. wurde in Erwägung gezogen, die Begräbnisstätte des Kaiserhauses in die Krypta bei St. Augustin zu verlegen, da die Gruft erneut zu klein

wurde und die Mönchsgemeinschaft der Kapuziner vom Aussterben bedroht war. Kaiser Franz II./I. befahl jedoch 1824 eine neuerliche Erweiterung in Richtung Sakristeigarten. Der Bau der nach ihm benannten Franzensgruft dauerte 1 1/2 Jahre und wurde vom Hofarchitekten Johann Aman durchgeführt.[20]

Am 17. Jänner 1840 unterbreitete der Erste Obersthofmeister, Fürst zu Colloredo Mansfeld, Kaiser Ferdinand das Ansuchen, dem neuerlichen Raummangel abzuhelfen. Am 9. Juni wurde das Offert des Baumeisters Johann Höhne aus Währing genehmigt. Dieser Gruftteil, für den ein ehemaliger Kellerraum adaptiert wurde, befindet sich wieder unter dem Kloster.

Westlich von der Franzens- und Ferdinandsgruft und mit beiden durch einen Arkadenbogen verbunden, wurde 1840 bis 1842, ebenfalls im Auftrag Ferdinands I., durch Johann Höhne die Toskanergruft, ein korridorartiger Raum, errichtet.

1845 wurde die Gasbeleuchtung eingebaut. Sie bestand aus sechs Lustern mit zwanzig Flammen und vier Wandarmen zu je vier Flammen.

Unter Kaiser Franz Joseph, der durch den kroatischen Hofarchitekten Cajo Perisič zwei Räume östlich der bestehenden Grüfte errichten ließ – 1908/09 anläßlich seines 60jährigen Regierungsjubiläums –, fanden die Erweiterungen vorläufig ein Ende. Der vom Kloster hinabführende Stiegengang wurde mit weißen Fliesen verkleidet, und 1909 wurde das elektrische Licht installiert. Die Zweite Republik erwies den Habsburgern noch einmal ihre Reverenz durch einen letzten Erweiterungsbau in den Jahren 1960 bis 1962, ebenfalls unterhalb des Klostergartens. Zur Entlastung der sehr beengten Räumlichkeiten und zur besseren Erhaltung der Sarkophage entstand nördlich der Toskaner-, Ferdinands- und Franzensgruft die Neue Gruft. Die Arbeiten standen unter der Leitung des Architekten und Hochschulprofessors Dr. Karl Schwanzer.

Krypta unter der Loreto-Kapelle in der Wiener Augustinerkirche

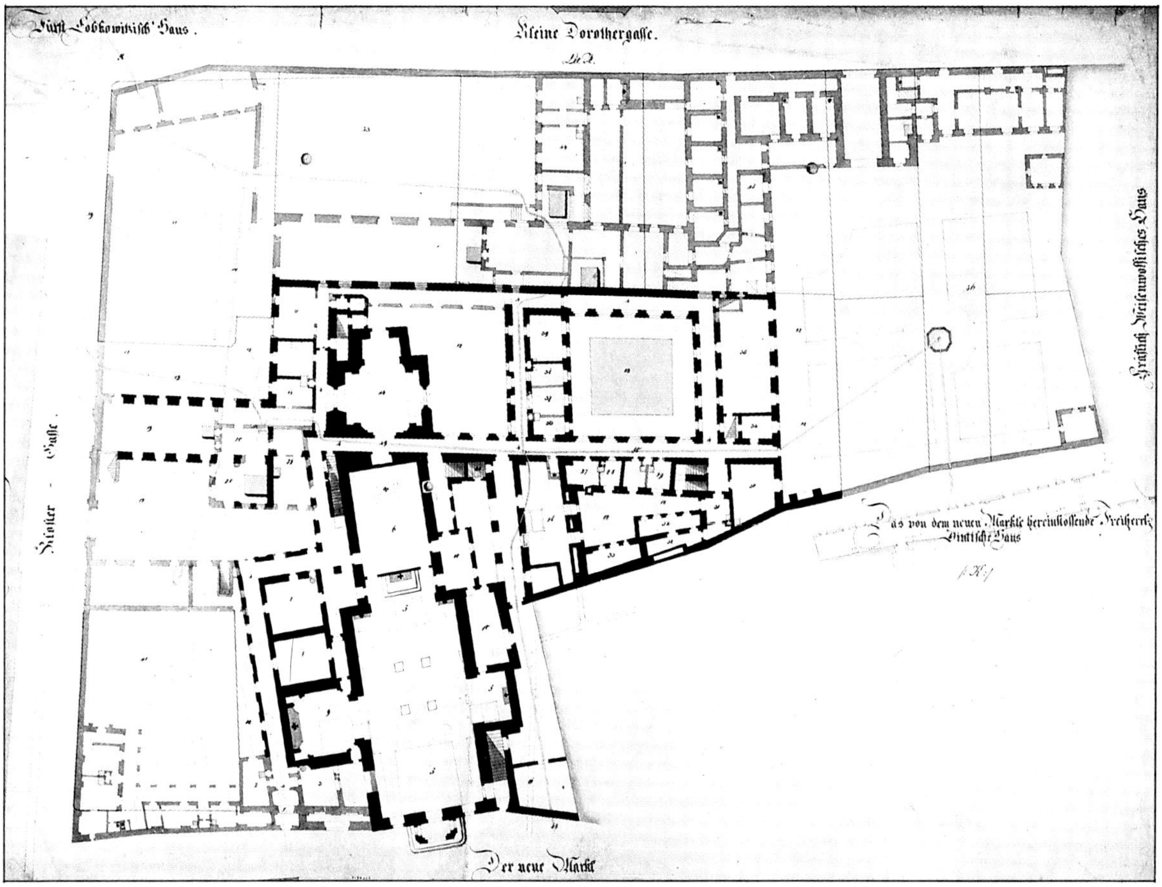

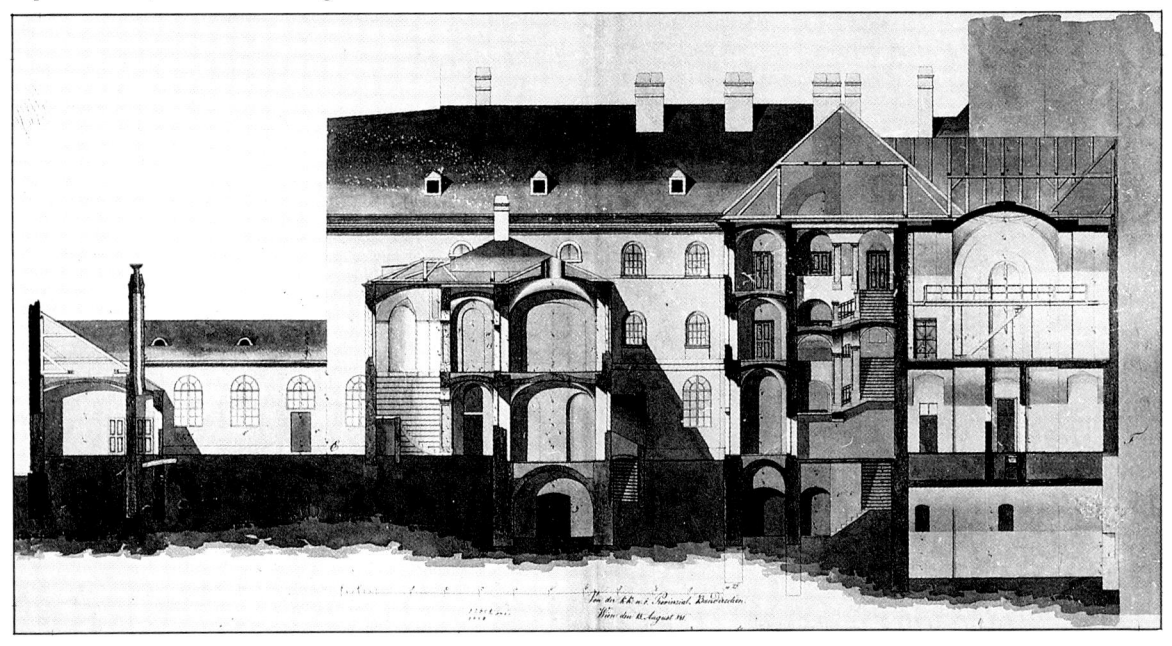

Kapuzinerkloster, Plan der Klosteranlage von 1843

Kapuzinerkloster, Querschnitt der Anlage, Plan von 1841

Das erste Begräbnis, welches laut dem Vermächtnis 1618 stattfinden sollte, kam 1633 zustande. Die letzte Beisetzung – Kaiserin Zita, Gemahlin des letzten österreichischen Kaisers Karl I. – erfolgte 1989.

In diesen mehr als 300 Jahren wurden insgesamt 145 Habsburger hier bestattet, darunter zwölf Kaiser (mitgerechnet Maximilian, Kaiser von Mexiko) und siebzehn Kaiserinnen (unter ihnen Maria Louise, die Gemahlin Napoleons).

Von einer Person ist nur die Aschenurne (in der Nische D) eingemauert: Leopold Maria Alphons, gest. 1958.

Von drei Personen ist nur der Herzbecher in der Kaisergruft vorhanden: Kaiserin Claudia Felicitas, gest. 1676, Kaiserin Amalia Wilhelmine, gest. 1742, und Königin Maria Anna v. Portugal, gest. 1754.

Von zwei Verstorbenen befinden sich beide Urnen in der Kaisergruft: Karl Joseph von Lothringen, Bischof von Osnabrück, Kurfürst von Trier, ist in der Neuen Gruft (seine Herzurne steht auf dem Sarkophag), seine Intestina sind in der Toskanergruft bestattet. Das gleiche gilt für Henriette von Nassau-Weilburg, gest. 1829, die Gemahlin Ehg. Karls, des Siegers von Aspern.

Alle anderen Personen wurden nach altem Brauch zur Einbalsamierung seziert und nur ihr Leib, ohne Intestina, in der Gruft bestattet. Von dieser Regel sind jene ausgenommen, bei denen auf ausdrücklichen Wunsch keine Einbalsamierung vorgenommen wurde, zum Beispiel bei Kaiserin Eleonora Magdalena von Pfalz-Neuburg, der Großmutter Maria Theresias.

Ende des 19. Jhs. machte ein neues Konservierungsverfahren die Exenterierung der Leichen unnötig, deshalb verbaten sich die Erzherzoginnen Maria Annunziata, Sophie Friederike und Kaiserin Carolina Augusta die Trennung von Leib, Herz und Eingeweiden. Denn ursprünglich wurden die Herzen der Toten in Silberbechern konserviert und im „Herzgrüftl" der Loretokapelle in der Hofpfarrkirche zu St. Augustin aufbewahrt. Dort befinden sich auch die Herzen von im Ausland verstorbenen Habsburgern. Die Urnen mit den Eingeweiden (Intestina) kamen in die Katakomben von St. Stephan und erhielten ihren Platz in der alten Herzogsgruft.

St. Augustin, ehemalige Hofkirche.

In der Kaisergruft sind 94 Sarkophage sichtbar, weitere 36 sind in der Ferdinandsgruft in den Nischen A, B, C und D eingemauert, wobei ein Sarg eine Mutter und ihr Kind enthält.

Je Holzsarg existieren zwei verschiedene Schlüssel. Während der Begräbniszeremonie hob der Zeremonienmeister den Deckel des Sarges und stellte an den Praefectus cryptae, den Pater Guardian, die Frage: „Erkennen Sie in dem Toten die verstorbene Person?" Auf die bejahende Antwort wurde der Deckel wieder aufgesetzt und der Sarg mit zwei Schlüsseln versperrt, von denen einer nach Abschluß des Begräbnisses dem Obersthofmeister übergeben und in einem Schrein der Geistlichen Schatzkammer aufgehoben wurde. Dorthin gelangten später auch die Schlüssel der Särge jener Habsburger, die in Bozen, Gmünd, Graz, Linz und Mantua sowie in den Grabmälern von Seckau und Neuberg an der Mürz bestattet wurden.

Der geöffnete Schlüsselschrank in der Schatzkammer. Der mittlere Teil enthält die Schlüssel zu den Särgen der Kaiser und ihrer Angehörigen. Die Laden der Seitenteile sind für jene der Erzherzöge und Erzherzoginnen vorgesehen.

Der mittlere Teil ist für die Kaiser und ihre Angehörigen vorgesehen, die Seitenteile für die Erzherzöge und Erzherzoginnen. Insgesamt sind hier 139 Schlüssel verwahrt. Der älteste Schlüssel stammt vom Sarg Ottos des Fröhlichen, gest. 1339[21].

Der zweite Schlüssel wurde nach alter Tradition dem Pater Guardian überge-

ben. Dieser bestätigte den Empfang mit den Worten: „*Derselbe wird nach schuldigster Obsorge allhier bey uns wohl verwahret sein.*"

Obwohl die diversen Zeremonien der Begräbnisse quellenmäßig belegt sind, läßt sich häufig eine legendenhafte Schilderung der Einlaßzeremonie finden. Demnach wäre der Sarg vor der geschlossenen Grufttür abgestellt worden. Der Zeremonienmeister klopfte dreimal an die Tür. Ein kleines Seitenfenster wurde geöffnet, und ein Kapuzinerbruder fragte: „*Wer begehrt Einlaß?*" – „*Der Kaiser*", antwortete der Zeremonienmeister und der sogenannte „große Titel" folgte: „*Kaiserliche und Königliche Apostolische Majestät, von Gottes Gnaden Kaiser von Österreich*", „*Apostolischer König von Ungarn und Böhmen, von Dalmatien, von Kroatien, von Slawonien, von Galizien, von Lodomerien und von Illyrien*"; „*König von Jerusalem*"; „*Erzherzog von Österreich*"; „*Großherzog von Toskana und Krakau*"; „*Herzog von Lothringen, von Salzburg, Steyer, Kärnten, Krain und Bukowina*"; „*Großfürst von Siebenbürgen*"; „*Markgraf von Mähren*"; „*Herzog von Ober- und Nieder-Schlesien*"; „*Herzog von Modena, von Parma, von Piacenza und Guastalla, von Auschwitz und Zator; von Teschen, Friaul, Ragusa und Zara*"; „*gefürsteter Graf von Habsburg und Tirol, von Kyburg, Görz und Gradiska*"; *Fürst von Trient und Brixen; Markgraf von Ober- und Niederlausitz und in Istrien*"; *Graf von Hohenems, Feldkirch, Bregenz*

Der geschlossene Schlüsselschrank.

und Sonnenberg" etc.; „Herr von Triest, von Cattaro und auf der Windischen Mark";
Großwojwod der Wojwodschaft Serbien." – „Den kennen wir nicht", war die Antwort.
Das Fenster wurde geschlossen, die Tür blieb ungeöffnet. Wiederum folgten
dieselben Fragen und Antworten, dieses Mal mit dem sogenannten „kleinen Titel"; doch erneut blieb der Eingang versperrt. Beim dritten Mal antwortete der
Zeremonienmeister schlicht: *„N.N., ein armer Sünder, dessen Sünden so zahlreich*
sind wie die Sterne des Himmels, bittet um Einlaß." Jetzt erst öffnete sich die Pforte
zur Gruft, und dem Toten wurde Einlaß gewährt.

Niemand wird das Ergreifende dieser Szene bestreiten, könnte sie doch stellver-
tretend für die sogenannte „Pietas austriaca" stehen, jene spezifische Form frommer Devotion, wie sie um das Haus Österreich entwickelt wurde. Leider ist nir-
gends in den Quellen ein solcher Brauch beschrieben. Autoren vermuten, daß
die Legende infolge der Klopfgeräusche, durch die sich die Begleitung des Lei-
chenzuges verständigte (wobei Metallinstrumente untersagt waren), entstanden
sein könnte.

Die alte Ordnung der Kaisergruft schrieb vor, daß – vom Gruftaltar aus gesehen
– Kaiser und Prinzen auf der Evangelienseite bestattet wurden, die weiblichen
Mitglieder des Kaiserhauses auf der Epistelseite. Die neue Anordnung erhielt
erst 1844 kaiserliche Genehmigung.

Heute verfügt die Gruft über keinen Altar mehr. Der Boden erhielt neue steinerne Fußbodenplatten, das Gitter in der Leopolds- und Karlsgruft wurde entfernt, die Sarkophage wurden nach Fertigstellung der Schwanzergruft (Neue
Gruft) wirkungsvoller aufgestellt.

Derzeit gehört die Gruft zu den bestbesuchten touristischen Zentren Wiens und
erfüllt eher museale Aufgaben. Für die jetzigen Angehörigen des Hauses Habsburg-Lothringen wurde 1971 in der Loretokapelle der Kirche des Klosters Muri
in der Schweiz eine neue Familiengruft errichtet.

Als der letzte habsburgische Kaiser, Karl I., 35jährig am 1. April 1922 in Funchal
auf Madeira starb, wurde er in der Wallfahrtskirche Nossa Señhora do Monte
beigesetzt. Die „Gebetsliga für den Weltfrieden" betreibt die Seligsprechung des
„Dieners Gottes Karl aus dem Hause Österreich". In diesem Zusammenhang
fand am 1. April 1972 die kirchlich vorgeschriebene Öffnung seines Sarges
statt[22]. Sein Herz wurde 1974 in die Loretokapelle des Klosters Muri in der
Schweiz überführt[23].

1. DIE ENGELSGRUFT

Sie ist der älteste Teil der Kaisergruft und befindet sich unter der Kaiserkapelle im Südosten der Anlage. Es handelt sich um einen kleinen, tonnengewölbten, fensterlosen Raum aus der Spätrenaissance. Der Name Engelsgruft – besser bekannt als Matthiasgruft oder Gründergruft – stammt aus jener Zeit, als in diesem Gruftteil nur Kinder bestattet wurden: vier Kinder Ferdinands III., sieben Kinder Leopolds I. und ein Sohn (nicht bekannt) des pfälzischen Kurfürsten Johann Wilhelm. Dieser ist bei Herrgott-Gerbert nicht abgebildet. Heute befinden sich, wie ursprünglich vorgesehen, in der Engelsgruft lediglich die Stiftersarkophage. Ein Zutritt durch Besucher ist nicht gestattet. Der Blick auf die beiden nebeneinanderstehenden Renaissancesärge ist nur von der Leopoldsgruft durch ein frühbarockes Gitter möglich.

2. DIE LEOPOLDSGRUFT

Ein tonnengewölbter Durchgang führt von der Engelsgruft in die Leopoldsgruft.

In zwölf Nischen *(Arcosolien)*, die im Jahre 1960 an der Ostwand angelegt wurden, befinden sich jene Kindersärge aus dem 17. Jh., die einst in der Engelsgruft standen. Sie sind einfach gestaltet, ohne Schmuck und Kruzifix und stammen aus dem vorigen Jahrhundert, in dem eine Umbettung der Gebeine in stilistisch gleichförmige, unbeschriftete Särge vorgenommen wurde. Deshalb ist heute nicht mehr feststellbar, wer in welchem Sarg beigesetzt ist.

In der Mitte der Ostwand befindet sich ein Herzurnenepitaph für das Herz der Königin von Portugal, Maria Anna Josepha (gest. 1754), der Tochter Leopolds I. Er stammt von Balthazar Ferdinand Moll.

Der hochbarocke Raum erstreckt sich, west-östlich ausgerichtet, unter dem Hauptschiff der Kirche. Vier mächtige Pfeiler mit quadratischer Basis unterteilen ihn in drei Schiffe, wodurch eine Hallenwirkung entsteht. An den Wänden und Ecken ruht das Kreuzgewölbe auf Pilastern, deren Sockel und Kämpfer reich profiliert sind. Das Gewölbe wird durch kreisförmige Stukkaturen aufgelockert.

Anfänglich herrschte der Grundsatz, die Särge weiblicher Personen an der Nordseite (Epistelseite) und die der Männer an der Südseite, (Evangelienseite) aufzustellen. Der erste Lageplan bei Herrgott–Gerbert[24] zeigt noch diese Ordnung, die durch die Aufstellung des Sarges Josephs I. auf der Nordseite und dem der Kaiserin Eleonora Magdalena auf der Südseite, neben dem ihres Gemahls Leopold I., umgestoßen wurde.

Auf älteren Photos sind im Steinboden noch Einsatzlöcher für das ehemalige Gitter sichtbar. Die Leopoldsgruft verjüngt sich gegen Westen und leitet durch ein Stichkappengewölbe zur flachtonnigen Karlsgruft über.

1960 wurden in der Leopoldsgruft 12 Arcosolien für die Kindersärge aus dem 17. Jh. errichtet.

3. Die Karlsgruft

Sie liegt unter dem Presbyterium und dem Chorraum. Über den längsgestreckten spätbarocken Raum wölbt sich eine stuckierte Flachtonne. Die Wände sind durch Pilaster und Doppelpilaster gegliedert – über ihnen befinden sich stuckierte Gurten.

Im östlichen Abschnitt schneiden drei Stichkappen in die Decke ein. Bis hierher reichte der erste, 1701 von Leopold I. in Auftrag gegebene Erweiterungsbau.

Die Verbindung mit der alten Leopoldinischen Gruft wird durch drei offene Doppelbögen hergestellt. Sockel und Kämpferprofile sind die gleichen wie in der Leopoldsgruft, die Felderrahmung in den Pilastern selbst ist unterschiedlich. Die Verbindung zur anschließenden Maria-Theresien-Gruft erfolgt durch drei Öffnungen zwischen Pfeilern. Die am Gewölbe ansitzenden Konsolenträger zeigen die Nabelscheibe, das Werkstattzeichen Lukas von Hildebrandts.

4. Die Maria-Theresien-Gruft

Die bisher beschriebenen Grufträume dienten vor allem der Aufnahme von Sarkophagen. Die im Stil des Rokoko gehaltene Maria-Theresien-Gruft hatte diese Zweckhaftigkeit überwunden, ihre Gestaltung als Mausoleum wurde zur religiösen Aussage. Hier ist die Grablege nicht mehr unterirdischer Begräbniskeller, sondern nimmt einen Teil des Sakristeigartens in Anspruch, der zum Innenhof des Klosters gehört.

1748 erfolgte der erste Bauabschnitt, der aber keine Zustimmung der Kaiserin erhielt. Der Umbau wurde vom Hofarchitekten Jean Jadot de Ville-Issey geleitet, der wie sein Förderer Kaiser Franz Stephan aus Lothringen stammte.

Jadot (1710–1761), in Frankreich geschult, hatte für Franz Stephan bereits in Florenz einen antikisierenden Triumphbogen errichtet und war dem Kaiser nach dessen Krönung 1745 nach Wien gefolgt. In ein Intrigenspiel mit Nicolaus von Pacassi verwickelt, mußte er Wien 1753 verlassen.[25]

Er schuf einen religiösen Raum in alter künstlerischer Tradition. Auf kreuzhaftem Grundriß entstand ein Zentralraum mit ovaler Kuppel. Monumentale Ausprägungen dieser Bauform finden sich zum Beispiel in den armenischen strahlenförmigen Kuppelbauten. Auch die iranischen, mesopotamischen, syrischen, kleinasiatischen, byzantinischen Grabmäler entsprechen diesem Typus, der dann bei den spätantiken und frühchristlichen Mausoleen neue Belebung erfuhr.[26]

Den Süden Europas erreichte diese Bauform im frühen Mittelalter, man denke etwa an das Theoderich-Grabmal in Ravenna. Die Wiederaufnahme des Ovalkuppelbaus in der Baukunst brachte die italienische Renaissance. Um 1600 verdrängte aber der Kreisbau das Oval auch diesseits der Alpen.

Geistiges Vorbild unterirdischer Grabbauten sind mit großer Wahrscheinlichkeit die Hypogäen der Etrusker, die aus einer Hauptkammer mit Nebenkammern (zum Beispiel das Volumniergrab bei Perugia) oder aus verschiedenen Grabkammern bestehen können.

Die kupfergedeckte Kuppel der Maria-Theresien-Gruft erhebt sich bis zum zweiten Stockwerk des Klosters. Sie wird von Pilastern getragen, die von einem weißen Gesims unterbrochen werden.

Von den Fenstern der Kuppel – sie führen an der Ostseite in den Betchor, an der Südseite in den Klostergang – strömt Licht von oben auf die Sarkophage – *„um gleichsam die Toten heimzuholen in eine höhere Wirklichkeit"*[27].

Die Wirkung des einfallenden Lichtes auf die Atmosphäre des Raumes empfand Ginhart folgendermaßen: „… *Wenn die Nischen im dämmernden Abendschatten liegen, das fahle Meergrün der Särge dann ausgebrannten Gebirgen gleicht, ist vollends alles Körpertum verflüchtigt, und in hauchartiger Unwirklichkeit scheinen dann die zackigen, dornenhaft zerhackten und zerrissenen Gebilde geisterhaft zu schweben.*"[28]

Dem Geist der Zeit sowie der höfischen Repräsentation entsprechend, erhielt die Gruft eine kostbare farbige Ausstattung – vorwiegend in marmoriertem, glänzendem Rosastuck. Die vertieften Felder an den Vierungspfeilern sind in hellem Grüngrau gehalten, die Seitenwände und Zwickel an den Blendbogen in Blaugrau; alle Gesimse und Bogeneinfassungen sind in grauviolettem Stuckmarmor ausgeführt, die Totenkopfkartuschen an den Scheiteln der Bogen und die Konsolen am Kuppelgesims sind dagegen weiß ausgestattet.

Im Auftrag Maria Theresias schuf Josef Ignatz Mildorfer ein Kuppelfresko, welches die Auferstehungsprophetie nach Ezechiel 37,5 zum Thema hatte: „*Ecce ego intromittam in vos spiritum et vivetis.*" – „*Seht, ich werde Geist in euch bringen, daß ihr lebendig werdet.*"

Rötliche und weiße Wolken überziehen mit schimmerndem Dunst den Himmel, von dem goldene Strahlen ausgehen. Darunter lagern die Leichname. Ezechiel gebietet den Winden, die aus allen Richtungen herbeiwehen und Atem in die toten Gebeine blasen. Sie richten sich auf und leben: „*O Geist, komme von den vier Winden herbei, hauche diese Toten an, daß sie wieder lebendig werden*" (Ezechiel 37,9). Die religiöse Aussage wird für den Betrachter von außen wiederholt. Die Kuppel ist mit gehämmerten patinierten Kupferplatten gedeckt und von einem Aufsatz – auch als Laterne bezeichnet – in Kupferbronze bekrönt.

Das Kuppelfresko stammt von Josef Mildorfer und behandelt thematisch die Auferstehungsprophetie. Die Malerei setzt die Aussage der Architektur fort. Die Kuppeldekoration des Barock ist dem Transzendenten und dem theologischen Weltprogramm vorbehalten. Himmlische Vorgänge werden in den Raum geholt. Wolken sind Sinnbild für Visionäres.

Auf einem volutengestützten, weich geschwungenen Untersatz mit zwei Wappenschildern liegt ein Polster und darauf über gekreuztem Gebein ein gekrönter Doppeltotenkopf mit abgeflachter Rudolphskrone. An der Nordseite des Sockels ist die Jahreszahl 1753 angebracht. Dieser Aufsatz der Kuppel ist eine Arbeit Balthazar Ferdinand Molls.

An die Kuppel der Maria-Theresien-Gruft schließt die Halbkuppel der Franzensgruft an.
Die Laterne der Kuppel der Maria-Theresien-Gruft wurde von B. F. Moll gestaltet.

5. DIE FRANZENSGRUFT

Es verging die Zeit der Josefinischen Reformen, der Französischen Revolution und der Napoleonischen Kriege, ehe wiederum ein Neubau entstand. Nach dem Wiener Kongreß ließ Franz II./I. die Gruft gegen Norden erweitern. Die 1925 in der Albertina wiederentdeckten Pläne verweisen eindeutig auf den Hofarchitekten Johann Aman (1824) als Konstrukteur des Bauwerks.

Kriegszeiten, die zur Sparsamkeit gezwungen hatten und vor allem eine neue Persönlichkeitsbewertung, die in einer Verbürgerlichung der Lebensführung zum Ausdruck kam, prägten den neuen Stil. Der Wandel der Zeit ist offensichtlich: Während die ersten drei Räume Ausdruck imperialen Denkens waren und die Maria-Theresien-Gruft den Versuch darstellte, das Jenseitige ins Diesseits zu holen, vermittelt die Franzensgruft das beschützend Familiäre, das Abschirmende des bürgerlichen Biedermeier.

Sie wurde in Anlehnung an die zentrale Baugestalt der Maria-Theresien-Gruft errichtet, weist aber in Grundriß, Aufriß und Dekoration eine Vereinfachung auf und enthält ein neues Dekorationselement, die halbrunde Nische. Diese war eine Wiederbelebung der prähistorischen Nischenbauten, aber auch eine Erinnerung an die Oktogone in syrischen, kleinasiatischen, nordafrikanischen und frühchristlichen Bereichen; das Nischenachteck war bereits in der italienischen Renaissance wieder verwendet worden.

Die Franzensgruft wurde über einem achteckigen Grundriß errichtet. An den kürzeren Diagonalseiten befinden sich halbrunde, glatte Nischen, in denen die vier Gemahlinnen des Kaisers beigesetzt sind. Wände und Kuppel weisen einen dunkelgrünen, die Pilaster und Bogeneinfassungen einen dunkelrosa und alle Gesimse einen dunkelgrünen Stucco lustro auf.

Blick durch die Franzensgruft gegen die Maria-Theresien-Gruft. Aufnahme um 1933.

41

Noch 1925 befanden sich dreizehn Särge in dem kleinen Raum. Die geplante zentralrhythmische Aufstellung konnte erst durch die Erweiterung von 1960 erreicht werden.

Die Franzensgruft ist nicht mehr rein klassizistisch, sondern zeigt bereits Anklänge an das Neubarock. Das kuppelartige, erhöhte Gewölbe hat am Scheitel eine mattverglaste Öffnung, durch die gedämpftes Tageslicht in den Raum fällt.

Blick aus der Maria-Theresien- in die Franzensgruft. Um den Sarg Kaiser Franz II./I. sind die Särge des Herzogs von Reichstadt (heute in Paris) und Maria Louisens (rechts) gruppiert. Aufnahme um 1933.

6. DIE FERDINANDSGRUFT

Die 1840 errichtete Ferdinandsgruft ist ein hoher Nischenzentralraum über einem langen rechteckigen Grundriß. Obwohl in die Höhe strebend, „erreicht er dennoch nicht mehr den mystischen Zauber der Maria-Theresien-Gruft"[29].

An den Längswänden rechts und links bewirken die vorspringenden Wandpfeiler eine räumliche Gliederung in Nischen. Ein Architravgesims löst die kompakte Schwere der Wand auf. Ein halbrundes Fenster im nördlichen Schildbogen läßt Licht in den hellgrau und weiß gehaltenen Raum einfallen, Hängezwickel leiten über zur Flachdecke. An der Westseite ist die mittlere Nische zu einem Arkadendurchgang zur Toskanergruft umgestaltet.

Die Ferdinandsgruft und die Toskanergruft sind ein Werk des Hofarchitekten Johann Höhne (1802–1886). Die Ferdinandsgruft befindet sich wieder unter dem Kloster, ein ehemaliger Keller wurde entsprechend adaptiert. An der Nordwand der Gruft stand einst ein großes Bronzedenkmal, das 1899 von den ungarischen Frauen zur Erinnerung an die 1898 ermordete Kaiserin Elisabeth errichtet wurde.

Im Jahre 1962 erfolgte ein geringfügiger Umbau. Um letzte Ruhestätten für 37 Verstorbene des Herrscherhauses zu gewinnen, wurden die Nischen vermauert. Die Namen der Bestatteten, deren Sarkophage für die Besucher nicht sichtbar sind, können von vier Marmortafeln an den Wänden abgelesen werden.

7. DIE TOSKANERGRUFT

Die im Westen an die Franzens- oder Ferdinandsgruft anschließende Toskanergruft wurde 1840 bis 1842 im Auftrag Ferdinands I. von Höhne erbaut.

Den langgestreckten Raum gliedern Pilaster und Gurtbögen in fünf Joche. Im Süden und Norden befinden sich Halbrundfenster.

Während in der Maria-Theresien- und Franzensgruft eine rhythmische Gruppierung angestrebt wurde und in der Ferdinandsgruft außer dem Hauptsarkophag alle Särge nach nicht erkennbarer Gesetzlichkeit in Nischen verstreut waren (heute eingemauert), sind die Särge in der Toskanergruft depotartig plaziert. Gleichförmig, ohne schmückende Attribute, ist ihre künstlerische Ausgestaltung das Ergebnis der neuen Begräbnisvorschriften Kaiser Josefs II.

8. DIE FRANZ-JOSEPHS-GRUFT

Sie besteht aus zwei ineinander übergehenden Räumen und ist von der Franzensgruft, seit dem Anbau der Neuen Gruft 1960, über drei Stufen hinab, zu erreichen.

Die nichtgegliederten Wände sind mit polierten weißen Marmorplatten verkleidet. Der Sockel ist dunkel. Den oberen Abschluß bildet ein violettgraues Marmorband mit quadratischen Öffnungen für das elektrische Licht. Zwischen den Öffnungen befinden sich ebenfalls quadratische Kreuzmosaike.

Die Franz-Josephs-Gruft wurde von Cajo Perisič 1908–1909 errichet. In der Mitte befindet sich der Sarkophag Kaiser Franz Josephs. Die Sarkophage der Kaiserin Elisabeth (links) und des Kronprinzen Rudolph (rechts) sind typisch für den Beschorner-Stil.

Die elektrische Beleuchtung wird durch sechs Lampen verstärkt. Sie ersetzen die einst aus den Wänden herausragenden Halter, die Kapuzinerhände darstellten. Darüber hinaus erhält der Raum sein gedämpftes Licht durch ein rechteckiges, in der Mittelachse liegendes Fenster an der Ostwand, das blaue Milchglasscheiben aufweist.

Die zarten Stuckreliefs auf dem Plafond zeigen ein von Engeln umgebenes Marienhaupt. Zwei weitere ganzfigurige Engelreliefs flankieren die Eingangstür zur Neuen Gruft.

Der kroatische Künstler und Hofoberbaurat Cajo Perisič hat dem künstlerischen Empfinden seiner Zeit entsprechend (Sezession) einen kühlen, nüchternen Raum geschaffen. Die Bildhauerarbeiten stammen von E. Pendl.

Im Gruftraum befanden sich ursprünglich vier Sarkophage. Der Sarkophag der kleinen Sophie Friederike, der ersten Tochter Kaiser Franz Josephs und Elisabeths, die auf der Ungarnreise 1867 verstarb, wurde später in eine der Nischen der Ferdinandsgruft transferiert und trägt die Nummer 78 B.

Der zweite Raum, die neue Gruftkapelle bzw. der Gedenkraum von Kaiser Karl, wurde von Cajo Perisič in der gleichen vornehm-kühlen, vom Sezessionismus beeinflußten Form gestaltet.

Abgesehen vom Altar an der Ostwand, der Büste des letzten habsburgischen Kaisers und einer Marienstatue befindet sich hier seit 1989 die letzte Ruhestätte Kaiserin Zitas. Der Platz daneben wird für eine etwaige Überführung des Sarges aus Funchal freigehalten.

9. DIE NEUE GRUFT

Ganz im sachlichen Stil der sechziger Jahre vermitteln rohbelassene, geschüttete Betonwände den Eindruck eines ausgeschachteten Grabes. Die wellenförmigen Lagen von verschieden strukturiertem, grobem Schotter versinnbildlichen Erdschichten. Der Faltbeton der Decke erfüllt konstruktive Erfordernisse und verleiht dem Raum zugleich gestalterischen Ausdruck.

Die Sarkophage stammen durch die Umgruppierung aus drei Jahrhunderten. Den geistlichen Würdenträgern des Hauses Habsburg wurde die Westseite der Gruft vorbehalten, an der östlichen Schmalseite fanden die Eltern und Verwandten Kaiser Franz Josephs ihre letzte Ruhestätte. Einen exponierten Platz erhielt Maria Louise, die zweite Gemahlin Napoleons und Mutter des Herzogs von Reichstadt. Ihr Sarkophag befindet sich an der Mitte der Südwand, zwischen den Eingängen zur Ferdinands- und Franz-Josephs-Gruft.

Zur gleichen Zeit wurden in den Gruftmauern der Ferdinandsgruft 37 Angehörige des Erzhauses bestattet. Da ihre Grabstätten von außen nicht zu erkennen sind, zeigen weiße Marmortafeln an den vier Wänden die Namen der Toten.

Im Zuge dieser baulichen Veränderungen entstanden auch jene zwölf Nischen (Arcosolien) an der Ostwand der Leopoldsgruft, in denen die Särge von zwölf Kindern ihren Platz fanden.

Die Neue Gruft (Schwanzergruft) repräsentiert den funktionalistischen Stil der sechziger Jahre. Rechts befindet sich der Sarkophag von Maria Louise.

45

1. MATERIAL UND BAUTEN

Engels-, Leopolds- und Karlsgruft sind einfache, durch Stukkierungen belebte Ziegelbauten. Bei der Maria-Theresien- und der Franzensgruft wurde reichlich Stucco lustro verwendet. Die Ferdinands- und die Toskanergruft sind nüchterne, einfache Ziegelbauten, die verputzt und gefärbelt wurden. Die Franz-Josephs-Gruft wurde mit echtem Marmor verkleidet.

Verschiedenartiger grober Schotter, rohbelassener Beton und Faltbeton erfüllen bei der Neuen Gruft konstruktive Erfordernisse, dienen aber zugleich als Sinnbild für Tod und Begrabenwerden.

2. MATERIAL UND SARKOPHAGE

Die Särge von Matthias und Anna sind aus reinem Blei. Im 17. Jh. wurden hauptsächlich Bleilegierungen verwendet. Beim Sarkophag der Kaiserin Eleonora Magdalena (gest. 1720) finden sich auch Bleiornamente; es war übrigens das einzige Mal, daß B. F. Moll von diesem Material Gebrauch machte[30].

Neben Blei war im 17. Jh. Zinn das am häufigsten verwendete Metall. Der erste Zinnsarg entstand 1654 für König Ferdinand IV.[31], aber auch die Prunksärge Leopolds I., Karls VI., seiner Gemahlin Elisabeth Christine und der Doppelsarkophag Maria Theresias sind aus Zinn.

B. F. Moll verwendete zwischen 1748 und 1770 ausschließlich sein Lieblingsmaterial Bronze, welches im Guß seinen künstlerischen Vorstellungen besonders entgegenkam. Es mögen aber auch wirtschaftliche Erwägungen eine Rolle gespielt haben.

Auf Grund der Bestimmungen Josephs II. wurden ab 1790 nur noch Kupfersärge hergestellt. Daher sind heute mehr als die Hälfte aller sich in der Gruft befindenden Särge aus Kupfer.

Joseph II. war übrigens der sechzigste der hier Bestatteten. Sein Sarg soll angeblich aus Silber sein. Wolfsgruber vermutet, daß nur einzelne Teile versilbert sind, da damals häufig Kronen, Kruzifixe und andere Details versilbert wurden.

Die Herzkapsel der Kaiserin Amalia war aus purem Gold. Sie wurde bereits im 18. Jh. zweimal gestohlen und schließlich durch eine Nachbildung aus Messing ersetzt. Vergoldungen einzelner Teile kommen an einigen Sarkophagen in der Gruft vor. Der Sarg von Sophie Friederike wurde 1872 von der Firma A. M. Beschorner silberbronziert. Dies wurde in der Folge bei vielen Sarkophagen nachgeahmt. Aus Marmor ist nur die Herzurne der Kaiserin Amalia.

3. TECHNIKEN

Je nach Erfordernis handelt es sich um Voll- oder Hohlguß. Die Nachziselierungen zur Verwischung der Nähte erfolgten nach dem Guß. Truhe und Deckel wurden verlötet oder geschraubt, Ornamente und figürliche Beigaben meist angenietet. Ziselierungen finden sich bei den über den Sargdeckeln liegenden Überwürfen. Die Bildmedaillons an den Mollsärgen sind getrieben und nachziseliert. Besonders fein wurden die Gravierungen an den Särgen des Stifterpaares Matthias und Anna durchgeführt. Eine technische Meisterleistung ist der Prunksarkophag Maria Theresias. Allein der Deckel ist 35 Zentner schwer. Bei diesem Sarkophag verwendete Moll nach Auskunft der Metallrestauratoren statt Blei- Zinnlegierungen.

FORM, SCHMUCK UND SYMBOLISCHE BEDEUTUNG DER SÄRGE

1. FORM DER SÄRGE

Die Särge, als letztes Haus der Toten, haben zwei unterschiedliche Grundgestalten: Der Deckel des einfachen Holzgestaltsarges zeigt die Form eines Giebeldaches oder, wie im Orient, die eines Flachdaches; der Truhensarg kann geradwandig, Wände und Deckel können aber bauchig geschwungen oder gewellt sein.

Im 17. Jh. überwogen die Holzgestaltsärge. 1703 tauchte der erste bauchige Truhensarg mit profiliertem Deckel auf. Im Laufe der kunstgeschichtlichen Entwicklung verringerte sich der starke Schwung der Sarkophagwände.

Die Särge Balthazar Ferdinand Molls aus den sechziger Jahren hatten bereits eine einfache Grundgestalt. Nur aufwendiger Schmuck machte sie dekorativ.

Mit Joseph II. begann die Zeit der kahlen Truhensärge mit flachem Deckel, die bis 1822 Geltung behielten. Daneben verbreitete sich aber auch erneut der glatte Holzgestaltsarg. Dieser erhielt im Biedermeier wieder geschwungene Formen, dann setzen sich Truhen mit gewelltem Deckel durch.

Wie bereits erwähnt, lieferte A. M. Beschorner 1872 den Sarg für Sophie Friederike: Es handelte sich um eine Truhe mit profiliertem Deckel und antikisierender Ornamentik. Die Form dieses Sarges hatte für die kommende Zeit Vorbildwirkung. Mit geringfügigen Abweichungen – leichter Schwung der Truhenwände, dann wieder geradlinig, später erneut die Neigung der Seitenwände zur Schwellung, einmal einfache, dann reichere Ornamentik – wurden alle folgenden Sarkophage diesem einen Vorbild nachempfunden.

2. SCHMUCK DER SÄRGE

Sowohl figürlich als auch ornamental sind die Särge, die aus dem 17. und 18. Jh. stammen, bis zur Verordnung Josephs II. überaus reich geschmückt. Die Kruzifixe auf den Sargdeckeln sind entweder plastisch geformt, bilden ein erhabenes Relief, oder sie sind flach auf dem Deckel eingraviert. Im 17. Jh. fehlten die Kruzifixe nie. Erst B. F. Moll ließ sie (wahrscheinlich aus künstlerischen Gründen) oft weg, da die reichen Sargdeckelverzierungen den gesamten Platz in Anspruch nahmen.

Während des Klassizismus wurden die Kruzifixe durch ein Flachkreuz ersetzt.

Weitere figürliche Attribute sind Totenköpfe, Gebeine, Löwenköpfe, Löwenfüße, Bärenfüße, Engelköpfchen und Putten.

Es finden sich Genien in Form von Frauengestalten, Bildmedaillons der Verstorbenen und vollplastische Bildfiguren wie Maria Theresia, Franz Stephan und die Tochter Josephs II., Erzherzogin Maria Theresia.

Ginhart bemerkte, daß bei Abfassung seiner Publikation im Jahre 1925 von 135 Särgen (heute 146) nur drei mit plastischen Bildnissen verziert gewesen waren. Immerhin handle es sich um Fürstengräber, und die Tradition der vollplastischen Darstellungen auf dem Sargdeckel gehe auf die etruskischen Tonfiguren auf den Grabplatten zurück. Er verwies in diesem Zusammenhang auf die überraschend enge Beziehung zwischen dem Sarkophag aus Cervetri im British Museum und dem Maria-Theresien-Sarkophag.

Tatsächlich wurden in der Antike, im Mittelalter und in der Folgezeit die Bildnisse der Bestatteten als Relief oder in vollplastischer Darstellung auf dem Sargdeckel, in der Gruft oder in der Wandplatte derselben angebracht. Sie fehlen in

Details der rechten Schmalseite am Sarkophag Kaiser Karls VI.: Vanitassymbol (Totenkopf), der Löwe als Todesbote (nach antiker Tradition) und Herrschersymbol.

Die Kartusche mit Relief am Sarkophag Kaiser Karls VI. zeigt die Schlacht von Saragossa.

der Kaisergruft bis auf die erwähnten drei Ausnahmen völlig. Beispiele für diesen Typus in Wien sind der Rudolph-Kenotaph und der Friedrichsarkophag in St. Stephan sowie der Sarkophag Kaiser Leopolds II. in der Georgkapelle von St. Augustin.

Niemals fehlen dagegen die Sinnbilder der Fürstenherrlichkeit wie Kronen, Szepter, Reichsapfel und Hermelin.

Bei geistlichen Fürsten wurden die Insignien ihrer Macht ebenfalls im Relief oder, im 18. Jh., vollplastisch an den Särgen angebracht.

Daneben finden sich immer wieder Darstellungen, die auf militärische Macht Bezug nehmen: Kanonen, Gewehre, Schwerter, Speere, Fahnen, Harnische und allerlei Kriegstrophäen. Dazu gehören auch die Reliefs mit Darstellungen kriegerischer Ereignisse oder politischer Aktionen. Selten sind Szenen familiärer Art, religiösen Inhalts oder Allegorien.

Wappen sind überaus häufig, fehlen aber an den Särgen der josephinischen Zeit bis zum Sarkophag Kaiser Franz II./I. Die nüchterne Gesinnung des Klassizismus erlaubte nur eine schlicht gerahmte Inschriftentafel.

Im 19. Jh. wurde das Ornament entweder der Antike entnommen – Palmetten, Blattüberfall, Pfeifen, Eierstab, Perlstab, Rosetten, Lorbeerkränze, Blütengehänge, Ranken –, oder es handelte sich um spätbarocke Ausdrucksmittel wie Knorpelwerk, Rollwerk oder Bänderwerk, die sich vom antiken Ornament durch ihren ungegenständlichen, naturfernen Charakter unterschieden.[32]

Ginhart behandelte in seinem Buch mit großer Ausführlichkeit das Knorpel-werk, auch unter der Bezeichnung „Ohrmuschelstil" bekannt. Es besteht aus phantasievollen, knorpelartig geschwungenen und am Ende verdickten Gebil-den. Diese Ornamentform wurde Ende des 17. Jhs. in Deutschland, den Nieder-landen und Frankreich für das Kunsthandwerk verwendet, vor allem als Aus-drucksmittel auf Altären, Grabsteinen, Bildereinfassungen, an Türen, Kartu-schen, Chorgestühl, Kanzeln und Schränken.[33] Das Knorpelwerk kommt aber auf den Sarkophagen der Kaisergruft, die aus diesem Zeitraum stammen, nicht vor. Ginhart kam zu dem Schluß, daß es durch bestimmte Machtgruppen am Hof verhindert wurde, obwohl gerade diese volkstümliche Ornamentform das künstlerische Gestaltungsmittel der Zeit war. Statt dessen wurde immer wieder dem antikisierenden Ornament der Vorzug gegeben.

3. DER ZWECK DER SÄRGE UND IHRE IDEOLOGISCHE BEDEUTUNG IM 17. UND 18. JAHRHUNDERT

Ziel war es zunächst, einen Leichnam, dem Herz und Eingeweide entfernt wor-den waren, möglichst lange unversehrt zu bewahren. Man verwendete daher Me-talle, die rostfrei sind oder sich durch Feuchtigkeit wenig verändern. Als 1852 mehrere schadhaft gewordene Sarkophage restauriert und deshalb geöffnet wer-den mußten, befanden sich die Körper, laut Wolfsgruber, in einem überraschend guten Zustand.

Die prunkvollen Übersärge sind jedoch vor allem Schausarkophage im Sinne ei-ner Repraesentatio maiestatis: Prunksarkophage waren eines der vielen Zeichen der Macht in einer Zeit, in der es nicht genügte, sie zu besitzen – sie mußte dem Volk auch präsentiert werden. Die höfische Tradition gebot, daß auch dem Sarg die Bedeutung des Verblichenen anzusehen war. Alle Schmuckornamente (Kro-nen, Wappen, Szepter, Trophäen usw.) dienten allein diesem Zweck. Dieser Aufwand und Luxus war für die feudale Herrenschicht und die absolutistischen Herrscher nichts Überflüssiges, „sondern Mittel ihrer sozialen Selbstbehaup-tung"[34], mit denen sie ihre Glaubwürdigkeit und den Wert ihrer Person demon-strierten.

Der repräsentative Lebensstil und ein zur Schau gestellter Konsum wertvoller Güter waren ein wichtiges Mittel, Prestige zu erwerben und zu erhalten, aber auch immer höher gesteckte Herrschaftsansprüche zu legitimieren. Auch wenn die Präsentation ihrer Embleme nicht mehr aktuell war, wurden bereits verlo-rengegangene Herrschafts- und Machtbereiche noch einmal demonstriert. So hatte Kaiser Karl VI. bereits 1713 im Frieden von Utrecht seinen Titel „König von Spanien" verloren, dennoch erhielten Krone und Wappen von Kastilien ihren exponierten Platz auf seinem Sarkophag.

Das Religiöse trat zurück, selbst das Kreuz fehlte zu gewissen Zeiten völlig. Ob-gleich Maria Theresia von tiefster, zeitweiser bigotter Frömmigkeit erfüllt war, wurde es Balthazar Ferdinand Moll gestattet, die religiösen Symbole wegzulas-sen, die Insignien herrscherlicher, weltlicher Macht dagegen durften nicht feh-len. Sie wußte, das Volk hing an ihnen, man mußte sie ihm zeigen.

Die Größe, Macht und den Glanz hieß es zu demonstrieren – auch im Tod.

Die Sarkophage, die Materialkosten, die Künstler, deren Aufgabe es war, „nicht zu rühren, sondern vielmehr zu werben, zu repräsentieren und zu imponieren,"[35] kosteten enormes Geld.

Eines der drei plastischen ganz-figürlichen Bildnisse auf dem Sarg-deckel der frühverstorbenen Tochter Kaiser Josephs II. Der Sarkophag (Maria-Theresien-Gruft) stammt von B. F. Moll.

Als Moll 1754 den Riesensarkophag fertiggestellt hatte, erhielt er dafür 9193 fl. 18 1/2 kr. – eine fürstliche Entlohnung, wenn man bedenkt, daß das Jahresgehalt des Vizekanzlers Freiherr Johann Christoph von Bartenstein zur gleichen Zeit 8880 fl. betrug, einige Jahre vorher der Hofmedicus ein Jahresgehalt von 360 fl. bezogen hatte und ein Saaltürhüter oder ein Holzhacker 24 fl. pro Jahr verdienten[36].

Aber die Ausgaben erfüllten ihren Zweck. Sie festigten das Vertrauen des Volkes in die Macht seines Herrscherhauses. Sie verkündeten den Ruhm der militärischen Siege und den Glanz des Reiches.[37]

Joseph II. gab sich daher als Privatmann, als er befahl, die Gruft zuzumauern. Als Kaiser verletzte er damit, wie so oft, das Empfinden des Volkes, das er regierte und für das ihm als Anhänger des Rationalismus das Verständnis fehlte.

Mit dem Verzicht auf machtbedeutende Sinnbilder endete mit Joseph II. eine Welt, und eine neue Zeit begann. Der Klassizismus bzw. das Biedermeier beherrschten in Wien das ganze 19. Jh. Die Ornamentik erstarrte zum Schablonenhaften. Man wehrte sich gegen die Aufnahme neuer europäischer Kunstanschauungen oder geistiger Strömungen. Mächtige Institutionen, wie Kirche oder Kaiserhaus, verhinderten ein neues Ambiente.

Den Sarkophagen der Kaisergruft fehlen daher trotz ihrer ästhetischen Vielfalt manche Entwicklungsstufen.

Das Detail vom Sarkophag Kaiser Karls VI. zeigt das Vanitassymbol mit der Krone Kastiliens.

Balthazar Ferdinand Moll und seine Sarkophage

Wie bereits erwähnt, war der jüngere Moll in den fünfziger und sechziger Jahren des 18. Jh. der am meisten in der Kaisergruft beschäftigte Künstler. Von ihm stammen unter anderem die Särge der Erzherzogin Karolina, der Erzherzogin Elisabeth Christine, der Isabella von Parma und ihrer zwei Kinder, der Maria Josepha, die Veränderungen am Sarg Kaiser Karls VI. und an jenen des Stifterpaares sowie der Sarkophag eines unbenannten Kindes. Außerdem gestaltete er die beiden Sarkophage der Statthalterinnen der Niederlande, Maria Anna – der Schwester Kaiserin Maria Theresias –, und Maria Elisabeth, der Tochter Kaiser Leopolds I.

Für diese beiden Zinnsärge, für die Änderungen am Sarkophag Karls VI. und für zwei neue kleine Särge erhielt Moll laut Aktenvermerk *„nebst den auf seine Kosten von gueten Salzburger Marmor herbeigeschaffen 3 Blatten – 23 Centen Bley und 7059 fl.".* Diese Summe entsprach in etwa dem Jahresgehalt des Obrist Hofmeisters Joseph Karl Graf Batthyány oder des Reichshofratspräsidenten Ferdinand Graf Harrach.

Der künstlerische Werdegang Molls begann in Innsbruck, wo er, einer Bildhauerfamilie entstammend, am 4. 1. 1717 geboren wurde. Sein Vorbild war Georg Raphael Donner, dessen Kunst bei ihm jedoch eine Steigerung ins Dekorative sowie zu deskriptiver Genauigkeit erfuhr. Seine Körper sind aufwendige Gebilde; die Figuren, in einer von Donner inspirierten Eleganz, stellen die eigentliche Dekoration dar. Selbst die Sockel werden meist in den figürlichen Schmuck miteinbezogen.

Trotz aller Sinnbildlichkeit bewirkte Moll in den Plastiken Maria Theresias und Franz Stephans eine spürbare Beseelung und Ausdruckstiefe. Obwohl er die schwebende Leichtigkeit des Rokoko nicht erreichte und wahrscheinlich auch gar nicht anstrebte – durch Streckung der Gestalt, durch Verkleinerung der Köpfe und einen spezifischen Faltenschwung –, bewahrte er konsequent die gestaltliche, anatomische Richtigkeit. „Er neigte als Tiroler eher zu einer gewissen

Die Reliefs an der linken Seite des Doppelsarkophages von Maria Theresia und Kaiser Franz Stephan zeigen den Krönungszug in Frankfurt 1745 (links) und den Einzug des Großherzogs Franz Stephan in Florenz 1739 (rechts).

Die Reliefs an der rechten Seite des Doppelsarkophages zeigen die
Krönung Maria Theresias zur böhmischen Kaiserin im Prager
Veitsdom 1743 (links) und den Ritt auf den Krönungshügel in
Preßburg, anläßlich der Krönung zum König von Ungarn (Rex
noster Maria Theresia) 1741 (rechts). Die Stadt mit Burg, Dom
und Menschenmengen ist topographisch genau erfaßt. Man erkennt
die Kaiserin an der Verlängerung der Schiffsbrücke. Mit
erhobenem Schwert vollzieht sie die Landnahme als Königin von
Ungarn.

Schwerfälligkeit und gab so den Gestalten ein Maß an Kraft und Ausdruck."[38] Dennoch gelang es ihm, in der Gestaltung seiner Sarkophage dynastische Forderungen zu erfüllen und zugleich das Formengefühl des Rokoko einzubringen. Von 1751 bis 1759 war er Akademie-Professor in Wien. Seine letzten Jahre standen unter dem Einfluß der neuen Kunstströmungen des Klassizismus. Sein Hauptwerk ist sicherlich der Doppelsarkophag für Kaiserin Maria Theresia und Franz I.

Moll starb 1785 in Wien[39]. Ginhart wies darauf hin, daß die Reliefs an den Längsseiten des Sarkophags künstlerische Mängel aufweisen und möglicherweise von Schülern Molls stammen: Die Städte zeigen wenig Tiefe, dem Dom fehlt die Räumlichkeit, wenig subtil ist auch die Volksmenge am Preßburger Relief.

1768 erhielt die als Kind verstorbene Erzherzogin Elisabeth (1737–1740), eine Tochter Maria Theresias, einen neuen Sarkophag (48), nachdem der erste Entwurf B. F. Molls von 1752 den Wünschen der Kaiserin nicht entsprochen hatte.

Der Kindersarkophag (47) einer 1744 verstorbenen unbenannten Tochter von Erzherzogin Maria Anna ist ein Rokokosarkophag auf Akanthusfüßen. Auf dem Deckel befindet sich ein über den Wolken schwebendes Herz.

Seinen ersten Sarkophag im Auftrag Maria Theresias schuf B. F. Moll für die 1748 verstorbene Erzherzogin Karoline (43), in Bronzelegierung, mit Kartuschen, Girlanden und Engelköpfen. Auf dem Deckel befindet sich der neue österreichische Erzherzoghut.

PROTOKOLL ÜBER DEN TRAUERZUG BEIM BEGRÄBNIS KAISERIN MARIA THERESIAS[40]

„Der entseelte kail. allerhöchste Leichnam, welcher indessen in dem kais. Zimmer aufbewahrt blieb, wurden den 30. darauf um 7 Uhr abends geöffnet und balsamiert. Die Exentrierung dauerte von 7 bis 11 Uhr Nachts, wobey der k. k. Protomedicus Kohlhammer gegenwärtig waren. Die Eröffnung und Einbalsamierung geschah durch die kais. kön. Leib Chirurgen Jos. Vanglinghen, Ferdinand von Leber und Anton Rechberger, wobey sich auch der Hofapotheker Wenzel Czerny brauchen liess. Freitags den 1. December früh morgens wurde der Leichnam in der grossen Hofkapelle auf einem 4 Stufen hohen unter einem schwarzen Baldachin errichteten Trauergerüst in der demüthigen Kleidung eines geistlichen Habites exponiert. Zur rechten Hand war der silberne Becher, worin das Herz; zur linken auf dem 3. Staffel abwärts des Hauptes der Kessel mit den Eingeweiden. Sodann sah man neben der Leiche auf 6 schwarzen Pölstern die kaiserliche sowie die königl. ungarische und böhmische Krone nebst dem Erzherzogshut.

Hinter dem Kopfe waren die Ordenszeichen ausgelegt worden und zu Füssen befand sich ein silbernes Cruzifix mit einem Weihwasserkessel. Der sämmtliche Hofstaat sowie die Hofcapläne und Augustiner hielten unter fortwährender Wachhaltung der ersten Arcieren und der königl. ungar. adelig. Leibgarden, welche an den vier Ecken der Trauerbühne mit entblösstem Seiten Gewehr standen, Tag und Nacht Betstunden. Die ganze Hofcapellmusik sang täglich früh um 10 Uhr und nachmittags um 5 Uhr das Miserere. Auch wurden von 6 Uhr früh bis Mittags an den 5 Altären unausgesetzt heilige Messen gelesen. Sonnabends den 2. wurde nachmittags in feierlicher Weise der Becher mit dem Herzen in die Loretokapelle und nach diesem der Kessel mit den Eingeweiden in die Herzogsgruft zu St. Stephan überbracht.

Sonntags den 3. December als an dem zu feierlichen Begräbnis bestimmten Tage besetzten schon gleich nach Mittag die zu Wien in Besatzung liegende Infanterie und Cavallerie die Zugänge und Strassen und bildeten dem Trauerweg entlang Spallier. In der Augustiner Hofkirche versammelten sich die Orden und Pfarrgeistlichen, die Hofräthe, Hofsecretarien und Dicasterial Beamten; bei denen Capuzinern aber die k. k. obersten Hofämter, Minister, geheimen Räthe und Truchsessen sowie die Hof und Stadt Damen.

Der ganze Trauerzug gestaltete sich folgendermassen. Voran ritt ein Commando der Cavallerie, um Platz zu machen. Dann folgten die Spitäler, die Ordensgeistlichen mit brennenden Kerzen, die Pfarreien, der Stadt Magistrat, die Landstände. Die Reichs- Hof und Dicasterial Räthe. Die Hof Officiers. Gegen 7 Uhr wurde der Höchste Leichnam nach vorgängiger von dem Hof- und Burgpfarrer mehrmals verrichteter Einsegnung in der grossen Hofkapelle von einigen Kammerherrn mit Beihilfe von Kammerdienern erhoben und unter Begleitung der beiden ersten kais. und königl. Leibwachen nach dem im inneren Burghofe nächst der Botschafterstiege aufgefahrenen sechsspännigen Hofleichenwagen übertragen; wornach der Zug über den Bibliotheksplatz, bei der Augustinerkirche vorbei und über den Bürgerspitalplatz nach der Capuzinerkirche sich richtete. Voran ein Detachement Cavallerie, zwei Einspänner zu Pferde in Klag Livrée, ein zweispänniger viersitziger Wagen für den geheimen Kammerzahlmeister und den Kammerfourier, zwei viersitzige zweispännige Wagen für acht k. k. Kammerdiener; ein sechsspänniger Wagen für den zweiten Obersthofmeister Grafen von Sternberg. Alle k. k. Leiblaqueyen und

Laufer in Trauer Livrée unbedeckten Hauptes. Der sechsspännige schwarz ausgemachte Leichenwagen. Zu beiden Seiten desselben 12 k. k. Edelknaben in Trauerkleidung mit Windlichtern. Unmittelbar neben dem Wagenschlag giengen zwei k. k. Leiblaquaien unbedeckten Hauptes, dann auf der einen Seite 6 Arciern Leibgardisten und auf der anderen Seite ebensoviele von der ungar. Nobelgarde. Weiter auswärts war neben dem Leichenwagen rechts die alte Arciern, links die Leibgarde zu Fuss. Unmittelbar neben dem Wagen folgte eine Prigade von der k. ungar. Leibgarde zu Pferd mit Trompettern und Paukern. Diesen folgten drei sechsspännige Wagen, in welchen die hinterlassene k. k. oberste Hofmeisterin Frau Gräfin van Vasques, einige Kammer Fräulein und Hofdamen sassen. Den Zug beschloss eine Compagnie Grenadiers mit zur Trauer gedämpftem klingenden Spiel, welches sich auch schon in dem inneren Burghofe nachmittags bis zur Abfahrt ehevor des allerhöchsten Leichnams in kläglichen Tönen hören liess.

Indessen als dieser Zug in Bewegung gesetzt wurde, hatten sich einsweilen Se. Röm. Kais. Maj. mit dem Königl. Erzherzog Maximilian, Hoch und Deutschmeister auch Coadjutor des Erz und Domstiftes Köln und Herrn Herzog Albert zu Sachsen-Teschen nach der Capuzinerkirche voraus begeben. Als der Leichenwagen an der Klosterpforte eintraf, wurde der Sarg aus demselben gehoben, aufgebahrt, mit einem reichen Bahrtuche überdeckt und mit einem Cruzifixe nebst allen k. k. und erzherzogl. Insignien geschmückt. Darauf gieng der Zug in die Kirche über eine dazu eigens verfertigte grosse Treppe in folgender Ordnung vor sich:

1. die Hofmusik, 2. der Kloster Klerus, 3. das Domcapitel, 4. die assistierenden Bischöfe und Prälaten in Pluvial und mit der Infül, 16 an der Zahl. 5. Seine Eminenz der Cardinal Fürsterzbischof Migazzi von Wien mit den assistierenden Hofcaplänen, 6. der Sarg. Die von dem Bahrtuche herabhängenden Quasten wurden von den Kämmerern: Fürst Joseph Lobkowitz, Joseph zu Schwarzenberg, Johann von und zu Liechtenstein und Fürst von Eigne getragen. Zu beiden Seiten der Bahre giengen 12 k. k. Edlknaben mit Wachsfakeln. Die aussere Begleitung bildeten 8 Mann der kais. ersten Arciern und ebensoviel von der k. ungarischen adeligen Leib Garde. Nebst diesen erschienen zur rechten Seite der rector Magnificus und die vier Decane der Universität in ihren Ceremoniel Trauerkleidern. Unmittelbar nach der Leiche folgten, Se. Maj. der Kaiser, Erzherzog Maximilian und Herzog Albert. Dieselben trugen Wachsfakeln und waren in tiefster Trauer in langen Mänteln, wovon k. k. Edlknaben die Schleppen nachtrugen. Dazu kamen die obersten Hofämter, Minister, geh. Kämmerer und der äussere Hofstaat mit Wachsfakeln. Nach der Einsegnung wurde der Sarg von 12 Capuziner Patres im Gefolge Sr. Eminenz und der Assistenz und dem Obersthofmeister zu Schwarzenberg und des anderten Obersthofmeisters Ihrer Maj. Grafen von Sternberg in die k. k. Gruft hinabgetragen. Nachdem daselbst der Cardinal die letzte priesterliche Einsegnung vollzogen, öffnete der erste Obersthofmeister den Sarg, zeigte den PP. Capuzinern den Leichnam und übergab ihnen denselben zur Obsorge. Nachdem der Sarg wieder geschlossen war, übergab der Obersthofmeister einen Schlüssel dem Quardian und liess den anderen in der Schatzkammer aufbewahren.

Solchergestalten endigte sich bey von aussen der Kirche vor dem Militari immer wiederholten traurigen Trommeln und Pfeiffenthönen und unter den kennbaresten Zeichen eines an jederman wahrgenommenen folglich getragenen rührenden Beileids diese einer grossen und allgemein geliebten allzeit unvergesslichen Monarchin gebührende letzte Trauer Gepränge."

1717 wurde in der Kaisergruft ein Altar errichtet. Die Gruft war deshalb täglich zugänglich, und schon damals wurden Dinge entwendet, Zierrat abgebrochen, die Sarkophage beschädigt. Aus diesem Grund verbot ein Dekret vom 19. Juli 1787 den Gruftbesuch: *„Kein Mensch ist mehr hinabzulassen."* Cölestin Wolfsgruber berichtete ausführlich über die Diebstähle: *„… die geschichtliche Treue gebietet, die ungedeuteten Frevel nicht unerwähnt zu lassen."*[41]

Unter Josephs Nachfolger wurde die Verfügung wieder aufgehoben, *„sodaß dieses merkwürdige Hypogäon im Sommer durchschnittlich täglich von 50, im Winter von 10 Personen besucht wird"*[42].

Maria Theresia besuchte zu Lebzeiten oft täglich die Gruft, um gedanklich Verbindung zu den ihr einst Nahestehenden aufzunehmen. Sie betete vor dem Mausoleum ihrer Eltern und auch vor dem Sarkophag ihrer Erzieherin, der Gräfin Fuchs-Mollard. Als ihr der Aufstieg aus der Gruft bereits schwer fiel, ließ sie hinter dem Klosterchor einen Aufzug anbringen, mit dem sie zum erstenmal am 17. Jänner 1778 in die Gruft hinabgelassen und wieder heraufgehoben wurde. Während der Allerseelenoctave 1780 blieb die Maschine beim Heraufziehen zweimal stecken. Dies veranlaßte sie zur Bemerkung: *„Die Gruft will mich nicht mehr herauflassen."* Tatsächlich war Maria Theresia an diesem Tag das letzte Mal lebend in der Gruft, denn schon am 3. Dezember desselben Jahres wurde sie selbst dort beigesetzt.

Am 28. November 1781 besichtigte die Großfürstin Maria Feodorowna mit ihrem Gemahl Paul Petrowitsch die Grabstätte der Habsburger. Sie bemerkte den Sarkophag der Gräfin Fuchs-Mollarth mitten unter den Särgen der kaiserlichen Familie, brach gerührt in Tränen aus und sagte: *„Diese ware wahrhafftig eine grosse Frau."*[43]

Am 5. Dezember des gleichen Jahres besuchte Eugen Friedrich, der Herzog von Würthemberg und Vater der Großfürstin, mit seinem dritten Sohn die Gruft und sagte zum Pater Custos, der ihm die Sarkophage beschrieben und von der Pietät der Kaiserin Maria Theresia gegen die Gräfin Fuchs-Mollard erzählt hatte: *„Man kann dergleichen nicht ohne rührung des gemüthes vernehmen."*[44]

Am Freitag, dem 25. März 1872, war Papst Pius VI. in der Kaisergruft und betete vor dem Sarkophag Maria Theresias.

Am 5. Oktober 1809 besuchte Napoleon um 9 Uhr die Gruft, *„woselbst er ziemlich lange verweilt und Alles genau besichtigt"*[45]. Als der französische Kaiser die Gruft verließ, meint er: *„Vanitas Vanitatum – hors la force."*[46]

Am 10. Oktober 1835 erwies Zar Nikolaus anläßlich eines Besuches in Wien seinem Freund und ehemaligen Verbündeten Kaiser Franz II. die letzte Ehre.

Während der Weltausstellung im Jahre 1873 besuchten viele in Wien anwesende Herrschaften die Ruhestätte des österreichischen Kaiserhauses.

Im April 1910 besichtigte der Präsident der Vereinigten Staaten, Theodor Roosevelt, die Kaisergruft.

Frater Urban Roubal begleitete die langjährige Vertraute Kaiser Franz Josephs, die Burgschauspielerin Katharina Schratt, mehrmals in das Mausoleum.

Das „Neuigkeits-Welt-Blatt", in dem das Photo erschien, betonte die Besonderheit der Aufnahme, da sich Frau Schratt seit dem Tod des Kaisers nicht mehr photographieren ließ. Die Aufnahme entstand am 14. September 1934.

Im Jahre 1920 drang infolge eines undichten Kanals am Neuen Markt Sicker-wasser in die Franz-Joseph-Gruft. Der Schaden konnte behoben werden.

Ohne Begräbnis wurden 1958 noch einmal sterbliche Überreste eines Habsbur-gers in der Gruft bestattet. In einem Krankenhaus in den USA war Leopold Ma-ria Alfons (1897–1958) aus der toskanischen Linie verstorben. Die Urne mit der Asche des Leichnams wurde in Nische D beigesetzt.

Die Büste Kaiser Karls wurde während des Zweiten Weltkriegs entfernt und erst im Frühjahr 1947 wieder aufgestellt.

1942 versuchte Reichsinnenminister Frick, die Gruft der Zentralverwaltung der Nationalsozialisten einzuverleiben. Der Widerstand des Paters Provinzial be-wirkte aber, daß von diesem Plan Abstand genommen wurde.

1943 wurden die Gruftfenster außen mit baulichen Schutzvorrichtungen verse-hen. Im folgenden Jahr wurde der Doppelsarkophag Maria Theresias mit einer 45 Zentimeter starken Mauer umgeben und außen mit 45 Zentimeter starken Betonblöcken geschützt. Nach dem Krieg bedurfte es großer Anstrengungen, diese Platten mit Hilfe von Flaschenzügen wieder zu entfernen.

Die Leopoldsgruft diente während des Krieges als Lagerraum für Kunstschätze aus anderen Kirchen, wurde jedoch nie als Luftschutzraum verwendet.

Die ersten großen Schäden verursachte der Fliegerangriff auf die Wiener Innen-stadt am 12. März 1945. Ein amerikanisches Bombengeschwader mit dem Auf-trag, den Wiener Südbahnhof zu zerstören, hatte infolge eines falschen Angriffs-plans 12.345 Teile der Wiener Innenstadt rund um die Staatsoper bombardiert, wobei der tiefe Keller des Philippshofs zum Friedhof für Hunderte Eingeschlos-sene wurde. An dieser Stelle steht heute das Mahnmal gegen den Faschismus.

Beim Kapuzinerkloster und der Kirche waren Dächer und Fenster zertrümmert, die Mauern zeigten Risse und Sprünge. Ein Blindgänger im Keller des Hauses Gluckgasse 2 hatte ein Lichtkabel zerstört, sodaß Kirche und Kloster bis Sep-tember ohne Licht auskommen mußten.

Die letzte Phase des Krieges brachte neue Verwüstungen. Am 6. und 8. April 1945 zerstörten russische Granaten mit großer Sprengwirkung dem Kloster be-nachbarte Häuser. Das Dach der Klosterbibliothek wurde dabei vollständig, je-nes von Kloster und Kirche teilweise zerstört; das Gewölbe und die Fenster zeig-ten große Löcher.

Die Kupferdächer der Maria-Theresien-, der Franzens- und der Toskanergruft waren wie Siebe durchlöchert.

Als beim Einmarsch der sowjetischen Armee ein Haus in der Spiegelgasse in Flammen aufging, bedrohte der Brand auch unmittelbar das Kloster.

Die schwierigen Nachkriegsverhältnisse in Wien ließen die Wiederherstellungs-arbeiten nur langsam voranschreiten.

1914 wurde durch den Abbruch eines Hauses in der Plankengasse der Blick auf einen Teil des Kapuzinerklosters frei.

Die historische Aufnahme aus den Jahren 1943–1945 zeigt die vermauerten Gruftfenster, vom Klostergarten aus gesehen.

Die Bombenschäden am Neuen Markt stammen vom Fliegerangriff am 12. März 1945. Auf der linken Bildseite befindet sich die Kapuzinerkirche.

Historische Aufnahme von Kirche und Klosteranlage der Kapuziner.

Die Restaurierungsarbeiten

Bereits 1957 hatten Versuche in den Werkstätten des Bundesdenkmalamtes – unter der Leitung der Technischen Hochschule Wien – ergeben, daß es sich bei den abblätternden Schichten an verschiedenen Särgen um Zinnoxyde in veränderlichen Mengenverhältnissen handelte.

Ab 1965 wurden die Restaurierungsarbeiten an den Sarkophagen zu einer ständigen Einrichtung.

Zwei Metallrestauratoren, Mag. Josef Ziegler und Mag. Leonhard Stramitz, kämpfen seit Jahren mit unterschiedlichen Problemen, die ihre Arbeit erschweren:

Die hohe Luftfeuchtigkeit in der Gruft (im Sommer 90%, sonst bei 60%) beschleunigt die Korrosion.

Der Zinnverfall resultiert aus einer kristallinen Umwandlung von ß-Zinn in α-Zinn, er wird im Volksmund fälschlicherweise als Zinnpest bezeichnet und mit chemischen Lösungen und Schleifmethoden bekämpft. Ein Zinnersatz, bestehend aus Epoxyd, Harzgemisch und Zinnstaub, wird nun auf die reparaturbedürftigen Stellen aufgetragen.

Auch der Guß im Inneren der Figuren beschleunigt die Zersetzung der Schmuckmotive und Bildwerke. Er besteht aus Gips und Ziegelmehl und ist von den Zinngießern nicht entfernt worden. Im feuchten Klima der Gruft quoll die Masse auf und beschädigte die äußere Form. Heute entfernen die Restauratoren die alten Gußkerne und ersetzen sie durch Hartschaum.

Der Einbau einer Klimaanlage im unterirdischen Grabgewölbe könnte die starke Korrodierung wesentlich vermindern.

Der Holzsarg Kaiser Karls VI. kam beim Öffnen des Prunksarkophages zur Restaurierung in den Jahren 1985/86 zum Vorschein.

Anläßlich der Restaurierung des 6 Tonnen schweren Sarkophages Kaiser Karls VI. in den Jahren 1985 bis 1988 wurden besondere technische Hilfsmittel angeschafft.

Dazu gehörten ein 550 Liter verdünnte Salzsäure fassender Polyesterbehälter, in dem größere Objekte durch ein Tauchbad von stärkeren Korrosionsschichten gereinigt werden können; die bisher geübte Technik der Salzsäurekompressen hatte sich als nicht ausreichend erwiesen. Um die Handhabung der bis zu 100 Kilogramm schweren Einzelteile zu ermöglichen, wurde in der Sommerwerkstatt ein Flaschenzug montiert.

Nach einem mehrstündigen Säurebad erfolgen erneut verschiedene Arbeitsgänge, die einer gewissen Regelmäßigkeit unterliegen:

a) Bienenwachs wird durch Wärme bzw. Infrarotstrahlen in die Zwischenräume von Metall und Oxydschicht eingeführt;

b) mit Krähenbeize wird gereinigt, Schmutz, Lack und Wachsreste werden abgebürstet;

c) Gips und Ziegelmehl werden aus der Kernmasse entfernt;

d) Risse werden mit Hartschaum verschlossen;

e) fehlende Schmuckteile (wie das Kreuz auf der Stephanskrone beim Maria-Theresien-Doppelsarkophag) werden in Silikonkautschukformen nachgegossen;

f) die fertiggestellten Figuren werden mit in Terpentin gelöstem Bienenwachs übergossen.

Restaurierungsarbeiten am Sarkophag Karls VI.

Nachbildung eines Details vom Sarkophag der Erzherzogin Maria Amalia

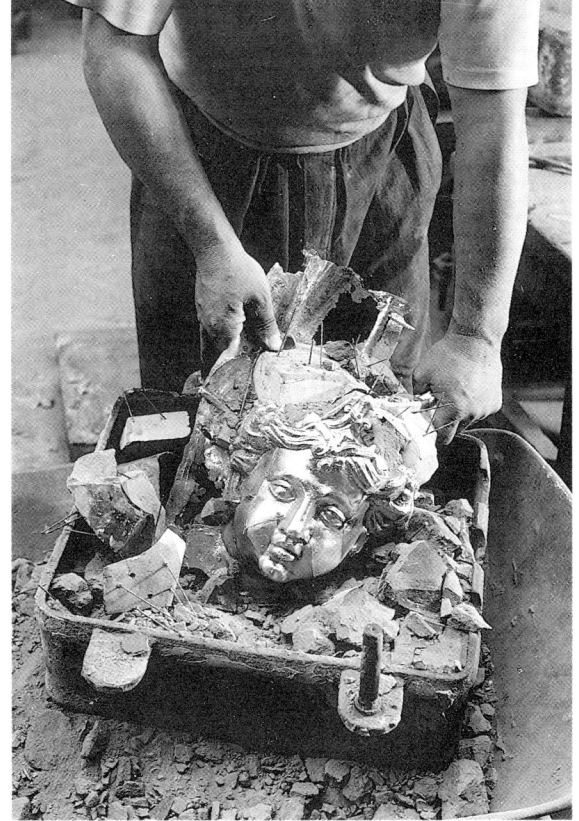

Restaurierungsarbeiten in den fünf-
ziger Jahren am Sarkophag von
Erzherzogin Maria Theresia, einer
Tochter Josephs II.

Die Arbeiten stehen unter der Aufsicht des Bundesdenkmalamtes, die Kulturab-
teilung der Stadt Wien beteiligt sich zum Teil an den Kosten. Der größte Teil
wird allerdings durch freiwillige Spenden der Mitglieder der Gesellschaft zur
Rettung der Kapuzinergruft getragen[47]. Allein für die Restaurierung eines kleinen Zinnsarges benötigen die Spezialisten etwa ein Jahr, eine Zeitspanne, die
sich zusammen mit dem Material in gut 400.000 Schilling niederschlägt.

Als der hochbarocke Prunksarkophag Kaiser Karls VI. (gest. 1740) im Jahre 1985
geöffnet wurde, war der hölzerne Innensarg vollständig intakt. Während der
dreijährigen Restaurierungszeit des Sarkophages stand die hölzerne Truhe in einer Nische der Toskanergruft. Ihr Aussehen – Überzug aus feierlichem schwarzem Samt, durch kostbar ziselierte Goldborten unterteilt; die Scharniere,
Schlösser, Beschläge und Tragringe aus goldfarbenem Metall; das Emblem
Karls VI., zwei glänzende verschlungene C für Carolus Caesar, bildet den
Schnittpunkt der Kreuzbalken – stimmt genau mit dem Bericht der Familienakten des Haus-, Hof- und Staatsarchives überein, wo es heißt: *„Freytag den 21 fru-
he ist der Erblasste Kayl. Leichnahm durch die hiezu Bestelte Kayl. Cammerern gleich
nach 5 uhr in der Kayl. Favorita Von der Taffel erhoben und in dem hierzu in Bereit-
schafft gestelten Sarch, welcher Von harten Holtz Verfertigt, inwendig mit Carmoisi
Sammet ausgefüttert mit goldenen Borden reich Besezet und vergoldeten Näglen Be-
schlagend, Von aussen aber mit schwarzen Sammet gänzlich überzogen, mit einem weis-
sen Creüz von Silber Moir auff dem Deckel ausgemacht, dan eben mit golden Borden allenthalben, und Bey dem Creüz dreyfach, wie nicht minder mit Vergoldeten Näglen, Be-
schlächt; Bänder und Ring an denen seiten auch am haubt und Füssen mit Messingenen
Vergoldten adleren gezieret ware, auf ein gleichfals von Carmoisi Sammet verfertigtes
Mäträzel und zwey der gleichen Küss unter dem Haubt gemach hinein gelegt, über die
Stiegen der Sarch in den Ringen herunter getragen und auff die Trag Von 2 Kayl.
Maul-Thüren an der Stiegen gelegt und in die Burgg überbracht."*

LETZTE ERWEITERUNGSPLÄNE

Zugleich mit der Errichtung der Neuen Gruft im Jahre 1960 wurde eine weitere Vergrößerung der Anlage nördlich der Neuen Gruft geplant, jedoch nicht ausgeführt. Die Abbildungen zeigen die Pläne, die aus Kostengründen nicht verwirklicht wurden.

Ein älterer Plan, der den Grufteingang und die Kirche betraf, sei hier noch der Vollständigkeit halber angeführt. Er gehört zu den vielen nicht realisierten Plänen des großen Architekten Otto Wagner (1841–1918). Dieser war Vorläufer des modernen Städtebaus und der eigentliche Begründer der Wiener Schule; seine Baukunst prägte das Stadtbild Wiens an markanten Punkten auf das wirkungsvollste. In seiner zweiten Periode, nach 1894, tendiert Wagner zum Jugendstil und zur Sezession.

Entwurf von Otto Wagner für eine
Neugestaltung der Kapuzinerkirche.

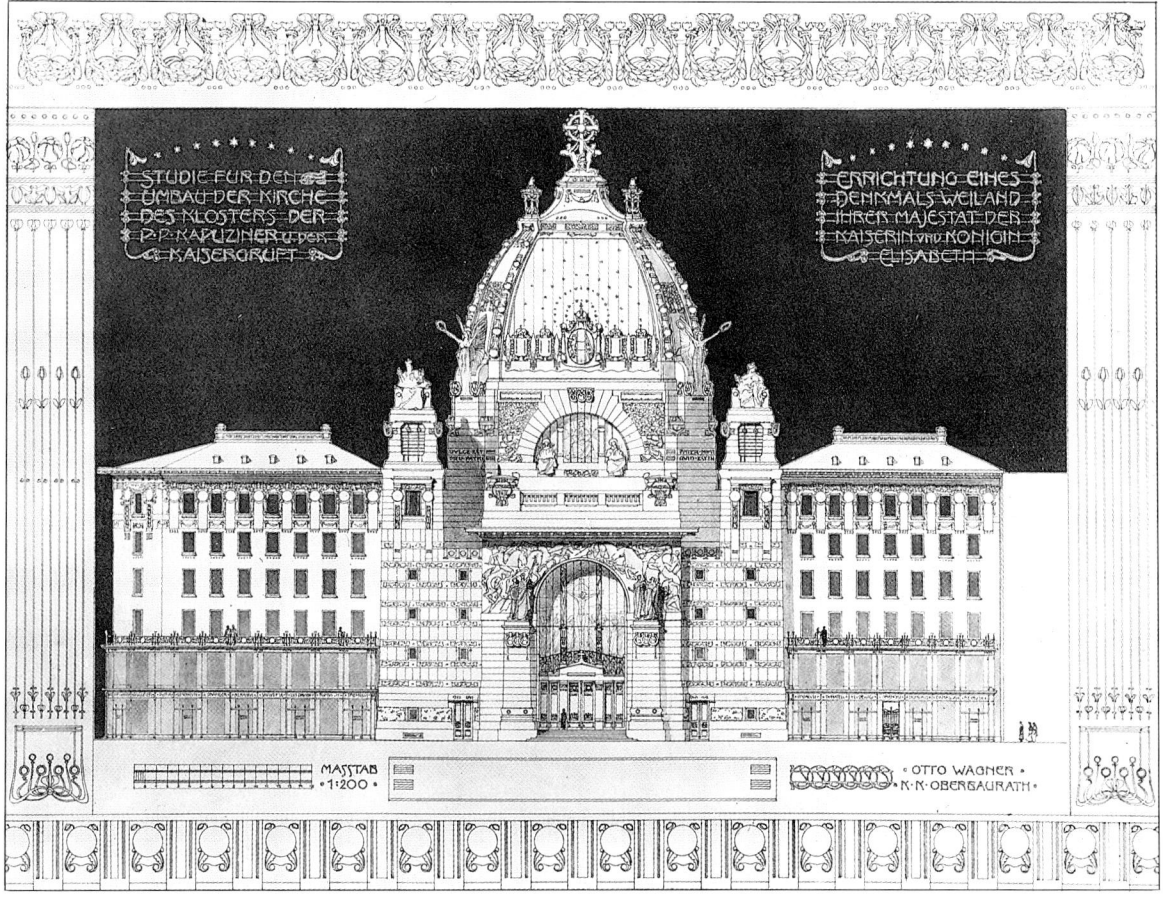

69

DIE KAPUZINERKIRCHE MIT DER KAISERGRUFE

Entwurf von Otto Wagner (aus dem Jahr 1906) für die Neugestaltung der Kapuzinerkirche

DIE HERZBESTATTUNG UND DIE HERZGRUFT IN DER AUGUSTINER-KIRCHE

Eleonora von Gonzaga (1598–1655), die Tochter des Herzogs Vincenzo I. von Mantua und der Eleonora de Medici, war berühmt für ihre Schönheit und wurde 1622 die zweite Gattin von Kaiser Franz Ferdinand II.

In Graz, wo ihr Gemahl im Mausoleum Pietros de Pomis beigesetzt ist, stiftete sie zwei Karmeliterinnenklöster, die beide durch Joseph II. aufgehoben wurden. In Wien ließ Eleonora die Loretokapelle in der Augustinerkirche errichten[48], die später zur Herzgruft werden sollte. Sie selbst ist jedoch in der Herzogsgruft in St. Stephan[49] bestattet worden.

Die drei Architekten der Loretokapelle mußten zunächst auf ihren Wunsch die Casa sancta[50] in Loreto (Italien) genau studieren, um diese in Wien in derselben Form nachzubauen. Sie entstand im Mittelschiff der Hofkirche von St. Augustin zwischen den ersten drei Pfeilerpaaren und entwickelte sich als Ort der Marienverehrung zu einer Privatkultstätte des Kaiserhauses.

Dieses Portrait von Eleonora von Mantua aus dem Hause Gonzaga, der Stifterin der Herzgruft (1598–1655), dargestellt im Brautkleid, stammt wahrscheinlich von Justus Sustermans und wurde 1621 in Mantua gemalt.

Eleonora beschenkte die Kapelle mit kostbaren Gegenständen aus Gold, Silber und Edelsteinen und bestimmte die Herrschaft Walpersdorf als Liegenschaft zur Versorgung des Heiligtums mit jährlich 400 fl. Vor ihrem Tod legierte sie erneut 8000 fl. zur Erhaltung der Kapelle.

Ferdinand II. (1578–1637) erflehte dort, sooft er in den Krieg zog, die Hilfe Mariens. Er nannte Maria die Erzstrategin, die Führerin seiner Heere, die Schutzfrau seiner Sache. Bald wurde in Österreich keine Schlacht geschlagen, ohne daß dem Feind abgenommene Feldzeichen, Fahnen und Siegestrophäen der Mutter von Loreto geweiht und in der Kapelle aufgestellt wurden. Hier flehten die Habsburgerfrauen im Interesse des Herrscherhauses um Nachkommenschaft, hier wurden „die Hervorgänge" kaiserlicher Mütter, das heißt die ersten Andachten der Mutter nach dem Kindbett, abgehalten. Noch Maria Theresia ließ das Gewicht ihres jüngsten Sohnes Maximilian 1756 in Gold aufwiegen und den Sack mit den Dukaten auf den Altar der „Hausmutter des Erzhauses Österreich" der Loretokapelle legen[51].

Die Loretokapelle wurde zur Herzgruft, als der junge König Ferdinand IV. (1633–1654) bestimmte, daß man sein Herz „unnser Lieben frawen Maria zu Loreto unter Ihre füeß legen und begraben solte". Bis dahin waren die Herzen in St. Stephan oder die Urnen mit dem Leichnam zusammen im Sarg bestattet worden. So wurde bei Restaurierungsarbeiten am Sarkophag Kaiserin Leopoldinas von Tirol (gest. 1649) im Winter 1987 die Herzurne im Sarg gefunden. Das Herz Ferdinands II. ist im Grab seiner Mutter, im Kloster der heiligen Klara in Graz, beigesetzt worden. Die Herzen des Stifterpaares Anna und Matthias befanden sich im Königinnenkloster der heiligen Klara in Wien und wurden nach Aufhebung des Klosters in die Herzgruft von St. Augustin überführt.

Vom alten Sepulcrum, welches sich hinter dem Altar des Heiligtums befunden hatte, gibt die Sakristeichronik folgende Beschreibung: „*Das grüfftl alwo die herz deren Kayern und gesambten Von hauss Oesterreich stehen, ist in der Loreto Capellen unter unser lieben frauen Vor dem Camin, unter dem Pflaster befindet sich eine Platten, 3 schue 6 Zoll lang und 3 schue 4 Zoll breith worunter von Stein dass grüfftl, wie ein drügerl, so ain und ain halben schue Tieff, zwei schue 10 und ein halbes Zoll lang in liecht und zwey und ein halben schue breith in liecht, worinn sich die Bocall mit denen herzen befinden.*"[52]

Bis zu deren Verlegung in eine Seitennische der Georgskapelle am 25. Mai 1784 sind in dieser Gruft 21 Herzen von Mitgliedern des österreichischen Herrscherhauses beigesetzt worden.

Im Mittelalter entsprach die Teilung in Herz, Intestina und Körper oder nur des Skelettes der Notwendigkeit, den Leichnam für Überführungen oder lange dauernde Leichenfeiern zu konservieren. Es handelte sich dabei vorwiegend um den Transport von auf Kriegsschauplätzen, Kreuzzügen oder Eroberungen gefallenen oder verstorbenen Fürsten[53].

Für die Überstellung der Skelette und zur besseren Reliquiengewinnung von heiligmäßig Verstorbenen wurde der Mors Teutonicus – das Abkochen der Leiche und die Bestattung der Weichteile am Ort – praktiziert. Diese Sitte wurde durch Bonifaz VIII. in den Jahren 1299/1300 zwar verboten, blieb jedoch bei den mitteleuropäischen Kreuzrittern erhalten.

Die Teilbestattung der Herzen und Intestina nahm institutionelle Formen an, die bei einigen Dynastien bis in die Neuzeit weiterlebten. Was damals, laut Rohr, aus einer Not geschah (Entfernung von der Heimat), wurde später zu einem Ehrenkodex; jeder habe das Herz, als den edelsten Teil des Menschen, bei sich haben wollen. Heute läge der Grund für die Beibehaltung des Brauches in der Hochachtung oder Devotion gegen diesen oder jenen Ort.[54]

Im „Teutschen Hofrecht" schrieb Moser über den alten Brauch *„Von der Vertheilung des Leichnams zur Beysetzung an verschidenen Orte"*. Er vermutete, daß der Grund dafür die Liebe eines Herrn zu einer etwa von ihm gestifteten Kirche gewesen sei, der er vor anderen der Vorzug geben wollte. Deshalb strebten Ordenskirchen häufig nach dieser Auszeichnung.

„Bey dem Erz-Herzoglichen Hause Österreich haben jedesmahl drey Kirchen in Wien an dem Leichnam eines regierenden Herrn Antheil."[55] So wurden die Körper seit 1633 in der Gruft des Kapuzinerklosters bestattet, das Herz jedoch in einen meist silbernen Behälter gelegt, der, mit einer Inschrift versehen, *„die nöthigen Umstände dabey erklährt"*[56]. Zum Herzen wurde oft auch die Zunge gegeben, wie u. a. auch beim Einbalsamierungsvorgang Kaiser Leopolds I. Diese Urnen wurden dann in der Loretokapelle der Augustinerhofkirche *„mit gewissen Solennitäten"* beigesetzt. Die übrigen Organe (Intestina) kamen in einen Kupferkessel, der ebenfalls mit eigenen Zeremonien in der alten Herzogsgruft in den Katakomben von St. Stephan bestattet wurde.

Die Entscheidung darüber, ob ihr Leichnam seziert werden sollte, trafen die Herrscher und ihre Angehörigen schon zu Lebzeiten[57]. Zwischen 1640 und 1740 wichen vier Frauen der Habsburger von der üblichen Bestattungsweise ab und gaben genaue Anweisungen:

Eleonora Magdalena Theresa, erste Gemahlin Leopolds I., gest. 1720, bestimmte testamentarisch: „... *daß man nach ihrem Tode ihren Leib weder waschen noch entdecken vilweniger von einer Manns Person entblössen, eröfnen oder einbalsamieren lassen solle; dahero auch nach ihrem Hingang ihre Cammer-Frau nur das blosse Angesicht und Hände abgewaschen, sodann die Frau Obrist Hofmeisterin, und die drey Cammer-Fräuleins den verblichenen Cörper auf ein zubereitetes Bett getragen ...*"[58]

Claudia Felicitas (1653–1676), zweite Gemahlin Leopolds I., wünschte in der Dominikanerkirche in Wien bestattet zu werden, nur ihr Herz sollte in der Kaisergruft ruhen[59].

Maria Anna (1683–1754), Tochter Leopolds I., Königin von Portugal, bestimmte, daß ihre Herzurne nach Wien gebracht werden solle, was durch ihren Beichtvater auch geschah. Ihr Leichnam ruht in der Kirche der deutschen barfüßigen Karmeliten in Lissabon. Ihr Herzurnenepithaph befindet sich an der Ostwand der Leopoldsgruft.

Wilhelmina Amalia (1673–1742), die sich nach ihrer Konversion zum Katholizismus Amalia Wilhelmina nannte, war die Gemahlin Josephs I. Sie wollte, daß ihre Herzurne in der Kaisergruft zu Füßen ihres Gemahls stehen solle und ihr Leichnam in dem von ihr gegründeten Salesianerinnenkloster bestattet werde.

Die St. Georgs-Ritter hatten zu Ehren ihres Schutzpatrons eine Kapelle gebaut, die durch einen schmalen Lichthof von der Hauptkirche getrennt war. Diese wurde nach dem Verfall der Georgsbruderschaft 1627 zum Sitz der Totenbruderschaft. Aus ihr entstand die neue Loretokapelle, der Bauleiter war Ferdinand Hetzendorf von Hohenberg.

In der Kapelle befindet sich links vom Altar und durch eine Eisentür vom übrigen Raum getrennt, das Herzgrüfterl.

Durch ein kleines, vergittertes Fenster in der Tür fällt der Blick des Besuchers auf 54 unterschiedlich gestaltete Urnen in den gegenüberliegenden Wandnischen. Sie sind mit einer Ausnahme – jene des Kaisers Matthias ist aus Gold – aus Silber gefertigt. Eine ungewöhnlich große Urne auf der rechten Seite enthält die Herzen Maria Theresias (gest. 1780) und ihres Gemahls Kaiser Franz Stephan von Lothringen (gest. 1765).

Die letzte Herzbestattung war jene von Erzherzog Franz Karl (gest. 1878), dem Vater Kaiser Franz Josephs.

Als der Sarkophag des Herzogs von Reichstadt im Jahre 1940 auf Befehl Adolf Hitlers nach Paris gebracht wurde, blieb sein Herz in dieser kleinen Gruft in Wien zurück.

Amalia Wilhelmina (1673–1742), Gemahlin Josephs I., Gründerin des Salesianerinnenklosters am Rennweg in Wien, wo sie auf ihren Wunsch unter dem Hochaltar bestattet wurde.

Die Herzurne Amalia Wilhelminas steht zu Füßen ihres Gemahls Josephs I. in der Kapuzinergruft.

Gesamtansicht der Rückwand der Herzgruft in der Augustinerkirche (Seitenkapelle).

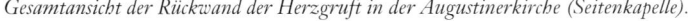

Der Stich von Salomon Kleiner aus „Vera et accurata" (1724–1737) zeigt die Hofkirche zu den Augustinern.

Die Bestattung von Verstorbenen, die nicht zur kaiserlichen Familie gehörten

An den europäischen Fürstenhöfen des 17. und 18. Jhs. gab es innerhalb des höfischen Zeremoniells, speziell für Begräbnis- und Trauerfeierlichkeiten einen verbindlichen Verhaltenskodex: *„Es ist eine Ehre und nach dem Verhältniß der Würde der dabey intereßirten Personen eine Gnade, wann ein auswärtiger Fürst oder hohe Standes Person in die Gruft desjenigen Herrn an dessen Hof er verstorben, beygesetzt wird, vorausgesetzt, daß der Stand des Verstorbenen allzeit geringer seyn müsse, als des Regenten von dem Hof, in dessen Erb-Begräbniß ihm eine Stelle vergönnet wird.“*[60]

Am Wiener Hof trat dieser Fall 1715 ein. Karl Joseph von Lothringen (1680–1715), Bischof von Osnabrück, Erzbischof und Kurfürst von Trier, verstarb bei einem Aufenthalt in Wien an den Blattern. Seine Mutter, Eleonora Maria Josepha (1653–1697), war eine Tochter Ferdinands III., sein Vater, Herzog Karl V. von Lothringen, im Türkenkrieg von 1683–1688 der Oberbefehlshaber der kaiserlichen Truppen. Die Einwilligung zur Bestattung in der Wiener Kaisergruft durch Kaiser Karl VI. erfolgte, nachdem die Aufbahrung in der Wiener Minoritenkirche stattgefunden hatte.[61] Der 36 Zentner schwere Prunksarkophag von Lukas von Hildebrandt trägt die herrscherlichen und geistlichen Insignien. Auf dem Deckel zu Füßen steht die Herzurne. Die Ehre, an diesem Ort bestattet zu sein, bringt die Inschrift zum Ausdruck: *„Tantis cineribus & merita & paternis maternisque Atavis Impp. editus sanguis sepulturae locum in Augustorum Mausoleo Imp Car. VI. adsignarunt.“* (Vgl. Sarkophag Nr. 117!)

Eine weitere Ausnahme bildete die Beisetzung eines zu früh geborenen Kindes (Leopoldsgruft, Nr. 15 Arcosolium), nachdem bei einem Besuch des pfälzischen Kurprinzenpaares in Wien im Jahre 1686 die Kurprinzessin eine Frühgeburt erlitten hatte: *„Den 18. Januar 1686 Hat wegen der Churfürstinn auss Bayern Gala sein sollen, es ist aber in der Nacht die Ertzherzogin Maria Anna Pfälzische Chur Princessin vmb dass Kindl Kommen, also ist disse Gala abgesagt worden. Den 20. Jan. Hat der Pfälzische Chur Prince seinen obristen Stallmaister zue Ihro Kayl. Mayt. obristen Hoffmaister geschickhet, vnd Ihro Mayt. Bitten Lassen, damit sein Verschidener Prince so sub conditione getaufft worden, in der Kayl. Krufften Bey denen Capucinern Beygeleget werden mögte: vnd ob zwar sonsten Niemandt dahin gehöret, alss von dem Hochlöbl. Hauss Oesterreich, So haben es doch Ihro Mayt. nit abschlagen wollen, dahero man dessen dem Pater Guardian erinnert vnd die anstalt gemacht worden; Vnd also demselbigen abendt ohne einige Pomp in der still geschehen. Der Verschidene Prinz wurde durch dess Chur Prinzen Cavallier durch dass Closter Bey der Nacht Hinein getragen vnd clausis Januis Eeclesiae sine Pompa in die grufften geleget.“*[62]

Die berühmteste Nichthabsburgerin in der Gruft ist ohne Zweifel die Reichsgräfin Karoline von Fuchs-Mollarth (1675 oder 1681 bis 1754)[63], die Maria Theresia durch 26 Jahre ihres Lebens begleitet hatte (Sarkophag Nr. 41). Anläßlich ihres Todes soll die Kaiserin mit den Worten *„... sie, die im Leben mit uns vereint war, soll auch im Tode bei uns sein“* die Beisetzung der Reichsgräfin in der Kaisergruft angeordnet und auch die Kosten des Begräbnisses übernommen haben.

Es gibt Berichte, nach denen es der persönliche Wunsch Kaiser Franz Josephs gewesen sein soll, Feldmarschall Johann Josef Wenzel Graf von Radetzky (1766–1858), wegen seiner Verdienste um die Monarchie in der Kaisergruft bestatten zu lassen.

Der volkstümliche Heerführer der österreichischen Armee, Chef des Generalquartiermeisterstabs (des späteren Generalstabs), Festungskommandant von Olmütz, Generalkommandant der österreichischen Armee in Lombardo-Venetien, Generalgouverneur für Norditalien, hatte wesentlich dazu beigetragen, daß sich die Monarchie nach dem Revolutionsjahr 1848 besonders in Italien erneut festigen konnte.

Der Heereslieferant, Schloßbesitzer und Heldenverehrer Josef Pargfrieder, ein Gönner des stark verschuldeten Feldmarschalls und bereits zu Lebzeiten eine schillernde Persönlichkeit, erkaufte sich jedoch – wahrscheinlich um den Betrag von 50.000 Gulden; Aufzeichnungen darüber wurden im Nachlaß Pargfrieders gefunden – Radetzkys Zustimmung, sich in der Ruhmesanlage der Armee bei Schloß Wetzdorf, dem Anwesen Pargfrieders, bestatten zu lassen. Er bereitete Radetzky ein pompöses Begräbnis, an dem sogar der Kaiser teilgenommen hat.

Wer ist in welchem Sarkophag bestattet?

I. DIE GRÜNDERGRUFT

Die Gründergruft ist der älteste und erste Teil der kaiserlichen Grablege. In ihr befinden sich die Gründersarkophage, die aus der Übergangsperiode von der Renaissance zum Barock stammen. Der von Anna für sich und ihren Gemahl bestimmte Begräbnisplatz wurde Ausgangspunkt des habsburgischen Erbbegräbnisses.

1 ANNA – GEMAHLIN DES KAISERS MATTHIAS

geboren 4. 10. 1588, gestorben 14. 12. 1618

Sie war die Tochter von Erzherzog Ferdinand II. von Tirol und dessen zweiter Gemahlin Anna Katharina von Mantua[1], wurde 1611 mit Kaiser Matthias vermählt und verstarb 1618 wenige Monate vor ihrem Gatten kinderlos.

Wie ihre Mutter und ihre Schwester, die beide ihr Leben im Servitenkloster in Innsbruck beschlossen hatten, war auch die Kaiserin von außerordentlicher Frömmigkeit. Gebrauchsgegenstände ihrer persönlichen Andachtsübungen, die sich in der geistlichen Schatzkammer in Wien befinden, und Devotionsbilder, die ihr Porträt in der Wiedergabe von Gestalten der Heilsgeschichte zeigen, geben davon Zeugnis. Von Papst Paul V. Borghese[2] hatte sie die goldene Rose erhalten, mit der der Papst alljährlich am Sonntag Laetare eine Persönlichkeit auszeichnete.

Anna ist durch ihre Stiftung die eigentliche Begründerin der Kaisergruft.

DER SARKOPHAG

Der Truhensarkophag zeigt klare Körperlichkeit: die Hausform ist jener altägyptischen Vorstellung nachempfunden, daß der Sarg das Haus der Toten sei[3]. Der einzige Zierrat sind Löwenkopfhandhaben, Zieselierungen am Deckel mit Inschriften sowie Kreuz und Wappen.

Die Füße haben die Form massiver Adlerkrallen, die Kugeln umschließen; sie wurden im Auftrag Maria Theresias von Balthazar Ferdinand Moll 1755 hinzugefügt[4]. Vorher befanden sich einfache, hölzerne Bohlen unter dem Sarg.

An den beiden Seitenwänden befinden sich je drei Löwenköpfe mit Ringen als Handhaben, an der Kopf- und Fußseite die hl. Maria und Johannes. Darunter prangt in reicher Kartusche der gekrönte kaiserliche Adler mit dem viereckigen Wappenschild auf der Brust. Dieser ist auf die Spitze gestellt, in vier Felder geteilt, zeigt das böhmische und ungarische Wappen und darunter den Buchstaben A. Unter dem Adler bekrönt ein Engelskopf mit ausgebreiteten Flügeln die in den Sarg eingravierte Inschrift.

Bildnis von Kaiserin Anna, der Gründerin der Habsburgischen Familiengruft. Das Gemälde stammt von Frans Pourbus d. J.

Diese lautet:

DOMS
MONVMENTVM SERENISSIMAE AUGUSTISS. IMPERATRICIC ANNAE PIAE CONIVGIS AUGUSTISS. IMPER. MATHIAE. REGINAE HUNGARIAE ET BOHEMIAE. ARCHIDUCIS AUSTRIAE. ETC. PIE DEFUCTAE VITA ET IMPERIO DIE XV MENSIS DECEMBRIS ANNO DNI MDCXVIII

Gott, dem Besten und Größten geweiht. Sarg der durchlauchtigsten und erhabenen Kaiserin Anna, der frommen Gemahlin des erhabenen Kaisers Matthias, Königin von Ungarn und Böhmen, Erzherzogin von Österreich etc., die fromm aus dem Leben der Regierung geschieden ist am 15. Tag des Monats Dezember, im Jahre des Herrn 1618.

Im Jahre 1852 wurden die Überreste des Leichnams nach Ausbesserungsarbeiten in einen neuen hölzernen Sarg gelegt.

2 KAISER MATTHIAS

geboren 24. 2. 1557, gestorben 20. 3. 1619

Matthias, der Sohn Maximilians II. und der Infantin Maria, wuchs im Gegensatz
zu seinen beiden älteren Brüdern Rudolph und Ernst in Österreich auf. Zu seinen Lehrern zählte u. a. der Gelehrte Ogier Ghislain de Busbecq (Busbekius).
Die tolerante religiöse Haltung seines Vaters gegenüber den Protestanten dürfte Matthias mehr geprägt haben als der strenge Katholizismus seiner Mutter. Als
persönliche Enttäuschung wirkte sich für ihn die strenge Erbregelung aus, wonach seinem Bruder Rudolph die gesamte Herrschaft zufallen sollte, während die
fünf anderen Söhne Maximilians II. mit verhältnismäßig bescheidenen Jahres-
geldern abgefunden wurden.
Matthias scheiterte bei seinem ersten Versuch politischen Handelns, der Regentschaft in den Niederlanden 1577 bis 1582. 1595 wurde er Statthalter in Niederösterreich. Seit 1853 residierte Rudolph II. in Prag. Die Gegenreformation
hatte voll eingesetzt und Matthias war nicht mehr gewillt, in religiösen Fragen
landesfürstliche Rechte aufzugeben. Die Türkenkriege brachen erneut aus, und
1604 kam es unter Stefan Bocskay in Ungarn zum Aufstand.
Inzwischen zeigte sich der zunehmende geistige Verfall (Schizophrenie) von
Kaiser Rudolph II. Der Konflikt zwischen den beiden Brüdern verschärfte sich
und führte 1608 zum offenen Bruch. Matthias erlangte die Regierungsgewalt in
Ungarn, Österreich ober und unter der Enns und Mähren, wurde zum König
von Ungarn gewählt und 1611 zum König von Böhmen gekrönt. Seine konzili-
antere Haltung gegenüber den Ständen und den konfessionellen Problemen
führten 1612, nach dem Tod Rudolphs, zu seiner Kaiserwahl. 1618 begann mit
dem Prager Fenstersturz der Deißigjährige Krieg.
Die Ehe, die Matthias 1611 mit seiner Cousine Erzherzogin Anna einging, blieb
kinderlos. Er bestimmte daher Erzherzog Ferdinand von Innerösterreich zu seinem Nachfolger.

Die beiden Gründersarkophage:
Kaiserin Anna links (gest. 1618),
Kaiser Matthias rechts (gest. 1619).

Bildnis des Erzherzogs Matthias nach einem Porträt von Lucas van Valkenborg[5].

1600 unterstützte Matthias die Gründung des Kapuzinerklosters in der Vorstadt St. Ulrich und 1617 ebenso den Plan seiner Gattin Anna, dem Orden ein zweites Haus innerhalb der Stadt zu bauen.

1605 ließ er die von den Truppen des Bocskay zerstörte Gatterburg (wo heute Schönbrunn steht) wieder errichten. Nach seinem Ausruf: *„Ei, welch ein schöner Brunnen"*, erhielt das spätere Sommerschloß seinen Namen[6]. Der Quellstein zeigt eine gedrückte Krone mit Kreuz und doppeltem ineinander verhängtem M. Matthias' Devise *Amat. Victoria. Cvram.* steht auf jener Gedenkmünze, die zusammen mit vier weiteren bei der Grundsteinlegung der Kapuzinerkirche in die Erde gesenkt wurde.

Als Matthias am Morgen des 20. März 1619 starb, war das Volk erstaunt, daß sich mit dem Tod des Kaisers die astrologische Voraussage der sieben M für 1619 von Johannes Kepler erfüllt hatte: *„Magnus Monarcha Mundi Medio Mense Martio Morietur"* – ein großer Monarch der Welt wird Mitte des Monats März sterben.

DER SARKOPHAG

Größe und Ausführung gleichen dem Sarkophag von Kaiserin Anna. Er ist jedoch zusätzlich mit dem durch die Kaiserkrone erhöhten Doppeladler versehen und mit einem Lorbeerkranz verziert. Das in vier Felder geteilte Plastron ist von der Kette des Ordens vom Goldenen Vlies umgeben. Das erste linke Feld zeigt die ungarischen Bänder, das zweite das österreichische Wappen (Querbalken) und die schiefgestellten burgundischen Balken. Das erste rechte Feld zeigt den böhmischen gekrönten Löwen, das zweite in vier Unterteilungen das kastilische Wappen und die leonischen Löwen. Auch hier wurden die Adlerfüße 1755 durch Balthazar Ferdinand Moll hinzugefügt.

Die Inschrift lautet:

D.O.M.S. MONUMENTUM AUGUSTISSIMI ET INVICTISS. CAESARIS MATTHIAE REGIS HUNGARIAE ET BOHEMIAE ARCHIDUCIS AUSTRIAE, QUI BEATO FINE VITAM ET IMPERIUM CONCLUSIT DIE XX MENSIS MARTII ANNO DOMINI MDCXIX.

Gott, dem Besten und Höchsten geweiht. Sarg des allerdurchlauchtigsten und unüberwindlichen Kaisers Matthias, Königs von Ungarn und Böhmen, Erzherzogs von Österreich, der mit einem seligen Ende das Leben und die Regierung beschloß, den 20. des Monats März, im Jahre des Herrn 1619.

Herz- und Eingeweideurnen des Stifterpaares wurden zunächst ebenfalls im Königinnenkloster der heiligen Clara beigesetzt und nach der Aufhebung des Klosters, auf Anordnung Josephs II., in die Herzgruft der Augustinerkirche bzw. nach St. Stephan überführt.

II. DIE LEOPOLDSGRUFT

Als 1657 der spätere Kaiser Leopold einen Ausbau der Gruft verfügte, war eine Erweiterung dringend nötig geworden, denn in der kleinen Gründergruft hatte der Sarkophag seines im selben Jahr verstorbenen Vaters, Ferdinands III., kaum noch Platz gefunden. Die hochbarocke Leopoldsgruft beherbergt 30 Sarkophage, eine Herzurne (Kaiserin Claudia Felicitas) und einen Herzurnenepitaph (Maria Anna, Königin von Portugal).

3   Anna Maria Sophia
geboren 1. September 1674
gestorben 21. Dezember 1674
Tochter Kaiser Leopolds I. und seiner 2. Gemahlin Claudia Felicitas
Todesursache: Katarrh und Fraisen (= veraltete Form von Krämpfen)

4   Ferdinand Joseph
geboren 11. Februar 1657
gestorben 16. Juni 1658
Sohn Kaiser Ferdinands III. und Eleonora Marias
Todesursache: unbekannt – „*in goot seel. entschlaffen*"[7]

5   Ferdinand Wenzel
geboren 28. September 1667
gestorben 13. Januar 1668
Erstgeborener Sohn Kaiser Leopolds I. und Margeritha Theresas
Todesursache: „*... an ainen catar und darzue geschlagenen Fraiss Umb 10 Uhr Vormittag in Gott seel. entschlaffen.*"[8]

6   Johannes Leopold
geboren und gestorben 20. Februar 1670
Sohn Kaiser Leopolds I. und Margeritha Theresas
Todesursache: Frühgeburt

7   Maria Anna
geboren 9. Februar 1672
gestorben 23. Februar 1672
Tochter Kaiser Leopolds I. und Margeritha Theresas
Todesursache: unbekannt

8   Maria Josepha
geboren 11. Oktober 1675
gestorben 11. Juli 1676
Tochter Kaiser Leopolds I. und seiner zweiten Gemahlin Claudia Felicitas
Todesursache: „*... nach 1 Uhr nachts seindt Ihr. Dchl. die Kayl. Printzesin Maria Josepha an einen Cathar von diser Weldt abgeschieden, ...*"

9   Herzurnenepitaph Maria Annas, Königin von Portugal

10   Maria Margaretha
geboren 22. Juli 1690
gestorben 22. April 1691
Tochter Kaiser Leopolds I. und seiner 3. Gemahlin Eleonora Magdalena von Pfalz-Neuburg
Todesursache: „*... an denen Fleckhen Todtes Verblichen ...*"[9]

11 Maximilian Thomas
geboren 20. Dezember 1638
gestorben 29. Juni 1639
Sohn Kaiser Ferdinands III. und Maria Annas von Spanien
Todesursache: unbekannt

12 Philipp Augustin
geboren 15. Juli 1637
gestorben 22. Juni 1639
Sohn Kaiser Ferdinands III. und seiner 1. Gemahlin Maria Anna von Spanien
Todesursache: unbekannt

13 Christine
geboren und gestorben 18. Juni 1679
Tochter Kaiser Leopolds I. und seiner 1. Gemahlin Margeritha Theresa von
Spanien
Todesursache: unbekannt

14 Maria Theresia Josepha
geboren und gestorben 26. (nach der Sarginschrift am 27.) März 1652
Tochter Kaiser Ferdinands III. und seiner 3. Gemahlin Eleonora von Mantua-
Gonzaga
Todesursache: unbekannt

15 Unbenanntes Kind
geboren und gestorben 18. Januar 1686
Eltern waren der pfälzische Kurprinz und Erzherzogin Maria Anna
Todesursache: Frühgeburt

Maria Anna, Erzherzogin von Österreich, Königin von Portugal, nach einem Stich von Christian Engelbrecht.

9 MARIA ANNA – KÖNIGIN VON PORTUGAL (HERZURNE)

geboren 7. 9. 1683, gestorben 14. 8. 1754

Sie war eine Tochter Kaiser Leopolds I. und dessen dritter Gattin, Eleonora Magdalena von Pfalz-Neuburg. Die Erzherzogin hatte das musikalische Talent ihres Vaters geerbt und wirkte daher bei Aufführungen von seinen Opern und Balletten mit.

Am 27. Oktober 1708 wurde sie mit König Johann V. von Portugal vermählt, mit dem sie vier Töchter und einen Sohn hatte. Durch prunkvolle Feste, Aufführungen von italienischen Opern und durch eine rege Bautätigkeit gab Maria Anna dem Hofleben in Lissabon eine besondere Note.

Als ihr Gemahl 1742 einen Schlaganfall erlitt, führte Maria Anna die Regierung und trat diese nach dem Tod des Königs am 31. Juli 1750 an ihren ältesten Sohn ab[10].

Sie starb mit 71 Jahren und wurde in der Kirche der deutschen barfüßigen Karmeliten zu Lissabon bestattet. Ihre Herzurne kam durch ihren Beichtvater, einen Kapuziner, nach Wien.

Der Herzurnenepitaph wurde 1754 von Balthazar Ferdinand Moll geschaffen: Auf einem Sockel aus rotem Adneter Dolomit erheben sich von seitlichen Voluten begrenzt, in einer Doppelkartusche die Wappen Österreichs und Portugals, die von den jeweiligen Kronen überhöht werden. Zwei Putti halten von rechts und links die darüberliegende Inschriftenkartusche. Auf dieser erhebt sich der barock geschweifte Herzbehälter, der von der portugiesischen Krone gekrönt wird.

Die Inschrift lautet:

HONORIFICENTIA PRINCIPIS CORDATISSIMAE, MARIAE THERESIAE AUGUSTAE, QUAE OMNIBUS ORNAMENTIS EST ORNAMENTO, COR OLIM HUMILIATUM NUNC EXALTATUM, DIVAE MARIAE ANNAE, IMP. LEOP. M. FILIAE, LUSITANIAE REGINAE VIDUAE, AN. CHR. MDCLXXXIII. VII. EID. SEP. NATAE, MDCCLIV. XIX. KAL. SEP. DENATAE, EX PORTU GALLIAE AD COR ET CLYPEUM GERMANIAE TRANSPORTATUM, HIC IUXTA THESAURUM SUUM POSITUM, IN DEO CORDIS SUI AMODO EXULTAT AETERNUM, UBI RECTIS CORDE LAETITIA UNICA FIDELISSIMA.

Durch die Verehrung der beherzten Fürstin, der Kaiserin Maria Theresia, die allen Zierden zur Zierde gereicht, ist das einst verdemütigte Herz nun erhöht worden der hochseligen Maria Anna, der Tochter des Kaisers Leopold des Großen, der verwitweten Königin von Portugal, im Jahre Christi 1683, den 7. September geboren, 1754, den 14. August gestorben. (Es wurde) aus Portugal zum Herzen und Schild Germaniens übertragen und ist hier neben seinem Schatze beigesetzt. Sie freut sich von nun an im Gott ihres Herzens, wo jenen, die aufrichtigen Herzens sind, die einzige zuverlässige Freude bleibt.

Die Herzurne der Maria Anna, Erzherzogin von Österreich und Königin von Portugal, befindet sich in der Leopoldsgruft.

27 KAISER FERDINAND III.

geboren 13. 7. 1608, gestorben 2. 4. 1657

Kaiser Ferdinand III. war der zweite Sohn Ferdinands II. und seiner Gemahlin Maria Anna, der Tochter Wilhelms, Herzog in Bayern.

Sein Leben wird häufig gemeinsam mit dem seines Vaters betrachtet und hinsichtlich der politischen Handlungsweisen von den „beiden Ferdinanden" gesprochen. Äußerlich und charakterlich glichen sich die beiden jedoch nicht. Ferdinand III. betrieb zwar die Gegenreformation weiter, doch mit weniger rigorosen Mitteln als sein Vater.

Nach dem frühen Tod seines älteren Bruders Johann Karl wurde er Thronfolger und fand in Freiherr Christoph Simon von Thun, der dem Malteserorden angehörte, einen mit dem Kriegshandwerk erfahrenen Hofmeister und Berater. 1625 wurde Ferdinand König von Ungarn und 1627 König von Böhmen.

Nach Wallensteins Ermordung 1634 wurde er Oberbefehlshaber der kaiserlichen Truppen. Gemeinsam mit dem spanischen Heer seines Verwandten, des Generalinfanten Ferdinand, gelang ihm der Sieg über die Schweden und Fran-

Das Brustbild Kaiser Ferdinands III. wurde um 1637 von Frans Luycz gemalt.

zosen in der Schlacht bei Nördlingen. Kein Geringerer als der flämische Maler Peter Paul Rubens, der selbst als Diplomat um die Beilegung des nicht enden wollenden Krieges bemüht war, verewigte die Begegnung der beiden jungen Herrscher bei Nördlingen (Gemäldesammlung des Kunsthistorischen Museums Wien).

1636 wurde Ferdinand zum römischen König gewählt. Um den Frieden zu sichern, war es sein Hauptziel, die gefährliche Überlegenheit Frankreichs und Schwedens dauerhaft zu überwinden. Noch während der Krieg tobte, begannen 1645 die Friedensverhandlungen in Münster und Osnabrück.

Zu dieser Zeit erregte eine politische Schrift großes Aufsehen. Es handelte sich um die „Dissertatio de ratione status in imperio nostro romano-germanico" eines gewissen Hippolyt a Lapide. Unter diesem Pseudonym verbarg sich der schwedische Rat und Historiograph Philipp von Chemnitz. Er entwickelte in seiner Schrift Theorien über das Wesen der deutschen Reichsverfassung, zeigte deren Mängel auf und machte zugleich die deutschen Reichsfürsten auf ihre Privilegien gegenüber dem Kaiser aufmerksam. Die Veröffentlichung schwächte die Position des Kaisers und verhinderte in der Folge das Zustandekommen einer Zentralgewalt der Großmächte.

Der „Westfälische Friede" vom 24. Oktober 1648 – unterzeichnet von Ferdinand III. und seinen Verbündeten einerseits und König Ludwig XIV. von Frankreich und seinen Alliierten andererseits – umfaßte 120 Paragraphen, wurde zum „ewigen Grundgesetz des Reiches" erklärt und bestimmte durch über 150 Jahre die politischen Vereinbarungen im Reich. Die österreichisch-habsburgischen Länder, die bisher nur ein lockeres Nebeneinander gebildet hatten, wurden nun zum „Haus Österreich", zur „Casa d'Austria" – einer seit dem Jahre 1400 üblichen spanischen Bezeichnung. In den habsburgischen Ländern war der Kaiser absoluter Herrscher, wodurch die besondere Entwicklung Österreichs in die Wege geleitet wurde. Im Reich selbst siegte das Territorialfürstentum über die Zentralgewalt, es wurde zu einem Bund souveräner Einzelstaaten. Die Macht des Kaisers blieb nach außen unangetastet, wurde jedoch de facto immer geringer.

Ausländische Gesandten berichteten, Ferdinand III. führe ein vorbildliches Familienleben, habe ein maßvolles Wesen und sei von großer Liebenswürdigkeit. Zwar reichte er hinsichtlich militärischer Begabung und politischem Weitblick nicht an seinen Vater heran, doch wurden ihm Rechtschaffenheit und redliches Bemühen um Frieden und Recht gemäß seinem Wahlspruch „pietate et justitia" – durch Frömmigkeit und Gerechtigkeit – nachgesagt.

Er sprach sieben Sprachen (Latein, Deutsch, Spanisch, Italienisch, Französisch, Tschechisch und Ungarisch) und interessierte sich sehr für Wissenschaft und Kunst. Wegen seines Interesses an militärtheoretischen Fragen widmete ihm der bedeutende Feldherr Raimund Fürst von Montecuccoli (1609–1680) eine Abhandlung über Kriegswissenschaft.

In Wien gründete Ferdinand 1657 eine literarische Akademie nach italienischem Vorbild, in der auch die Musik gepflegt wurde. Seinen Bruder, Erzherzog Leopold Wilhelm, selbst Dichter und Kunstsammler, veranlaßte dies zur Feststellung: „... fonda il Cesare il scettro e su la spada e sul canora plettro" – „Der Kaiser stütze sein Szepter auf Leier und Schwert". Über Ferdinand III. als Musiker und Komponist wurde gesagt: „daß der Kaiser unter allen Regenten darin wohl nicht seinesgleichen habe." Sein in italienischer Sprache komponiertes „Drama musicum" ist das erste auf deutschsprachigem Boden entstandene Werk, welches der neu entstandenen italienischen Oper nachempfunden war. Seine kirchlichen Kompositionen umfassen eine fünfstimmige Messe, vier Motetten, zehn Hymnen, eine Popule meus und ein Stabat mater.

Die ideale Ergänzung zu seinen persönlichen Interessen fand Ferdinand III. in seiner dritten Gemahlin Eleonora Gonzaga (1630–1686), einer Tochter Karls II., Herzog von Mantua und Montferrat, und der Maria Gonzaga. Aus dieser Ehe gingen drei Töchter und ein Sohn hervor. Eleonora vereinigte eine für die damalige Zeit seltene wissenschaftliche Bildung mit vielseitigen künstlerischen Interessen.

Eine menschlich berührende Beziehung verband den Kaiser mit der Kapuzinergruft. Hier hatte er zwei Gemahlinnen und fünf seiner Kinder, zuletzt den mit einundzwanzig Jahren verstorbenen Thronfolger Ferdinand IV., in jenem kleinen Gewölbe bestatten lassen, in dem seit 1633 die Leichname der Stifter Anna und Matthias ruhten.

Am Antoniusfest des Jahres 1656 teilte er bei einem Besuch dem Pater Guardian mit, daß auch er dereinst *„wenn sich noch ein Oertlein für sein Ruhebettlein finde"* hier bestattet werden möchte, und gab den ersten wichtigen Impuls für das Entstehen eines habsburgischen Erbbegräbnisses.

Ferdinand starb im darauffolgenden Frühjahr. Zunächst mußte sein Sarg quer über die anderen gestellt werden, *„weillen sonst khein Ort mehr darin wahr"*. Noch im selben Jahr verfügte sein Sohn und Nachfolge Leopold I. die Erweiterung der Gruft.

DER SARKOPHAG

Ferdinands Sarg ist ein Werk von Baptist Zacharias Lauffer. Er repräsentiert die zweite Grundform aller Sarkophage der Gruft, die Holzsargform, die den sechs Brettern eines Holzsarges nachempfunden ist. Zwar zeigt er noch die ruhige Form der Renaissance, doch im Dekor sind bereits frühbarocke Elemente enthalten.

Der Sarg wird von Adlern, die auf Kugeln ruhen, getragen. Die Seitenwände zieren Blumengirlanden und Löwenkopfhandhaben. Gesichter, gekreuzte Gebeine mit Totenköpfen, Festons, Engelköpfe und eine reiche Blattornamentik verweisen bereits auf die Symbolsprache des Barock. Das Relief in der Mitte zeigt einen Pelikan, der seinen Jungen die geöffnete Brust hinhält. Es ist dies das verbreitete mittelalterliche Symbol für den Opfertod Christi. Auch die Palmettenverzierung der Kanten sowie die Andeutung des Vorhangmotivs auf den Seiten des Deckels gehören zu den neuen Ausdrucksformen.

Auf dem Deckel befindet sich der kaiserliche Adler mit gekröntem, kleinem Brustschild, das österreichische Wappen zeigend, umgeben von der Kette des Ordens vom Goldenen Vlies. Der Querbalken des österreichischen Wappens enthält das Monogramm F(erdinand) III. Darunter ist Christus am Kreuz, mit Maria zu seinen Füßen, dargestellt.

Die Inschrift auf dem Sargdeckel lautet:

FERDINANDUS III ROM. IMPERATOR, HUNG: ET BOH: REX ARCHI: DUX AUSTRIAE ETC FERDINANDI II: CAESARIS FILIUS, EJUSQUE IN IMPERIO, REGNISQUE SUCCESSOR NATUS GRAECII XIII. JULII AO: MDCVIII. DENATUS II. APRILIS: MDCLVII.

Ferdinand III., Römischer Kaiser, König von Ungarn und Böhmen, Erzherzog von Österreich etc., ein Sohn des Kaisers Ferdinand II. und sein Nachfolger in der Regierung als Kaiser – und der Königreiche, geboren zu Graz, den 13. Juli 1608, gestorben den 2. April 1657.

Sarkophag Ferdinands III.

Am 5. März 1852 wurden für Ausbesserungsarbeiten am Sarkophag die sterblichen Überreste Kaiser Ferdinands III. herausgehoben. „*Der Körper war verwest, jedoch war die spanische Kleidung erhalten – wahrscheinlich einst von brauner Farbe, mit Schuhen, an denen sich Maschen wie Kniebänder befanden. Der Kopf war mit einem Barret bedeckt, um den Hals befand sich ein gut erhaltenes Toison-Ordenszeichen in kleiner Form und mit Emaille an einem braunen Bande, auch befand sich wahrscheinlich einst ein Wachskreuz zwischen den Händen.*"[11]

Am 8. Februar 1990 wurde nach einjähriger Arbeit wiederum eine Restaurierung abgeschlossen. Die Überreste von Ferdinand III. wurden zunächst in eine hölzerne Truhe und diese in den Metallsarkophag eingefügt.

Deutlich erkennbar waren noch die Webestrukturen der eleganten Brokatjacke (schwarzes, spanisches Mantelkleid) in Hüftlänge und die Hosen, die am Unterschenkel zusammengebunden waren. Eine helle Einlegesohle ließ darauf schließen, daß die Schuhe elegant und schmal gewesen sind, stulpenartig die Knöchel bedeckt haben und mit Bändern am Unterschenkel befestigt waren.

Ein kleines, etwa 1 1/2 cm großes Toison-Ordenszeichen am Band lag in der Höhe des Brustkorbes. Darunter verteilten sich 10 bis 15 braune Holzperlen mit einem Durchmesser von etwa einem Zentimeter, die wahrscheinlich Teil eines Rosenkranzes gewesen waren.

Der Kaiser dürfte ziemlich groß gewesen sein[12].

Der Sarg war mit vier Schlössern versehen, die dazugehörenden Schlüssel befinden sich ohne Ausnahme im Kloster. Jener Schlüssel im Schrank der Wiener Schatzkammer, den man bisher dem Sarg Ferdinands III. zugeordnet hatte, dürfte zum einstigen barocken Gitter zwischen der Leopolds- und Karls-Gruft gepaßt haben.

22 MARIA ANNA VON SPANIEN – 1. GEMAHLIN FERDINANDS III.

geboren 18. 6. 1606, gestorben 13. 5. 1646

Die Tochter König Philipps III. von Spanien wurde 1631 mit dem König und späteren Kaiser Ferdinand III. vermählt, nachdem sich die Pläne einer Heirat mit Karl I., die zu einem Bündnis Spaniens mit England hätten führen sollen, zerschlagen hatten.

Die politische Situation Spaniens im 17. Jh. führte immer wieder zu dynastischen Verbindungen mit der österreichischen Linie des Hauses oder mit dem französischen Königshaus. In zwei aufeinanderfolgenden Generationen wurde die ältere der spanischen Infantinnen mit dem Dauphin, die jüngere mit dem zukünftigen Kaiser vermählt. Anna, die ältere Schwester der Infantin Maria, war die Gemahlin König Ludwigs XIII., dessen Schwester wiederum die erste Gemahlin Philipp IV.[13]

Maria Anna hegte besondere Zuneigung zu den Kapuzinern und brachte aus Spanien auch ihren Beichtvater, den Kapuzinerpater Franciscus Diego Giroga, mit, der bis zu ihrem Tod bei ihr blieb.

Sie verstarb in Linz. Franz Christoph Khevenhüller, der Obrist-Hofmeister der Kaiserin, berichtete ausführlich über Visionen und Todesahnungen Maria Annas, und daß sie diese auch ihrer Umgebung mitgeteilt hatte. Ihre Tochter Maria, die sie selbst ohne Hilfe nicht mehr zur Welt hatte bringen können, wurde getauft und mit ihr im selben Sarg beigesetzt. Der Trauerkondukt bewegte sich per Schiff von Linz über die Donau nach Wien. Das Volk hatte Kunde von den seltsamen Erscheinungen der Kaiserin und ihrem Tod erhalten und versammel-

Kaiserin Maria Anna (1606–1646), Gemahlin Kaiser Ferdinands III.

te sich an den Häfen der Donau. Bei ihrem Begräbnis in Wien habe man *„über-
laut geschrien: Ora pro nobis, sancta Imperatrix!"*[14]
Anna wurde ihrem Wunsch entsprechend im Ordenskleid der Karmeliterinnen
aufgebahrt.

DER SARKOPHAG

Der ungewöhnlich große Holzgestaltsarg mit reichem Auflagenschmuck aus
Bleilegierungen wie Adler, Löwen, Engelköpfe, Totenschädel, Blütengehänge
steht auf Knorpelfüßen.

Auf dem Deckel befinden sich teils eingraviert, teils als Relief oder Auflage, ein
Kruzifix, drei Engelköpfe und am unteren Ende ein Totenkopf mit gekreuzten
Knochen und Inschriftentafel.
Die beiden Längsseiten des Unterteils zeigen je einen getriebenen Adler, Engelköpfe und massive Löwenköpfe mit Ringen als Handhaben. Der kaiserliche gekrönte Doppeladler mit auf die Spitze gestelltem Plastron zeigt in vier Feldern
das ungarische, böhmische, kastilische und leonische Wappen. In der Mitte ist
ein kleines Schild mit dem österreichischen Wappen.

Sarkophag Kaiserin Maria Annas von Spanien

Am Oberteil wechseln in den Schmuckfeldern Festons, Toten- oder Engelköpfe
ab. Zu Füßen und am Hauptteil befinden sich wieder Löwenkopfhandhaben.
Der Zinngießer ist nicht bekannt.
1852 wurde der Sarkophag geöffnet. *„Der Körper war bis auf einige Schädelknochen
ganz verzehrt und fanden sich auch kleine Büschel hellrothe Haare so auch ein kleines
geflochtenes Zöpfchen von derley Haaren vor. Von dem Kinde zeigten sich nur einige
kleine Knochen vorhanden, nach der Lage des rechten Armes der verstorbenen Kaiserin
zu urtheilen möchte sie Ihr Kind darin ruhend und haltend, in den Sarg gelegt worden
sein. Das Kleid der Kaiserin in zwar abgeschlossenem aber festem kirschrothen Sammet
mit gut erhaltenen Goldstickereien, wie auch an den Füßen, die mit einem rothen Sei-
denbande zusammengebunden waren, sich Schuhe mit gut erhaltenen goldenen Maschen
zeigten. Ferner waren einzelne hölzerne Kügelchen eines einfachen Rosenkranzes und
einfaches hölzernes Kreuz vorhanden. Die Leiche war in ein rothseidenes Tuch gehüllt,
welches in kleine Stücke aufgelöset war."*
Der neue Holzsarg bekam folgende Inschrift: *„Der metallene äußere und hölzerne
innere Sarg, worinnen die Körper weiland Ihr. Maj. der Kaiserin Maria sowie ihrer neu
gebohrnen Tochter Maria sich befanden, wurde im Jahre 1852 in beschädigtem Zustande gefunden, daher dieser neue hölzerne Sarg verfertigt, die beyden Körper am
11. Februar 1852 in denselben gelegt, der Sarg verschlossen, sodann in den gleichfalls
hergestellten metallenen Sarg eingesetzt."*[15]

Die Inschrift auf dem Sarkophag Maria Annas lautet:

EXPECTO DONEC ADVENIAT IMMVTATIO MEA IOB. CAP. 14 AVGVSTISSIME
MARIAE CESARIS FERDINANDI III CONIVGIS, HISPANIARVM INFANTIS PHILIP-
PI III FILIAE ET MARIAE EORVNDEM CAESARIS ET AVGVSTAE FILIAE EX VU-
TERO FERRO PAVLO POST MATRIS MORTEM EXTRACTAE QVARVM ANIMAE
IN CAELIS CORPORA IN TERRIS HIC TVMULATA VNIVERSALEM RESVRRECTI
ONEM EXPECTANT.
OBIERVNT LINTII 13 MAY AN. A NATIV CHRISTI 1646.

Ich warte, bis meine Erneuerung kommt (Job 14, Kap.). Sarg der allerdurchlauchtigsten Maria, der Gemahlin des Kaisers Ferdinand III., Infantin von Spanien, einer Tochter Philipps III. und der Maria, desselben Kaiser und derselben
Kaiserin Tochter, die kurz nach dem Tod der Mutter aus ihrem Leib herausge-
schnitten worden ist. Ihre Seelen sind im Himmel, die hier auf Erden beigesetz-

ten Leiber erwarten die allgemeine Auferstehung. Sie starben zu Linz am 13. Mai im Jahre 1646 nach der Geburt des Herrn.

21 MARIA LEOPOLDINA VON TIROL – 2. GEMAHLIN FERDINANDS III.

geboren 6. 4. 1632, gestorben 7. 8. 1649

Sie war die jüngste Tochter von Erzherzog Leopold V. von Tirol und Claudia de Medici und wurde 1648 in Linz die zweite Gemahlin Kaiser Ferdinands III. Sie starb 1649 bei der Geburt ihres ersten Kindes, des Erzherzogs Karl Joseph. *„Obzwar Ihre May. den 7. Augusti (1648) eines jungen Kayserlichen Printzen genesen, weswegen so wohl bey Hoff, als in der gantzen Stadt Wien grosse Freude entstanden, So ist jedoch solche Freud urplötzlich in höchste Traurigkeit und Hertzenleyd verkehrt worden, indenne Ihre May. wenig hernach schwer Ohnmachten bekommen, welche dergestalt zugenommen, dass Sie kurtz darauff und zwar noch selbige Nacht gegen 12 Uhren diese Welt gesegnet.“*[16]

DER SARKOPHAG

Dem barocken Truhensarkophag mit Bleilegierungen von Baptist Zacharias Lauffer verleihen Knorpelwerk, Girlanden, Löwenkopfhandhaben und reicher Zierrat große Bewegtheit im Ausdruck.
Der flache, eingelassene Deckel zeigt den kaiserlichen gekrönten Doppeladler mit viereckigem, auf die Spitze gestelltem Plastron, links davon das ungarische und böhmische Wappen, rechts davon das Wappen von Habsburg, das schwäbische, elsässische und Kyburgsche Wappen, das Wappen von Pfirt und Tirol, das Wappen von Cilli und die fünf österreichischen Lerchen. Darunter befindet sich ein Christus am Kreuz und zu dessen Füßen Maria mit den sieben Schwertern. Unterhalb des Kreuzes ist die Inschriftentafel angebracht.
Die beiden Längsseiten des Sarges zieren Festons, je zwei Löwenköpfe mit Ringen als Handhabe und als Mittelstück das Monogramm ML., welches auf ornierter Kartusche von der Kaiserkrone überhöht wird. Zu Füßen und am Kopfende befindet sich je ein Löwenkopf.

Der Sarkophagdeckel Maria Leopoldinas von Tirol zeigt den kaiserlich gekrönten Doppeladler, in der Mitte ein Kruzifix, darunter die Mater Dolorosa und die Interschriftentafel.

Die Inschrift lautet:

SPES MEA DOMINUS. HOC CLAUSA TUMULO MARIA LEOPOLDINA AUGUSTISSIMI CAESARIS FERDINANDI III. AUGUSTA CONJUX UNGARIAE, & BOHEMIAE REGINAE SERENISSIMORUM ARCHIDUM LEOPOLDI & CLAUDIAE SERENISSIMA FILIA.
UBI AUGUSTAM PROLEM ORBIS DELICIUM VITAE DEDIT. VITA EXCESSIT. DIGNA SAECULIS VIX IMPERII ANNUM.
SIMUL & VITAM. ET MAXIMA VIRTUTUM MERITA COMPLEVIT DIE VII. AUGUSTI: ANNO DNI MDCXLIX.

Meine Hoffnung ist der Herr. In diesem Sarg ist verschlossen Maria Leopoldina, die kaiserliche Gemahlin des allerdurchlauchtigsten Kaiser Ferdinand III, Königin von Ungarn und Böhmen, die erhabene Tochter der erhabenen Erzherzöge Leopold und Claudia. Sobald sie zur Freude der Welt einem kaiserlichen Kind das Leben geschenkt hatte, schied sie aus dem Leben. Würdig, Jahrhunderte zu leben, beschloß sie kaum ein Jahr der Regierung und das Leben zugleich am 7. August, im Jahre des Herrn 1649.

Dieses Bild Kaiserin Maria Leopoldinas wurde von einem unbekannten Hofmaler wahrscheinlich um 1648 gemalt.

Bei der Restaurierung des Sarkophags, die im April 1988 abgeschlossen wurde, ist auch ein Innensarg aus Mahagoni angefertigt worden. Von der sterblichen Hülle der jungen Kaiserin waren neben Schädelfragmenten auch Schuhe mit einem hohen, geschweiften Absatz erkennbar.

Die silberne Herzurne zu den Füßen Leopoldinas trägt auf der Unterseite die Inschrift: *„Cor Aug. mae Imperatricis Maria Leopoldinae Anno 1649 8 N N 5"*. Es sind dies die Beschauzeichen einer Augsburger Arbeit der beiden Goldschmiede Hans Jakob Baur (gest. 1653) und Hans Georg Lang (gest. 1665) aus den Jahren 1635–1640.

19   *Eleonora von Mantua-Nevers (Gonzaga) –*
3. Gemahlin Ferdinands III.

geboren 18. 11. 1630, gestorben 6. 12. 1686[17]

Eleonora war die Tochter von Carlo Gonzaga, Prinz von Mantua-Nevers und Graf von Rethel, und Maria Gonzaga. In ihrem Elternhaus, dem für Wissenschaften und Künste offenen Mantuaner Hof, hatten Persönlichkeiten wie Mantegna, Leonardo, Tizian, Castiglione, Ariost, Tasso, Rubens, Frans Pourbus d. Jüngere, Monteverdi, Domenico Fetti, Giulio Romano, Jacopo della Strada, Pisanello oder Donatello zu unterschiedlichen Zeiten verkehrt[18]. Am Hof der Gonzagas waren Frauen gleichberechtigte Personen und erhielten bereits seit Mitte des 15. Jhs. im Geiste der Humanitas die gleiche Erziehung wie Knaben.

Eleonora heiratete mit einundzwanzig Jahren den dreiundvierzigjährigen Kaiser Ferdinand III. (1608–1657). In seiner Festpredigt wünschte der berühmte Hofprediger Abraham a Santa Clara den Majestäten in barockem Überschwang *„siebzehn, achtzehn, dreißig Prinzen"*.

Der sechs Jahre dauernden Ehe entstammten vier Kinder, von denen zwei das Erwachsenenalter erreichten.

Gemeinsam mit dem Kaiser gründete Eleonora nach italienischem Vorbild die literarische Akademie, sie selbst verfaßte Gedichte und komponierte.

Nach dem Tod Kaiser Ferdinands III. kümmerte sie sich um die verschiedensten Bereiche des kirchlichen und weltlichen Lebens wie Mode und Jagd, die Falknerei, die englischen Jagdhunde und die Schönbrunner Schäferspiele. Durch ihren italienischen Koch förderte sie überdies die Kochkunst in ihrer neuen Heimat.

Mit ihrem Stiefsohn, Kaiser Leopold I. (1640–1705), arrangierte sie jene im Sinne höfischer Repräsentation charakteristischen Feste, Feuerwerke, Komödien und Ballette. Sie nahm an religiösen Zeremonien nicht nur teil, sondern leitete oft selbst die Prozessionen.

Sie war Stifterin und Förderin religiöser Orden, wie z. B. des im Jahre 1663 gegründeten Ursulinenklosters in Wien, welches der Erziehung der weiblichen Jugend dienen sollte, sowie des Karmeliterinnenklosters in Wiener Neustadt.

1662 entstand auf ihre Veranlassung der Orden "Ordine delle Schiave della virtu sotto l'augustissima protezione dell'Imperatore Leopoldo", dessen Ziel es war, die Gleichheit von Mann und Frau zu erreichen.

Am 23. Februar 1668 brach um 2 Uhr früh im neuen Trakt der Hofburg, den Kaiser Leopold zwischen 1660 und 1666 hatte errichten lassen, ein verheerender Brand aus, der erst am folgenden Freitag gelöscht werden konnte. Der Kaiser und seine Familie konnten gerettet werden.

Nach dem Brand wurde eine kostbare Kreuzpartikelreliquie unversehrt gefunden. Eleonora deutete dies als Zeichen und gründete aus Dankbarkeit für ihre Rettung den Sternkreuzorden. Dieser Frauenorden, dem adelige Damen des In- und Auslandes angehörten, stand zeit ihres Lebens unter ihrer Patronanz.

Nach dem Tod ihrer Vorgängerin, der Kaiserin-Witwe gleichen Namens, im Jahre 1655, übernahm sie Schönbrunn zu lebenslänglicher Nutznießung. Für über 30 Jahre bewohnte sie die zwischen 1642 und 1643 ausgebaute Katterburg, ein Lustschloß nach italienischem Vorbild.

Sie ließ in die Nischen der Gartenmauer, vom Schloßeingang bis zur Hietzinger Pfarrkirche, Kreuzwegstationen errichten, die beim späteren Fischer-von-Er-lach-Bau abgetragen wurden. Der "Schöne Brunnen" zwischen vier Linden, Marmorfiguren und der Quellennymphe waren zu ihrer Zeit eine berühmte Sehenswürdigkeit. Sie gestaltete durch ihre glanzvolle Hofhaltung das Schloß zu einer Sommerresidenz, die den Anforderungen des höfischen Lebens entsprach. Anläßlich der Restaurierung ihres Sarkophages 1990/91 wurde bei ihren sterblichen Überresten ein Schmuckstück gefunden. Die Aufschrift „Sola ubique triumphat" – sie allein (die Tugend) triumphiert – verweist auf jene vergessene Ordensgemeinschaft, die von Eleonora im Jahre 1662 gestiftet und später durch den Sternkreuzorden (Gründung 1668) verdrängt worden ist[19]. Der Orden der „Sklavinnen der Tugend" war auf 30 Damen hochadeliger Herkunft beschränkt, deren Großmeisterin die Kaiserin selber war. Die Damen trugen das Ordenszeichen an einer Kette oder einem Band am linken Oberarm unter der Schulter. Sie strebten nach Gleichmut im Umgang mit dem Nächsten im Glück und im Unglück, nach der Gleichheit von Mann und Frau[20] sowie nach jenen Tugenden, die den Geist veredeln.

Kaiserin Eleonora von Mantua als Diana dargestellt. Gemälde von Frans Luycz.

DER SARKOPHAG

Der Zinngießer Christoph Rötter hatte neben den üblichen Vanitassymbolen auch die beiden bekannten Schmerzensmotive verwendet: Der Deckel des Sarkophages zeigt Christus am Kreuz, zu dessen Füßen Maria mit den sieben Schwertern und darunter einen Totenkopf mit gekreuzten Knochen und die Inschriftentafel. An den beiden Längsseiten des Sarkophages befinden sich Totenköpfe mit gekreuzten Knochen und Mittelschild. Als Eckstücke erscheinen geflügelte Engelköpfe. Der Sarg hat sechs Löwenkopfhandhaben. Die Füße sind Vogelkrallen, die Kugeln umfassen.

Die Inschrift auf dem Sarkophag lautet:

IN HOC MONUMENTO CONDITA SUNT OSSA AUGUSTAE FERDINANDI III IMPER: VIDUAE ELEONORAE ROMANORUM IMPERATRICIS GERMANIAE HUNGARICAE BOHEMIAE DALMATIAE CROATIAE SCLAVONIAE REGINAE ARCHIDUCIS AUSTRIAE DUCIS BURGUNDIAE STYRIAE CARINTHIAE CARNIOLIAE COMITIS TYROLIS &C: &C: NATAE PRINCIPIS MANTUAE ET MONTISFERRATI &C: &C: QUAE PIE OBIIT VIENNAE AUSTRIAE VI DECEMBRIS ANNI M. DC. LXXXCI. ANIMA EIUS IN MANU DEI EST.

In diesem Sarg ruhen die Gebeine der erhabenen römischen Kaiserin Eleonora, der Witwe des Kaisers Ferdinand III., Königin von Deutschland, Ungarn, Böhmen, Dalmatien, Kroatien und Slavonien, Erzherzogin von Österreich, Herzogin von Burgund, Steiermark, Kärnten und Krain, Gräfin von Tyrol etc. etc., geborenen Prinzessin von Mantua und Montferrat etc. etc., die selig verschied zu Wien in Österreich, am 6. Dezember des Jahres 1686. Ihre Seele ist in Gottes Hand.

Diese Grabbeigabe wurde in Eleonoras Sarg anläßlich der Restaurierung im Jahr 1991 entdeckt. Es handelt sich dabei um die Ordenskette der „Sklavinnen der Tugend".

Sarkophag der Eleonora von Mantua (1630–1686).

29   König Ferdinand IV.

geboren 8. 9. 1633, gestorben 9. 7. 1654

Er war der Sohn Ferdinands III. und der Infantin Maria Anna von Spanien.
Die politischen Nachwirkungen des Dreißigjährigen Krieges, die Forderung der
protestantischen Reichsstände nach mehr Freiheiten sowie die Bemühungen der
Kurfürsten, möglichst wenig von ihren bisherigen Rechten preiszugeben, er-
schwerten es Kaiser Ferdinand III., seinem Sohn, die Nachfolge zu sichern. Als
die Fürsten und Stände planten, Ferdinand IV. von der Thronfolge auszu-
schließen, entschloß sich der Kaiser, die Kurfürsten zu einer vertraulichen Be-
sprechung nach Prag einzuladen. Über diese Verhandlungen sind wenig schriftliche Berichte vorhanden, doch ist bekannt, daß die Wahlfrage seit jeher ein politisch wirksames Mittel für die Kurfürsten darstellte, um ihre Sonderinteressen
zu vertreten.
Diplomatisches Verwirrspiel, Intrigen und Nichteinhaltung von Zusagen kennzeichneten die Zeit bis zur Wahl des 20jährigen Ferdinand am 31. Mai 1653 in
Augsburg.

Der Wahlakt ist ausführlich dokumentiert: Morgens um halb sieben versammelten sich die drei geistlichen und vier weltlichen Kurfürsten und ritten in genau geregelter Reihenfolge zur St. Ulrichskirche. Mit vorangetragenen Schwertern schritten sie bis zum Chor und nahmen auf den mit rotem Samt bezogenen Sesseln Platz. Zwischen den Vertretern von Mainz, Böhmen, Kurbayern, Brandenburg, Köln, Prag, Pfalz und Sachsen saß der Erzbischof von Trier. Während des feierlichen Hochamts hielten sich die sächsischen und brandenburgischen Gesandten im Kreuzgang auf. Nachdem die Eidesleistung beendet war, zogen sich die Kurfürsten in die Konklaven zurück und ließen dann verkünden, sie hätten einstimmig *(nullo discrepante)* Ferdinand IV. zu *„Hungarn und Böheimb König, Erzherzog zu Östreich (sic)"* gewählt.

In der Kapelle wurden Ferdinand *„Zierarden und Pontificalien"* angelegt. Er versprach, für des Reiches Wohlfahrt zu sorgen und gemäß den Bestimmungen der Reichsgesetze unter Einhaltung der Wahlkapitulation zu regieren, auf die er dann den Eid ablegte. Noch einmal wurde eine Messe gelesen, das Te Deum gesungen und die Zeremonien durch die *„kayserliche Musik mit Trompeten und Heerpauken vollendet"*, Freudenschüsse wurden abgefeuert, und alle Glocken der Stadt erklangen zu Ehren des Neugewählten.

Am 18. Juni 1653 wurde Ferdinand IV. in Regensburg feierlich gekrönt. Alle Bemühungen des Kaisers erwiesen sich jedoch als vergeblich, als Ferdinand bereits ein Jahr später an einer tödlichen Krankheit innerhalb weniger Tage verstarb.

Über seine Erkrankung und seinen Tod berichtete das Hof-Ceremoniell-Protokoll: *„Ferdinand IV. hatte bereits am 2. Juli 1654, da er mit dem Kaiser und dem Erzherzog Leopold Ignaz 'auf medling auf die Jagd' gefahren, 'eine Alteration empfunden`, selbe aber verschwiegen und am folgenden Tage an der Jagd wohlgemut theilgenommen. Am 4. machte sich die Krankheit bereits so heftig geltend, dass Ferdinand 'aus den rath gehen und sich zu bett legen` musste und die Aerzte vermeinten 'Ihr. May. hetten febrim Tertianum`. Am 5. ... seint ... die blattern ausgeschlagen ... Bei dem Kranken verlief aber alles so glikhsellig, das darbey nit die geringste Lebensgefahr hette khönnen Verspührt werden. Doch bereits am 8. hat ... Ihr. Königl. May. alle Crefften auf einmal verlohren vnd angefangen zu deliriren vnd phantasiren wie auch des Tods sich zu besorgen ... gegen 5 Vhr abents wurde es mit Ihr. May. ie lenger ie schlechter, der gestalt, das die Medici angefangen von Deroselben aufkhomen zu zweifflen, wan nit Gott mit seiner allmacht in das Mitl khomen werde. Darauf haben Ihr. Kön. May. vmb 11 Vuhr in der nacht gebeicht vnd nachmahlen die lezte Oellung empfangen. Als dan vmb halbe 2 nach mitter nacht opfferten Sye Ihren Geist Gott dem allmechtigen mit menniglichs grossen mitleiden und Trauern"*[21].

Der 21jährige Ferdinand hatte vor seinem Tod bestimmt, daß man sein Herz *„unnser Lieben frawen Maria zu Loreto unter Ihre füeß legen und begraben solte"*. Deshalb wurde die Loretokapelle, die sich damals inmitten der Hofkirche zu St. Augustin zwischen den ersten drei Pfeilerpaaren befand, zum ersten Mal zur Aufbewahrung einer Herzurne verwendet.

Ferdinand (IV.), Sohn Kaiser Ferdinands III., verstarb mit einundzwanzig Jahren.

DER SARKOPHAG

Der Zinnsarkophag zeigt an den Ecken je einen Engelkopf. Auf dem reich ornamentierten Deckel ist Christus am Kreuz, zu dessen Füßen Maria mit dem siebenfachen Schwert der Schmerzen, das Wappen und darunter die Inschriftentafel dargestellt. An den Schmalseiten befindet sich je eine kleine Löwenkopfhandhabe.

Die Seitenteile des Sarkophags weisen als Schmuckmotive abwechselnd Totenköpfe auf gekreuzten Knochen, Löwenkopfhandhaben, geflügelte Engelköpfe und Festons auf. Am Schild wird der einköpfige Adler mit der Kaiserkrone überhöht. Der Plastron zeigt das neue ungarische Wappen mit Patriarchalkreuz, den böhmischen Löwen, das österreichische und ein unkenntliches, von Rost zerstörtes Wappen. Ein kleiner Plastron am Mittelschild zeigt die Wappen der Steiermark, Kärntens und Krains. Der Unterteil ist mit sechs Handhaben und Festons versehen. Akanthusschmuck ziert die oberen und unteren Kanten, Palmetten die Übergänge der Kanten in die Füße.

Am 31. Juli 1654 wies die Hofkammer „*zu Verfertigung des zinnen Sarch für Ferdinand IV*" 250 fl. an.[22]

Am 5. März 1852 wurde zur Restaurierung der Sarg Ferdinands IV. geöffnet: „*Der Körper war ganz verwesen, nur Knochen vorhanden, am Kopfe jedoch Haarlocken unversehrt. Die Kleidung, spanisches Costume, wahrscheinlich einst von rother Farbe, die Schuhmaschen von goldenen Bändern, auch hatte der Leichnam ein gutes gearbeitetes goldenes Toisonordenszeichen an einem Bande um den Hals und einen Degen an der linken Seite liegend.*"[23]

Die Inschrift lautet:

PRO DEO ET POPVLO FERDINANDUS IIII ROMAN:VNGAR:BOEMIAE REX ARCHIDVX AVSTRIAE: FERDINANDII III CAESARIS EX MARIA HISPANIARUM INFANTE FILIVS PRIMOGENITVS NATVS 8 SEPTEMBRIS ANNO 1633. DENATVS 9 IVLII ANNO 1654.

Für Gott und das Volk. Ferdinand IV., Römischer König von Ungarn und Böhmen, Erzherzog von Österreich, der erstgeborene Sohn des Kaisers Ferdinand III. aus Maria, Infantin von Spanien, geboren den 8. September 1633, gestorben den 9. Juni 1654.

Sarkophag Ferdinands IV.

Maria Anna Josepha (1654–1689), Pfalzgräfin von Neuburg, war die Tochter Kaiser Ferdinands III.

17 MARIA ANNA JOSEPHA – TOCHTER FERDINANDS III.

geboren 20. 12. 1654, gestorben 4. 4. 1689

Die Erzherzogin war eine Tochter Kaiser Ferdinands III. und seiner dritten Gemahlin, der begabten und vielseitig interessierten Eleonora von Gonzaga. Über ihr Leben ist wenig bekannt. 1678 heiratete sie in Wiener Neustadt den späteren Kurfürsten Johann Wilhelm von Pfalz-Neuburg (1658–1716). Es war eine Doppelhochzeit, denn zugleich wurde ihre Schwester Eleonora mit Karl von Lothringen vermählt. Die Eheschließungen nahm der einflußreiche Bischof Kollonitsch vor, der in Wiener Neustadt seinen Sitz hatte. Johann Wilhelm von Pfalz-Neuburg strebte später vergebens die Statthalterei der spanischen Niederlande an. Von 1714 bis 1797 gehörten die südlichen Niederlandes, das heutige Belgien, zu Österreich.

Maria Anna Josepha und Johann Wilhelm lebten in der Residenz in Düsseldorf; die Ehe blieb kinderlos.

Maria Anna Josepha starb während eines Besuches in Wien an der Schwindsucht und überlebte damit ihre Mutter nur um knapp zweieinhalb Jahre[24]. Sie wurde in deren unmittelbarer Nähe in der Kapuzinergruft bestattet.

DER SARKOPHAG

Der frühbarocke Sarkophag aus Bleilegierungen ist eine Arbeit von Christoph Rötter. Außer wenigen Details gleicht er in der Ausführung dem von Eleonora von Gonzaga. Bemerkenswert ist das Monogramm M. A. mit der Krone. Den Deckel ziert ein Kreuz mit Christus, Maria und den sieben Schwertern. An den Ecken befinden sich die in der Barockzeit beliebten geflügelten Engelköpfe als Schmuckmotiv.

Die Inschrift lautet:

IN HOC MONUMENTO CONDITA SUNT OSSA SERENISSIMAE PRINCIPIS AC DOMINAE DNAE MARIAE ANNAE IOSEPHAE ARCHIDUCIS AUSTRIAE COMITIS TYROLIS AUGUSTISSIMORUM PARENTUM FERDINANDI III. ET ELEONORAE MANTVANAE MAGNAE FILIAE SERENISSIMI ELECTORALIS PRINCIPIS IOANNIS WILHELMI IOSEPHI & & SERENISSIMAE CONIVGIS QVAE VIENNAE AVSTRIAE QVARTA APRILIS SVAVITER OBDORMIVIT IN CHRISTO.

In diesem Sarg sind aufbewahrt die Gebeine der durchlauchtigsten Fürstin und Frau Maria Anna Josefa, Erzherzogin von Österreich, Gräfin von Tyrol, der großen Tochter der erhabenen Eltern, Ferdinand III. und Eleonore von Mantua der durchlauchtigsten Gemahlin des durchlauchtigsten Kurfürsten Johann Wilhelm Josef usw. die zu Wien in Österreich, den 4. April, sanft entschlafen ist.

Sarkophag von Erzherzogin Maria Anna Josepha, einer Tochter Kaiser Ferdinands III.

18 ELEONORA MARIA JOSEFA – TOCHTER FERDINANDS III.

geboren 21. 5. 1653, gestorben 17. 12. 1697

Sie war eine Tochter Kaiser Ferdinands III. und seiner dritten Gemahlin Eleonora von Mantua-Gonzaga und wurde 1670 mit dem polnischen Edelmann Michael Korybut Wisniowiecki vermählt. Dieser war ein Jahr zuvor zum polnischen König gewählt, jedoch nicht vom gesamten polnischen Adel anerkannt worden.

Eleonora Maria Josefa verbrachte vier Jahre in Polen, bis der ungeliebte, wenig intelligente König 1673 verstarb.

Sie kehrte nach Wien zurück, wo sie ihrer alten Liebe, dem gutaussehenden, von frühem Kriegsruhm umstrahlten Prinzen Karl von Lothringen erneut begegnete.

Obwohl von Karl, dem späteren Sieger über die Türken in der Entsatzschlacht von Wien gesagt wurde, daß er *ein Fürst von gewinnendem Benehmen und maßvollen Eigenschaften, ein Mann von hohem Wert* sei, ließ die kaiserliche Einwilligung ihres Stiefbruders Leopold I. zur Ehe noch fünf Jahre auf sich warten.[25]

Die Hochzeit fand schließlich 1678 in Wiener Neustadt statt, wo der einflußreiche Bischof Kollonitsch seinen Sitz hatte.

Karl erhielt die Statthalterschaft von Tirol und Vorlande und das Paar lebte in der Innsbrucker Residenz. Während der zwölf Jahre dauernden Ehe brachte Eleonora fünf Kinder zur Welt. Der 1679 geborene Sohn Leopold Joseph war der Vater von Kaiser Franz Stephan, dem Gemahl Maria Theresias.

Nach dem Tod ihres Gemahls 1690 bemühte sich Eleonore, gemäß dem Willen des Verstorbenen, beim deutschen Reichstag in Regensburg um die Wahrung der Rechte ihrer Kinder, besonders ihres Sohnes Leopold (dem Vater von Kaiser Franz Stephan), hinsichtlich des Erblandes Lothringen.

Sie erreichte dieses Ziel 1697 und verstarb nur wenige Wochen nach dem Frieden von Rijswijk.

Kurzer Auszug aus dem Protokoll ihres Begräbnisses: „*Die Leiche trugen 24 Kayl. und der Verstorbenen Cammerer mit Langen Mänteln und Fleckh Vorm gesicht. Hinter der Leich folgten die Lothringischen Prinzen. Sie hatten Tieffe Clag Undt Fleckh Vorm gesicht. Nach Ihro Röm. Königl. May. Josephus I. kamen die vier Ertzherzoginnen. Sie waren alle, vom Haupt über das gesicht Biss auf die Füess verhüllt. Die Einsegnung hatt der Wienerische Bischoff. hernach haben die Capuciner die Truchen erhebt und solche in die Crufften hinunter getragen.*"[26]

DER SARKOPHAG

Der reich ornamentierte Sarkophag mit Bleilegierungen ist ein Werk von Johann Philipp Stumpf.

Der Deckel zeigt einen ungewöhnlich großen, massiven Christus am Kreuz und einen Totenkopf mit gekreuzten Knochen in natürlicher Größe. An den Längsseiten befinden sich je drei reich verzierte Kartuschen mit Adlern en relief, an der Vorder- und Rückseite plastische Blattornamente.

Der untere Teil des Sarges ist mit Festons und Totenköpfen, das Mittelstück mit Wappenschildern und zwei einköpfigen Adlern, überhöht von der polnischen Königskrone, geschmückt.

Eleonora Maria Josefa, eine Tochter Ferdinands III., nach einem Porträt von Charles Brendel (1684).

Sarkophag Eleonora Maria Josefas.

Die Wappenschilder der Seitenteile sowie der oberen und unteren Schmalseite zeigen die Wappen von Polen und Lothringen. Liegende Löwen dienen als Füße, auf denen der Sarg ruht.

Medaillons auf der rechten und linken Seite tragen interessante Inschriften. Ein Skelett hält zwei Kronen in die Höhe, in denen steht:

IAM NEC MAIESTAS NEC AMOR POLONIAE REGINA
Majestät und Liebe sind nicht mehr Königin von Polen

Ein Skelett hält in der einen Hand einen Brautring, in der anderen einen Edelstein:

ERIPUI GEMMAM AVSTRIAE ARCHIDUCISSA
Einen Edelstein habe ich herausgerissen, Erzherzogin von Österreich

Ein Skelett tritt mit dem einen Fuß auf einen Helm, mit dem anderen auf einen Bienenstock:

FORTEM DULCEMQUE AEQUO PEDE LOTHARINGIAE DUCISSA
Den Starken und den Schwachen zertrete ich mit gleichem Fuß, Herzogin von Lothringen

Ein gefällter Baum auf dem Boden liegend:
HOC QUOQUE PUTRESCET FERDINANDI III FILIA
Auch das wird verwesen, Tochter Ferdinands III.

Sonne und abnehmender Mond:

A MAGNO LUCEBAM FRATRE LEOPOLDI M SOROR

Vom großen Bruder empfing ich Licht, Schwester Leopolds des Großen

Der Tod mit der Sichel Blumen abmähend:

MITIOR ESSET SED CAECA EST VIRTUTUM COMPENDIUM

Er wäre milder, aber er ist blind, Inbegriff der Tugenden.

Die Unterzeilen zusammen gelesen, ergeben nach einem Hinweis von Wolfs-gruber den Satz: Poloniae regina, Austriae archidux, Lotharingiae Ducissa, Ferdinandi III. filia, Leopoldi magni soror virtutum compendium = Königin von Polen, Erzherzogin von Österreich, Herzogin von Lothringen, Tochter Ferdinands III., Schwester Leopolds des Großen, Inbegriff der Tugenden.

Die Inschrift auf dem Deckel lautet:

HIC QUIESCIT SERENISSIMA ELEONORA MARIA NATA 1653 DIE 21 MAIJ PRIMUM MICHAELIS CORIBUT POLONIAE REGIS DEIN CAROLJ V LOTHARINGIAE DUCIS CHRISTIANORUM FORTISSIMI CONIUX DULCISSIMA TANTA VIRTUTE QUANTAM FAEMINA CAPERE POTEST ELISABETHAM AUT BRIGITTAM SUI SAECULIT SANCTA MORS ABSTULIT ANNO 1697 DIE 17 DECEMBER

Hier ruht die allerdurchlauchtigste Eleonora Maria, geboren 1653, am 21. Mai, zuerst des Königs von Polen Michael Coribut, dann Karls V., des unter den Christen tapfersten Herzogs von Lothringen allerliebste Gemahlin. Vor so großer Tugend, wie eine Frau nur fassen kann, nahm sie ein heiliger Tod als Elisabeth oder Brigitta[27] ihres Jahrhunderts hinweg, im Jahre 1697 den 17. Dezember.

Wappenschild am Sarkophag Eleonora Maria Josefas.

23   MARIA AMALIA – SCHWESTER KAISERIN MARIA THERESIAS

geboren 5. 4. 1724, gestorben 19. 4. 1730

Sie war das jüngste Kind von Kaiser Karl VI. und Elisabeth Christine von Braunschweig-Wolfenbüttel. Als sie im Alter von sechs Jahren starb, war ihre ältere Schwester, die spätere Kaiserin Maria Theresia, dreizehn Jahre alt.

SARKOPHAG

Der Zinnsarg stammt vom Salzburger Zinngießer Hans Geog Lehrl. Bauchig geschweift, zeigt er hochbarocke Bewegung. Ein Hermelin, Symbol für Christus, ist über den Deckel geworfen. Auf einem Polster liegt der österreichische Erzherzogshut. An den Seitenwänden befindet sich je ein geflügelter Engelkopf. Der Sarkophag ruht auf Löwenpranken.

Die Inschrift lautet:

PIETATI ET MEMORIAE IMP. CAROLI DESIDERATISS. FILIAE SERENISS. M. AMALIAE, ARCHID. AUSTR. HISP. INF. QUAE PUBL. SPEI NATA MDCCXXIV, NON. AP. BREVIS VITAE DIES EXPLEVIT ANN. MDCCXXX XIII KL. MA. NOVIT DOMINUS DIES IMMACULATORUM ET HAEREDITAS EORUM IN AETERNUM

In Liebe und zum Andenken an die ersehnteste Tochter des Kaisers Karl die durchlauchtigste Maria Amalia, Erzherzogin von Österreich und Infantin von Spanien, die allgemein erhofft, geboren worden ist den 5. April 1724 und ihren kurzen Lebenslauf vollendet hat am 19. April 1730. Der Herr kennt die Tage der Makellosen, und ihr Erbe dauert ewig.

Erzherzogin Maria Amalia (1724–1730) im Alter von drei Jahren. Das Bildnis stammt von Andreas Möller.

20 MARGARITA TERESA – 1. GEMAHLIN LEOPOLDS I.

geboren 12. 8. 1651[28], gestorben 12. 3. 1673

Die Tochter Philipps IV. von Spanien und seiner zweiten Gemahlin, der Ehzgn. Maria Anna (eine Tochter Kaiser Ferdinands III.) wurde am 25. April 1666 per procurationem mit Kaiser Leopold vermählt.

Philipp IV. hatte die erstgeborene Infantin Maria Theresa 1660 dem französischen König Ludwig XIV. zur Gemahlin gegeben und Kaiser Leopold I., der gegen Ludwig XIV. (1643–1715) 1658 die Kaiserwahl gewonnen hatte, mußte sich mit der jüngsten Tochter seines Onkels und Schwagers Philipps IV. zufrieden geben. Margarita Teresa, sie war Cousine und Nichte Leopolds, zog als Vierzehnjährige in Wien ein. Die Vermählung fand am 24. Jänner 1667 statt.

Die wochenlangen Hochzeitsfeiern erreichten ihren Höhepunkt mit dem prunkvollen Roßballett auf dem Großen Platz (heute Platz in der Burg) „La contesa dell' aria e dell acqua – Sieg-Streit Deß Lufft und Wassers Freudenfest zu Pferde" von Francesco Sbarra und Marc Antonio Cesti.

Zum Geburtstag der jungen Kaiserin im Juli 1668 wurde das Prunktheater „auf der Cortina" mit der Oper „Il Pomo d'oro" eröffnet – ein in Allegorie umgesetztes Kompliment für Margarita Teresa: Sie erhielt den goldenen Apfel, da sie Junos Macht, Minervas Klugheit und die Schönheit der Venus besaß. Für diese Opernaufführung hatte Burnacini ein fünftausend Personen fassendes Theater errichtet. In fünf Akten (67 Szenen) traten 50 Solisten und 1000 Mitwirkende auf. Die Kosten wurden mit 100.000 Reichstalern beziffert.

Auf Margarita Teresas Veranlassung erfolgte 1669 und 1670 die Vertreibung der Juden aus Wien. Die Synagoge wurde zerstört, die ehemalige Judenstadt wurde zur Leopoldstadt.

Margarita Teresa verstarb nach sechs Geburten zweiundzwanzigjährig und im vierten Monat schwanger, des Kaisers Hand haltend und *„allweil redender bis an das letzte Viertelstündel"* an einem Halsgeschwür.

Nach ihrem frühen Tod 1673 ging ihr Anspruch auf das spanische Erbe des Hauses Habsburg auf den Kaiser über, der diesen nach dem Tod Karls II., des letzten spanischen Habsburgers, 1700 im spanischen Erbfolgekrieg für sich und seine Söhne gegen Frankreich geltend machte.

Vier Monate nach Margarita Teresas Tod heiratete Leopold das zweite Mal.

Von der Infantin sind mehrere von Diego Velázques geschaffene Porträts vorhanden – drei davon aus den Jahren 1653/54, 1656 und 1659 befinden sich im Kunsthistorischen Museum in Wien.

DER SARKOPHAG

Der prachtvolle frühbarocke Sarkophag in Holzgestaltform wird von gekrönten Doppeladlern getragen. Die beiden unteren Längsseiten werden von je zwei mächtigen Löwenkopfhandhaben, den Blumenfestons und dem kaiserlichen Wappen als Mittelstück beherrscht.

Der Deckel des Zinnsarkophages weist reiche Zinngußarbeit auf. Am Hauptteil zeigt der kaiserliche, gekrönte Doppeladler mit Plastron die Wappen von Ungarn, Österreich, Burgund, Böhmen, Kastilien und Leon; darunter ist Christus am Kreuz mit Maria zu Füßen dargestellt. Es folgen ein Monogramm mit Inschriftentafel und am Fußende ein Totenkopf mit gekreuzten Knochen. An den beiden Längsseiten des Deckels zeigt das Mittelstück en relief die Auferstehung Christi, rechts und links davon befinden sich reiche Festons mit Totenköpfen und an der äußeren Kante das Monogramm M. Sämtliche Kantenleisten sind geriefelt.

Sarkophag Margarita Teresas

Kaiserin Margarita Teresa wurde um 1667 von Jan Thomas im Theaterkostüm als „Galatea" gemalt.

Am unteren Teil des Sarkophages befindet sich ein Täfelchen mit dem Namen des Künstlers: LOTH. SOM. AVLICVS. STANNARIVUS FECIT. 1673.[29]

Die Inschrift auf dem Sarkophag lautet:

HAC TVMBA CLAVDITVR REDACTA IN PVLVEREM MARGARITA INFANS HISPANIARVM PHILIPPI IV. ET MARIAE ANNAE AVSTRIACAE FILIA LEOPOLDI I CAESARIS IA CONIVNX QVATVOR AVGVSTARVM PROLIVM MATER QVARVM TRES IN COELOS PRAEMISIT VNAM SVPERSTITEM IN SOLATIVM AFFLICTAE AVSTRIAE QVIA SIMILEM SIBI RELIQVIT MARGARITAM ANTONIAM QVINTAM DVM CVM ORBIS EXPECTATIONE MATERNIS FOVET VSCERIBVS PRAEMA-TVRA MORS MATRI ET PROLI VTIAM AVSTRIAE SPEM SVCCIDIT VIXIT INNO-CENTISSIME AN: 21. MENS. 8. IMPERAVIT SANCTISSIME AN: 6. MENS. 4 OBYT PYSSIME ANNO 1673. DIE 12 MARTY NVNC FELICISSIME REQVIESCAT IN PACE

In diesem Sarg ist eingeschlossen die in Staub verwandelte Margarita, Infantin von Spanien, eine Tochter Philipps IV. und der Maria Anna von Österreich, des Kaisers Leopold I. erste Gemahlin, Mutter von vier kaiserlichen Kindern, von denen sie drei in den Himmel vorausgeschickt und zum Trost des betrübten Österreich eines, weil es ihr ähnlich ist, zurückgelassen hat, Margarita Antonia. Als sie das fünfte Kind, dessen Geburt die Welt mit Sehnsucht erwartete, in ihrem mütterlichen Schoße trug, raubte ein allzu früher Tod der Mutter und dem Kind das Leben und Österreich die Hoffnung. Sie hat 21 Jahre und 8 Monate unschuldig gelebt, hat 6 Jahre und 4 Monate heilig regiert und ist im Jahre 1673, den 12. März, fromm gestorben. Nun ruhe sie selig in Frieden.

Sarkophag Margarita Teresas von Lothar Som. Reproduktion nach einem Kupferstich aus der 1772 erschienenen »Monumenta Augustae Domus Austriacae«.

geboren 30. 5. 1653, gestorben 8. 4. 1676

Die Tochter von Erzherzog Ferdinand Karl und Anna de Medici wurde nach dem Tod von Kaiserin Margarita Teresa 1673 noch im selben Jahr mit Kaiser Leopold I., ihrem Cousin zweiten Grades, vermählt.

Der Heirat per procurationem in Innsbruck folgte bald die wirkliche in Graz. Sie war Ausdruck für die Einheit beider habsburgischer Linien. Claudias Hochzeitszug bestand aus neunzig sechsspännigen Wagen, die sie von Innsbruck nach Graz führten.

Über Claudia Felicitas schrieb der schwedische Gesandte Esaias Pufendorf: „*Die jetzige Kaiserin ist eine wohlgewachsene Person von hurtigem und lebhaftem Geist, so daß sie ihren Herrn aus seinem trüben und guten Humor setzen kann; sie wird von ihm werth gehalten, zumal da sie gleiche Neigung zu Musik und Jagd hat und auch selbst auf Instrumenten spielt und singt.*"[30]

Ein halbes Dutzend Ärzte – auch der berühmte italienische Wunderarzt Borri – konnten Claudia Felicitas nicht von ihrer Lungenschwindsucht heilen[31]. Sie starb, „*ohne einen anderen Beistand zu haben als Gott und die Engel*" wie der venezianische Gesandte Michiele, ein Bewunderer ihrer Schönheit und Intelligenz, nach Hause berichtete.

Leopold beklagte ihren Tod mit einer von ihm komponierten Trauermusik[32].

Auf eigenen Wunsch wurde sie bei den Dominikanern in der Postgasse in deren Ordenskleid bestattet und ruht dort neben ihrer Mutter Anna von Medici. In der Kaisergruft befindet sich nur ihre Herzurne, eine einfache Zinnurne von Lothar Som.

Inschrift auf der Zinnurne:

HIC INTVS IACET AVGVSTISSIMAE. IMPERATRICIS COR CLAVDIAE FELICIS A: A: ET. TY: QVAE NATA TRIGESIMO DIE MAY. ANNO. M.D.C.LIII E VITA MIGRA-VIT. IN COELVM AETATIS SVAE XXIII SECVLI ANNO M.D.C.LXXVI DIE OCTAVO APRILIS MEDIA SEXTA ANTE MERIDIEM

Hier drinnen liegt das Herz der allerdurchlauchtigsten Kaiserin Claudia Felix, Erzherzogin von Österreich und Tyrol, die geboren wurde am 30. Mai, im Jahre 1653 und aus dem Leben in den Himmel zog im 23. Jahr ihres Alters, im Jahre 1676, den 8. April, um halb sechs Uhr früh.

In der Kaisergruft befindet sich nur eine einfache Zinnurne mit dem Herzen Claudia Felicitas.

Gegenüberliegende Seite:
Claudia Felicitas als Diana. Das Bildnis von Giovanni Maria Morandi stammt wahrscheinlich aus dem Jahr 1666, als dieser in Innsbruck weilte.

geboren 6. 1. 1655, gestorben 19. 1. 1720

Die älteste Tochter des Herzogs (seit 1685 Kurfürst) Philipp Wilhelm von Pfalz-Neuburg und der Elisabeth Amalie von Hessen-Darmstadt wurde 1676 mit Kaiser Leopold I. vermählt und gebahr zehn Kinder.

Nach dem plötzlichen Tod ihres ältesten Sohnes, Kaiser Joseph I., am 17. April 1711 wurde ihr durch Beschluß der großen Konferenz noch am selben Tag die Regentschaft bis zur Ankunft von Erzherzog Karl (als König von Spanien Karl III.) aus Spanien, die erst im Spätherbst 1711 erfolgte, übertragen.

Eleonore Magdalena trug nach dem Tod ihres Gemahls nur mehr die Witwentracht. Die berühmte Reisende Lady Mary Montague berichtete 1716/17, also zwölf Jahre nach dem Tod des Kaisers: *„Am nächsten Tag hatte ich bei der Kaiserin Mutter Audienz, einer Fürstin von großer Tugend und Güte, die sich aber selbst sehr mit ihrer übertriebenen Frömmigkeit brüstet und fortwährend außerordentliche Bußübungen verrichtet ohne jemals etwas getan zu haben, um sie zu verdienen. Sie hat dieselbe Anzahl von Ehrenfräuleins wie die Kaiserin, denen sie gestattet, bunt gekleidet zu gehen, sie selbst legt aber niemals ihre Trauer ab".*

Sie ließ in der Gruftkapelle die Pietà von Paul Strudel aufstellen, die sich heute in der rechten Seitenkapelle der Kapuzinerkirche befindet. Bei der Vorbereitung zur Beichte erlitt sie einen Schlaganfall und starb einige Wochen später, im Ruf der Heiligkeit stehend.

Ihrem eigenen Wunsch gemäß wurde ihr Leichnam weder seziert noch einbalsamiert, auch nicht im Staatskleid, sondern in einem Ordenshabit aufgebahrt. Es war dies die Kleidung *„von der Gesellschaft derer Durchlauchtigst und Hochadeligsten genannten Sklavinnen derer Leibeigenen Dienerinnen Mariae".* Der weiße Habit wurde mit himmelblauem Skapulier getragen, auf dem das Bildnis Mariae Verkündigung auf der Brust eingefügt war. Als Gürtel diente eine einfache Eisenkette, an der ein Totenkopf hing, ihr Haupt wurde mit einem weißen Schleier bedeckt. Sie wünschte nur einen Holzsarg mit der selbstverfaßten Inschrift: *„Eleonore Magdalena Theresa, Arme Sünderin, gestorben Anno 1720 den 19. Jenner."* Bis zu diesem Zeitpunkt wurden die Männer auf der Evangelienseite, die Frauen auf der Epistelseite beigesetzt. Da sie zu Füßen ihres Gemahls ruhen wollte, wurde zum ersten Mal eine Ausnahme gemacht.

DER SARKOPHAG

Die Vorderseite des Sarkophages von Eleonore Magdalena von Pfalz-Neuburg zeigt verschiedene Wappen, Reichskrone und Erzherzoghut.

Als Maria Theresia bei einem ihrer Gruftbesuche die zerfallene hölzerne Truhe ihrer Großmutter bemerkte, gab sie den Auftrag, daß ein Zinnsarg hergestellt werden solle. Die Beisetzung der sterblichen Überreste der Kaiserin in diesem neuen Sarg erfolgte am 23. Oktober 1745. Der Künstler Johann Georg Pichler erhielt für diesen und den Sarg der Ezhzgn. Maria Magdalena (Tochter Leopolds I.) 1011 fl. 48 kr. 1755 gestaltete Balthazar Ferdinand Moll einen neuen Sarkophag, in dem die Gebeine von Eleonore Magdalena am 7. August 1755 um 3 Uhr nachmittags die letzte Ruhe fanden. Der Bleisarkophag steht auf erhöhtem Marmorsockel. Auf dem Deckel befindet sich ein massiver Christus und die Inschriftentafel in reich orniertem Rahmen, zu Füßen zwei Wappenschilder. Das eine zeigt das kaiserliche Wappen mit der Reichskrone darüber, das andere jene von Ungarn, Böhmen, Österreich und Burgund – überhöht vom Erzherzogshut. An den beiden Längsseiten des Sarges befinden sich ein Totenkopf in reicher Kartusche und je zwei Ibisköpfe mit Ringen im Schnabel als Handhaben. Der Sarg ruht auf Adlern mit ausgebreiteten Schwingen.

Bildnis der Eleonore Magdalena von Pfalz-Neuburg nach einem Porträt eines unbekannten Hofmalers, um 1680.

117

Diese Grabbeigabe wurde in Eleonores Sarg anläßlich der Restaurierung im Jahr 1991 entdeckt. Es handelt sich dabei um die Ordenskette der „Sklavinnen der Tugend".

Der Sarkophag trägt die Inschrift:

DIVAE ELEONORAE. MAGDALENAE. THERESIAE. PALATINAE. MAGNI. LEO-POLDI. PRIMI. CONIUGI. IOS. ET. CAR. QUANTORUM. CAESARUM. MATRI. ANNO. PIETATIS. NOSTRAE. MDCLV. VI. IAN. CHRISTIANAE. SPEI. INITIATAE. AN. MCDDXX. XIX. IAN. IMMORTALI. GLORIA. CORONATAE. QUAE. DEUM. IN. OMNIBUS. IN. DEO. OMNIA. QUAESIVIT. ET. SUPREMIS. TABULIS. PECCATRIX ET. DICI. ET. HABERI. VOLUIT.
O. HUMILITAS. QUAE. NEC. POST. MORTEM. DEFICIT. AVIAE. SUAE. COLEN-DISSIMAE. MARIA. THERESIA. AUGUSTA.
AUGUSTARUM. PIENTISSIMAE. IN. UNO. HOC MINUS. OBSEQUENS. QUOS. MODESTE. RECUSAVIT. SUPREMITATIS. HONORES. SACRAT. VOX. POPULI. BEATAM. PRAEDICAT.

ADMINISTRATIONE
CAROLI JOSEPHI DOMINI
Â DIER, CONSILIARII CAESAREO:
REGII ACTUALIS AULICI ET SACRI
PALATII PRAEFECTUS.

Der hochseligen Eleonore Magdalena Theresia von der Pfalz, des großen Leopold des Ersten Gemahlin, Mutter so großer Kaiser wie Josef und Karl, im Jahre unseres Heils 1655, den 6. Januar, der christlichen Hoffnung geweiht, im Jahre 1720, den 19. Januar, mit der unsterblichen Glorie gekrönt. Sie hat Gott in allem und alles in Gott gesucht und im Testament wollte sie Sünderin genannt und für eine solche gehalten werden. O Demut, die auch nach dem Tod nicht schwindet.
Ihrer hoch zu verehrenden Großmutter, der frömmsten der Kaiserinnen, gegenüber ist die erhabene Maria Theresia in diesem einen weniger gehorsam, daß sie ihr die letzten Ehren, die sie bescheiden abgelehnt hat, erweist. Die Stimme des Volkes preist sie selig.
Unter der Leitung des Herrn Karl Josef von Dier, wirklichen kaiserlich-königlichen Hofrates und Schatzmeisters.

26   LEOPOLD JOSEPH – SOHN LEOPOLDS I.

geboren 2. 6. 1682, gestorben 3. 4. 1684

Leopold Joseph war das zehnte Kind Kaiser Leopolds I. und das vierte aus dessen dritten Ehe mit Eleonora Magdalena von Pfalz-Neuburg. Der knapp 2jährige Erzherzog verstarb in Enns und wurde in die Kaisergruft überführt.

DER SARKOPHAG,

Der hochbarocke, in Holzsargform gehaltene Sarkophag, das erste große Werk des Salzburger Zinngießers Johann Philipp Stumpf[33], ruht auf vier Adlern, die sich auf Kugeln stützen. Auf dem Deckel liegt das Kreuz mit Korpus, zu dessen Füßen Maria. Das Namensmonogramm L ist mit dem Erzherzogshut erhöht. Den Deckel schmücken ferner eine Inschriftentafel, drei Totenköpfe und eine brennende antike Öllampe.

Die Seitenwände tragen prägnante Reliefs: die Auferstehung Christi und die Erweckung des Lazarus. An den unteren Teilen der Längsseite befindet sich in ornierten Kartuschen das österreichische Wappen, vom Erzherzogshut überhöht. Es ist umgeben von Totenköpfen mit Flügeln, aus deren Augenhöhlen sich Schlangen herauswinden. Die Löwenkopfhandhaben sind nicht mehr Ringe, sondern in sich verknotete Schlangen als allegorischer Hinweis auf die Ewigkeit. Außer den plastischen Schmuckelementen und den figürlichen Reliefs weist der Sarkophag eine Fülle von Laubwerkschmuck, Knorpelwerkornamentik und Blumengirlanden auf.

Sarkophag von Leopold Joseph, dem Sohn Leopolds I.

Die Reichsakte Faszikel 202 Folio 792 im Hofkammerarchiv informierte am 10. März 1694, warum *„vormahlen die Sarchen 126 fl. und 144 fl. sich beloffen, die für den Prinzen Leopold (gest. 1684) und die jüngste Prinzessin Margaretha (gest. 1691) verfertigten auf 931 fl. 12 kr. zu stehen kamen, weil dem Zinngießer Johann Philipp Stumpf um das Zinn 1427 Pfund und seine Arbeit 901 fl. und dem Bildhauer vor die 2 Haubt Wappen 8 löwen Pratzen, zwey Herzogen Hüetl und Frücht Püschen 30 fl. bezahlt wurden“.*

Die Inschrift lautet:

SERENISSIMUS LEOPOLDUS JOSEPHUS GUILIELMUS FRANZISCUS ANTONIUS ERASMUS ARCHIDUX AUSTRIAE HAC URNA CONDITUR LAXENBURGI ANNO 1682 2 IUNY NATUS LAUREACI ANNO 1684 MUNDO DENATUS EST QUANTAE OB MIRAM INDOLEM SPEI TANTI OB PRAECOCEM MORTEM CAUSA DOLORIS VERE FILIUS BENONI

Der Durchlauchtigste Leopold Joseph Wilhelm Franz Anton Erasmus, Erzherzog von Österreich, ist in diesem Sarg beigesetzt. Zu Laxenburg im Jahre 1682, am 2. Juni geboren, ist er in Enns im Jahre 1684 der Welt wieder genommen worden. Wie groß die Hoffnung ob seiner bewunderungswürdigen Anlagen waren, so groß war die Betrübnis wegen seines frühzeitigen Todes. Fürwahr ein Sohn des Schmerzes[34].

Die Auferstehung Christi. Detail vom Sarkophag Leopold Josephs.

119

geboren 28. 10. 1669, gestorben 24. 12. 1692

Die Erzherzogin (auch Margarita Antonia genannt) war das einzige überlebende Kind Kaiser Leopolds I. aus seiner Ehe mit der Infantin Margarita Teresa. Ihre 1685 ohne Liebe geschlossene Ehe mit dem Kurfürsten Max Emanuel von Bayern verschaffte ihrem Vater Kaiser Leopold zwar den mit dieser Heirat verbundenen Gewinn größerer bayerischer Kontingente im Kampf gegen die Türken, die Erzherzogin jedoch bekam einen treulosen Gatten. Max Emanuel von Bayern besaß großen militärischen und persönlichen Ehrgeiz und hatte einen unsteten Charakter. Maria Antonia starb bald nach der Geburt ihres einzigen Sohnes Josef Ferdinand und wurde in Wien in der Kaisergruft bestattet, *„weillen man in ihrem Testamente Vernohmen, dass Sie dahier in Wienn in der Capuciner Kirchen ihrer Frau Mutter Beygelegt zu werdten verlanget"*.

DER SARKOPHAG

Der Sarkophag ist ein Werk von Thomas Koch aus München[35] und besteht aus Bleilegierungen.

Der Deckel ist seltsam hoch und abgeschrägt. Er ist mit einem Kruzifix versehen, dessen Längsbalken die gesamte Länge des Sarges einnimmt, darunter befindet sich ein Totenkopf mit gekreuzten Knochen. Die Längsseiten des Deckels zeigen die Monogramme M. A. C. I. B. = Maria Anna Churfürstin in Bayern.

Am Mittelschild befindet sich die Inschriftentafel, am unteren Teil das Doppelschild mit Erzherzogshut. Dieses zeigt links das bayrische, rechts das österreichische Wappen und vier Handhaben – zwei Handhaben sind auch an den Schmalseiten angebracht.

Die in den Deckel eingravierte Inschrift überschreibt den Längsstamm des gravierten Kreuzes.

Die Inschriften lauten:

MARIA ANTONIA THERESIA UTR. BAV. ET. PALAT. SUPER. DUCISS. COM. PAL. RHEN. S. R. I. ELECTR. LANDR. LEUCH. TENB. NATA. REGIA PRINC. HUNG. ET BOHEM. ARCHID. AUSTR. DUC. BURG. COM. TYR. ETC OBIIT VIENNAE AUSTRIAE ANNO MDCXCII. D. XXIV DECEMB. HORA 51/2 PRINCEPS ORTU, CONIUGO, PARTU, MORTE ILLUSTRISS. A

Maria Antonia Theresa, Herzogin beider Bayern und der obern Pfalz, des Heiligen Römischen Reiches, Pfalzgräfin am Rhein, Kurfürstin, Landgräfin von Leuchtenberg, geborene königliche Prinzessin von Ungarn und Böhmen, Erzherzogin von Österreich, Herzogin von Burgund, Gräfin von Tyrol etc. Sie starb zu Wien in Österreich im Jahre 1692, den 24. Dezember um 5 einhalb Uhr, eine Fürstin hochberühmt, ob ihrer Geburt, ihrer Ehe, ihrer Leibesfrucht und ihres Todes.

Auf dem Mittelfeld der rechten Längsseite des Deckels:

PARTU FELICISSIMO ENIXA EST IN SPEM PATRIAE AC SERENISS DOMUS BAV. IOSEPHUM FERDINANDUM PRINC. ELECTORALEM VIENNAE AUSTRIAE ANN. MDCXCII. D. XXVIII OCT.

In überaus glücklicher Geburt hat sie zur hoffnungsvollen Freude des Vaterlandes und des durchlauchtigsten Hauses von Bayern den kurfürstlichen Prinzen Jo-

Erzherzogin Maria Antonia (1669–1692), Tochter Kaiser Leopolds I. und der spanischen Infantin Margarita Teresa. Das Bild von Benjamin Block entstand 1684.

Sarkophag Maria Antonias (1669–1692).

seph Ferdinand zur Welt gebracht, zu Wien in Österreich, im Jahre 1692, den 28. Oktober.

Auf dem Mittelfeld der linken Längsseite des Deckels:

CONIUGIUM INIIT CUM MAXIMILIANO EMANUELE VTR. BAV. AC PALAT. SUP. D. S. R. I. ARCHIDAP. ET ELECT. ETC. ANNO MDCL. XXXV XII IULII VIENNAE AUSTR. QUO TEMPORE IS IAM SAEPIUS TURCAS IN UNG. GLORIOSE DEVICERAT

Sie hat sich verehelicht mit Maximilian Emanuel, Herzog beider Bayern und der obern Pfalz, des Heiligen Römischen Reiches Erztruchsess und Kurfürst usw. im Jahre 1685, den 12. Juli zu Wien in Österreich, als dieser schon öfters die Türken in Ungarn glorreich besiegt hatte.

An der Kopfseite des Deckels:

MORTEM OPPETIIT QUA VIXERAT PIETATE AUSTRIACA BIMESTRI POST EDITAM PROLEM AURORAE INSTAR. QUAE DUM SOLEM ORBI PEPERIT EXTINGUITUR

Dem Tod ist sie, wie sie gelebt hatte, mit österreichischer Frömmigkeit entgegengegangen, zwei Monate nach ihrer Entbindung, gleich der Morgenröte, die, nachdem sie der Welt die Sonne geboren hat, erlischt.

An der Fußseite des Deckels:

ORTUM TRAXIT E LEOPOLDO I. ROM IMP. ET MARGARITA TERESIA PHILIPPI IV. REG. HISP. FILIA. ANN. MDCLXIX. XVIII. IAN.

Sie ist entsprossen aus Leopold I., römischer Kaiser, und Margarita Teresa, der Tochter Philipps IV., Königs von Spanien, im Jahre 1669, den 18. Januar.

25 MARIA THERESIA – TOCHTER LEOPOLDS I.
geboren 22. 8. 1684, gestorben 28. 9. 1696

Maria Theresia Josepha Antonia Xaveria war die fünfte Tochter Leopolds I. und der Eleonora Magdalena.
Ihr Beichtvater, P. Engelbert Bischof, erwähnte in der Lebensbeschreibung der Prinzessin deren große Frömmigkeit sowie ihre Ergebenheit in die Krankheit und den bevorstehenden Tod: „... da die schmerzen, und anstossende Fraiss ihr den Verstand benommen; starbe also getröstet mit aller Zusehenden grösten leyd; und liesse die Bildnus Mariae nit auss ihren Händen, biss das solche nach dem Todt Von anderen herausgenommen worden.
So beschlosse Ihro Dchl. ihr Leben zwar mit wenigen Jahren, doch mit villen, und grossen Tugenden; dan sie in dem jahr 1696 den 28 Herbstenmonat, als an dem Tag des Heiligen Wenceslai umb halber 7 Uhr Vormittag zu Eberstorff an den Blattern seeliglich an dem Herrn entschlaffen ihres alters 12 Jahr, 1 Monat, 7 Täg, 18 Stund."[36]
Nachdem das vorgeschriebene höfische Protokoll absolviert worden war, wurde der Sarg zur Kaisergruft gebracht: „Nach Verrichten Kirchen Ceremonien ist die Leich Von den PP. Capucinis in die Crufften getragen, daselbst aber die Truchen ad recognoscendum Vom Cammer Fourrier wie sonst gebreichlich nicht eröffnet worden wegen der malignen Kranckheit."[37]

Die Seitenansicht des Sarkophages von Erzherzogin Maria Theresia (1684–1696) zeigt die geflügelten Totenköpfe sowie die durch Blumenfestons verbundenen Medaillons.

DER SARKOPHAG

Der reich verzierte Bleisarkophag ist ein Werk Johann Philipp Stumpfs. Er steht auf sechs ornamentalen Füßen.

Auf dem Deckel befindet sich ein Kreuz mit Korpus, gekreuzten Knochen und Totenkopf in natürlicher Größe und die Inschriftentafel. An den Längsseiten des Deckels verbinden Festons drei Medaillons mit prachtvoll gearbeiteten Gravierungen.

Der untere Teil der Längsseite zeigt an den äußeren Kanten je einen geflügelten Totenkopf ohne Unterkiefer, eine Variation des Vanitassymbols. Darunter und zur Mitte hin finden sich Festons. Den Mittelteil selbst bildet in bewegter Kartusche, bekrönt mit dem Erzherzogshut, das österreichische Wappen. Dieses wird beidseitig von einem einköpfigen Adler begrenzt.

Die übrige Ornamentik besteht vorwiegend aus Laub- und Blattwerk.

Die Inschrift lautet:

SITA HIC EST SERENISSIMA MARIA THERESIA ARCHI DUX AUSTRIAE IN LUCEM DATA ANNO 1684 DIE 22 AUGUSTI CUM AUSTRIACAS IN SE VIRTUTES SEDULO COLERET MATURITATEM MORS VIDIT AUT INVIDIT ATQUE IN HANC URNAM CONIECIT MORTUAM EBERSTORFFY ANNO 1696 DIE 28 SEPTEMBRIS

Hier ruht die durchlauchtigste Maria Theresia, Erzherzogin von Österreich, geboren den 22. August 1684. Da sie die österreichischen Tugenden in sich eifrig pflegte, hat sie der Tod reif gefunden oder beneidet und entseelt in diesen Sarg geworfen, zu Eberstorf im Jahre 1696, am 28. September.

Medaillons auf der rechten Seite

Der Tod reißt aus dem alten österreichischen Wappen eine Lerche heraus:
QUINTA MIHI CESSIT
Die fünfte (Tochter) habe ich gefangen.

Der Tod und die Erzherzogin begegnen sich auf einer Galerie:
IN CARCERE METAM
Im Kerker werde ich ernten.

Der Tod biegt ein Bäumchen und bricht von ihm den jüngsten Zweig:
NON NUMERO RAMOS
Ich zähle die Zweige nicht.

Medaillons auf der linken Längsseite

Die Erzherzogin schaut hinter einem Vorhang hervor:
OSTENDENT TERRIS HANC TANTUM
Sie werden diese der Welt nur zeigen.

Der Tod schneidet einen Faden am Spinnrocken entzwei:
UT COEPI VIXI
Kaum hatte ich begonnen, hatte ich gelebt.

In einem Gartenbeet eine welke Blume:
FLOS FUIT ILLE CADUCUS
Hinfällig war jene Blume.

31   MARIA MAGDALENA – TOCHTER LEOPOLDS I.

geboren 26. 3. 1689, gestorben 1. 5. 1743

Die Erzherzogin war, wie ihre Schwester Maria Elisabeth, unverheiratet.
Obgleich sie mit den Aufgaben einer Statthalterin von Tirol beauftragt worden war, blieb sie in Wien. Küchelbecker[38] schrieb, sie sei zur *„Gouvernantin von Tyrol bereits vor einigen Jahren destiniret worden. Ob man nun gleich vermeynet, es werde Dieselbe ebenfalls in besagtes Land gehen, wie Dero Frau Schwester[39] nach denen Nieder-Landen und dasselbst Dero besondere Hofhaltung und Residenz aufschlagen; so sind Dieselbe doch biß jetzo zu Wien verblieben und residiren in der Kayserlichen Burg“.*

DER SARKOPHAG

Der Zinnsarkophag, der 1755 im Auftrag Maria Theresias vom B. F. Moll angefertigt wurde, steht auf einem Marmorsockel.
Auf dem Deckel befindet sich ein Kreuz mit dem Korpus Christi.
An der Fußseite sind zwei Wappenschilder angebracht. Das eine wird von der Kaiserkrone überhöht, das andere vereinigt in sich die Wappen der einstigen habsburgischen Länder und wird vom österreichischen Erzherzogshut überhöht.
Der Sarkophag wird von sechs Schnörkelfüßen getragen.

Maria Magdalena auf einem Stich von Salomon Kleiner.

Detail vom Sarkophag der Erzherzogin Maria Magdalena.

Die Inschrift lautet:

MONUMENTUM. MARIAE. MAGDALENAE. ARCHIDUCIS. D. LEOP. M. FIL. AN.
MDCLXXXIX. XXVI. MART. IN LUCEM. SUSCEPTAE AN. MDCCXLIII. I. MAII.
COELO. RECEPTAE VIRTUTEM. POSTERI. IMITANTOR.

Sarg der Erzherzogin Maria Magdalena, einer Tochter des erhabenen Leopolds
des Großen im Jahre 1689, am 26. März geboren, im Jahre 1743, am 1. Mai in
den Himmel aufgenommen. Die Nachkommen sollen ihre Tugend nachahmen.

An der vorderen Ecke der linken Längsseite:

ADMINISTRATIONE CAROLI IOSEPHI DOMINI A DIER, CONSILIARII CAE-
SAREO: REGII ACTUALIS AULICI, ET SACRI AERARII PRAEFECTI.

Unter Leitung des Herrn Karl Josef von Dier, wirklichen kaiserlich-königlichen
Hofrates und Schatzmeisters.

16 Maria Josepha – Tochter Leopolds I.

geboren 6. 3. 1687, gestorben 14. 4. 1703

Maria Josepha, Erzherzogin von Österreich, Tochter Kaiser Leopolds I. und dessen dritter Gemahlin Eleonore Magdalena von Pfalz-Neuburg, verstarb am Samstag, dem 14. April 1703, abends zwischen 9 und 10 Uhr an Blattern. Im Zusammenhang mit ihrem Begräbniszeremoniell heißt es in den Protokollen:

„Von der Fraw Aja, Ihr. Dchl. Cammerfraw und Cammerdienerin in einer Truhe von Nussbaumen Holz, welch in und auswendig mit silberstuck beglaid ware gelegt und privatum oben in der Jungen Herrschafft Zimmer, wo die Armen pflegen gespeist zu werden, unter einem schwarzen Baldachin exponirt, anbey in dem Zimmer drey altar aufgerichtet worden, und von allerhand Ordenss Persohnen bestendig meess gelesen, ansonsten aber Niemand hineingelassen worden.“[40]

Der Sarkophag

Das Werk des Zinngießers Johann Philipp Stumpf besteht aus Bleilegierungen und ist von barocker Bewegung erfüllt: Die Wände sind aus- und eingebuchtet, das Gesimse ist gekehlt, Pfeifen und Blattwerkornamente zieren die bauchigen Wände, einfache Verzierungen finden sich an Rändern und Kanten.
Auf dem Deckel liegen ein Kreuz mit Korpus und ein Totenkopf. Der große Sarkophag ruht auf vier ornamentalen Füßen.

Die Inschrift lautet:

HEUS TU MORS! QUID IN VIRIDARIO AUSTRIACO FECISTI O TE MALUM HORTULANUM! IPSO VERE QUO FLORES UBIQUE SURGUNT ROSAM Â SANGUINE PULCHRITUDINE VIRTUTIBUS NOBILEM 14 APRILIS 1703 CADERE IUSSISTI SERENISSIMAM MARIAEM IOSEPHAM ARCHIDUCEM AUSTRIAE CAESARIS LEOPOLDI I ET ELEONORAE MAGDALENAE NEOBURGICAE FILIAM NATAM VIENNAE 6 MARTY 1687 VIATOR! FLOS QUIDEM HIC PUTRUIT SPIRAT TAMEN ODOREM VIRUTEM ENIM SEPULTAM EXISTIMA.

Höre, du Tod! Was hast Du im österreichischen Lustgarten angerichtet, o du böser Gärtner! Gerade im Frühling, wo überall die Blumen sprießen, ließest du eine ob ihrer Abstammung, Schönheit und Tugend edle Rose verwelken, die durchlauchtigste Maria Josepha, Erzherzogin von Österreich, eine Tochter des großen Kaisers Leopold I. und der Eleonore Magdalena von Neuburg, geboren zu Wien, am 6. März 1687. Wanderer! Diese Blume ist zwar verwest, dennoch gibt sie einen Wohlgeruch von sich, denn glaube, daß (hier) die Tugend begraben liegt.

Erzherzogin Maria Josepha (1687–1703), nach einem Stich von J. Langraff.

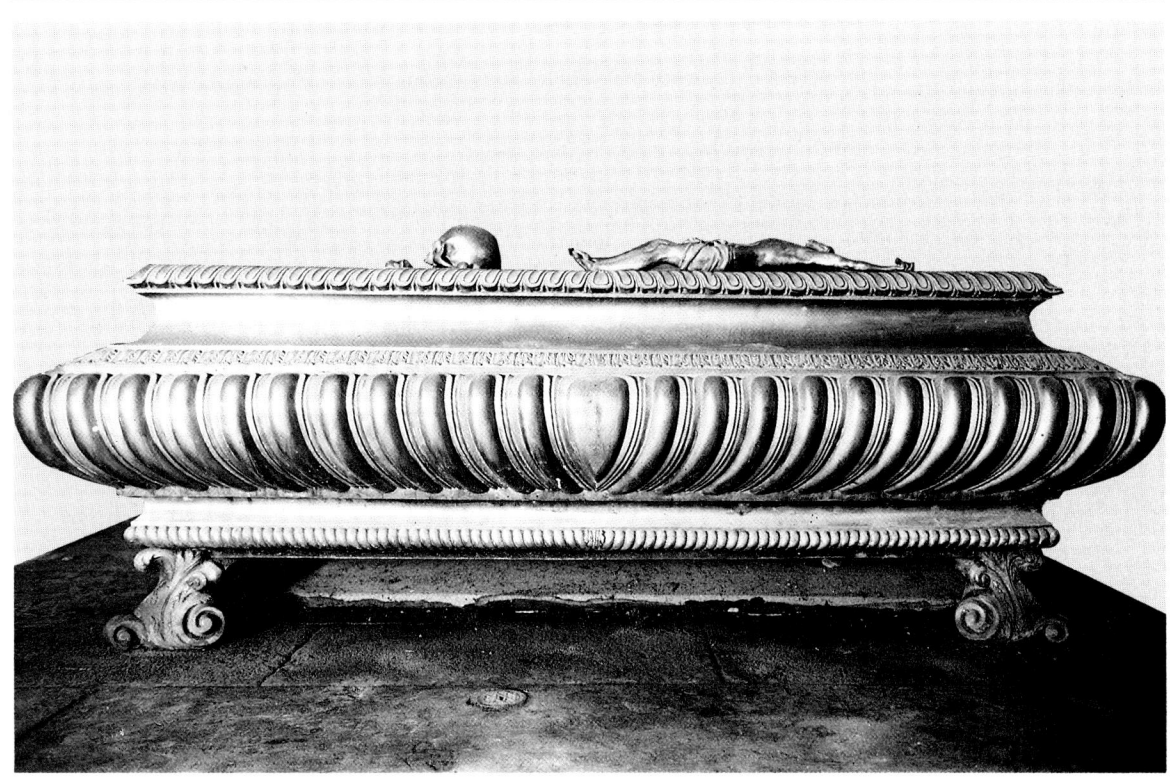

Sarkophag der Erzherzogin Maria Josepha, einer Tochter Kaiser Leopolds I.

30   LEOPOLD JOHANN – SOHN KARLS VI.

geboren 13. 4. 1716, gestorben 4. 11. 1716

Er war als einziger Sohn Karls VI. und Elisabeth Christines der letzte männliche Habsburger.

Die Geburt und Taufe des ersten Kindes nach siebenjähriger Ehe vollzog sich mit dem größten Prunk des spanischen Hofzeremoniells[41]. Die Taufe mit Jordanwasser am 14. April 1716 im Rittersaal der Hofburg hielt der päpstliche Nuntius, unter Assistenz des Dompropstes von St. Stephan und des Schottenabtes, in Anwesenheit der Erzbischöfe von Prag und Valencia, acht Bischöfen, neun Äbten und zahlreichen anderen geistlichen Würdenträgern. Taufpate war König Johann von Portugal, der mit einer Tochter Leopolds I. verheiratet war[42] und vom Prinzen Max von Hannover vertreten wurde.

In den neun Vornamen des Prinzen spiegelt sich neben der Familientradition die Heiligenverehrung der Zeit wider: Leopoldus, Joannes, Antonius, Josephus, Franciscus de Paula, Hermenegildus, Rudolphus, Ignatius, Balthasar[43].

Der Tod des Kindes im Alter von sieben Monaten war Anlaß für das Inkrafttreten des neuen Familienerbgesetzes, der „*Pragmatischen Sanction*"[44].

Im Geist barocker Frömmigkeit und der pathctischen Mentalität jener Zeit opferte das Kaiserpaar nach dem Tod des Thronfolgers dem Gnadenort Mariazell ein silbernes Jesuskind im Gewicht des verstorbenen Knaben[45].

DER SARKOPHAG

Der bauchig geschweifte Truhensarkophag steht auf vier Bärenpratzen, die die Füße bilden. Er wurde nach Anweisung Karls VI. 1740 als Übersarg für den ursprünglichen Sarkophag hergestellt und erinnert an antike Vorbilder.

Über dem reich ornamentierten Deckel liegt der in Falten übergeworfene Hermelinmantel, darüber auf reich orniertem Polster der österreichische Erzherzogshut. Die beiden Längsseiten zieren Engelköpfe mit ausgebreiteten Flügeln. Am Fußteil befindet sich ein Kruzifix und darunter die aufgerollte Inschriftentafel.

Es wird angenommen, daß der Sarkophag vom Salzburger Zinngießer Hans Georg Lehrl geschaffen wurde.

Die Inschrift lautet:

CHRISTIANAE POSTERITATI SACRUM. HIC DORMIT IN PULVERE LEOPOLDUS, IMP. CAES. AUG. CAROLI VI. FIL. D. LEOP. M. NEP. ARCHID. AUSTR. PRINC. ASTUR. QUEM FATA TERRIS TANTUM OSTENDUNT MDCCXVI. EIDIB. APR. ET INFANDA ACERBITATE RURSUS ERIPIUNT PRID. NON. IXBR. AH! DOLOR AUGUSTI MAGIS INTELLIGI QUAM LEGI POTEST.

Der christlichen Nachwelt gewidmet. Hier ruht in der Asche Leopold, der Sohn des erhabenen Kaisers Karl VI. und Enkel des großen Leopold, Erzherzog von Österreich und Prinz von Asturien, den der Himmel der Welt nur gezeigt, den 13. April 1716, und zur unsäglichen Betrübnis schon wieder zurückgenommen hat am 4. November im nämlichen Jahr. Ach! der Schmerz des Kaisers ist leichter zu erraten, als mit Worten zu schildern.

Sarkophag Leopold Johanns (geboren/gestorben 1716). Mit seinem Tod erloschen die Habsburger in der männlichen Linie.

III. Die Karlsgruft

Der von Kaiser Joseph I. geplante und durch die schlesische Salz-steuer finanzierte Erweiterungsbau wurde 1720 unter Kaiser Karl VI. vollendet.

Die spätbarocke Karlsgruft erstreckt sich unter der Kirche und dem Mönchschor. In diesem Teil der Kaisergruft befinden sich insgesamt sieben Sarkophage und eine Herzurne, darunter die vier ein-drucksvollen Prunksarkophage der Kaiser Leopold I., Joseph I., Karl VI. und der Kaiserin Elisabeth Christine. Sie sind Schöpfun-gen der bedeutendsten Zinngießer, Bildhauer und Theatral-ingenieure ihrer Zeit.

37 Kaiser Leopold I.

geboren 9. 6. 1640, gestorben 3. 5. 1705

Leopold Ignatius war der Sohn Kaiser Ferdinands III. und der Infantin Maria
Anna von Spanien. Ursprünglich für den geistlichen Stand bestimmt, wurde er
nach dem Tod seines älteren Bruders Ferdinand IV. 1655 König von Ungarn,
1656 König von Böhmen und erlangte 1658 nach dem Tod seines Vaters die
Kaiserwürde.

Die fast fünfzig Jahre dauernde Regierungszeit Leopolds I. war gekennzeichnet
von beinahe ununterbrochenen Kriegen gegen Frankreich im Westen und gegen
das Osmanische Reich im Osten. In Verbindung mit der Politik dieser Staaten
stand die seit der Magnatenverschwörung von 1665 bis 1671 immer wieder auf-
flammende Insurrektion in Ungarn.

Der zunächst als Abwehrkampf geführte Krieg gegen die Türken wurde nach
dem Entsatz von Wien 1683 in einen erfolgreichen Angriffskrieg verwandelt und
nach der Eroberung von Ofen 1686 sowie den Schlachten von Salankamen (unter Ludwig von Baden) 1691 und Zenta (unter Prinz Eugen) 1697 im Frieden
von Karlowitz 1699 beendet.[46]

Weniger glücklich verliefen die Kriegszüge gegen Ludwig XIV., die in den Frie-
densschlüssen von Nijmegen und Ryswijk mit umfangreichen Länderabtretun-
gen von seiten Spaniens und des Reiches beendet wurden.

1701 brach der spanische Erbfolgekrieg aus, von dem der Kaiser nur die erste
Phase mit dem Sieg bei Höchstädt unter Prinz Eugen und Marlborough erlebte.
Leopold war in der Kriegskunst nicht so erfahren wie sein Vater. Er besaß jedoch
hohe Bildung und Musikalität, spielte mehrere Instrumente und verfaßte 79 sa-
krale und 155 profane Kompositionen. Mit der von ihm geförderten italieni-
schen Oper begann eine glanzvolle Geschichte des Musiktheaters in Wien. Als
Barockfürst liebte er prachtvolle Feste, Theateraufführungen und Feuerwerke.
Die Hofburg wurde unter seiner Regierungszeit durch den Leopoldinischen
Flügel erweitert, Schloß Laxenburg erbaut, die Peterskirche umgebaut. Auch die
Akademie der Künste und die Universität Innsbruck sind seine Gründungen.

1695 wurde das Deutschmeisterregiment errichtet, er förderte die Hofbibliothek
und die Überstellung von Teilen der Prager und Ambraser Sammlung nach
Wien. Zu seiner Zeit war Abraham a Sancta Clara Hofprediger. Persönliche
Freundschaft verband den Kaiser mit dem Kapuzinerpater Marco d'Aviano und
mit Papst Innozenz XI.

In erster Ehe vermählte sich Leopold 1666 mit der Infantin Margarita Teresa, in
zweiter 1673 mit Erzherzogin Claudia Felicitas und in dritter 1676 mit Eleonore Magdalena von Pfalz-Neuburg.

Das Sterben des Barockkaisers, am 5. Mai 1705, vollzog sich unter den Klängen
der Hofmusici ganz im Sinne des höfischen Zeremoniells, wonach der Sterbende auch im Augenblick des Todes zu zeigen hat, was er gilt.

Das barocke Trauerzeremoniell mit dem Sezieren des Körpers, dem Exenterie-
ren (Ausstellen) des Leichnams, den feierlichen Exequien, der Landestrauer und
dem Trauerzug gehörten zur Demonstration herrscherlicher Größe. Trauergerüste, von den bedeutendsten Architekten der Zeit geschaffen, wurden in verschiedenen Kirchen Wiens errichtet. Der gesamte Leichenzug, der nach alter
Tradition zur Nachtzeit stattfand und sich langsam von der Hofburg zur Kapuzinergruft bewegte, umfaßte mehr als tausend Menschen, wobei die Mitglieder
der Militärspitäler, der Armenhäuser und die Klosterinsassen bei Androhung
von Strafen verpflichtet waren, sich dem Zug anzuschließen.

Kaiser Leopold I. nach einem Porträt von Benjamin von Block.

Vier Adler mit weitgespannten Flügeln tragen den mit Pfeifenornamenten und Bandelwerk reich ornamentierten Zinnsarg. Er ruht zum Schutz auf einem nachträglich angebrachten Eisengerippe. Den Untersatz bildet ein Marmorsockel.

An den Längsseiten befindet sich als Mittelstück je ein mit Lorbeer umwundener Totenkopf mit dahinter gekreuztem Schwert und Szepter. Rechts und links laufen Spruchbänder. Um den Sarg herum befindet sich reiche Stabornamentik. Kopf und Fußteil weisen den gleichen Totenkopf auf wie die Längsseiten des unteren Teils. Auch am Hauptteil ist ein Spruchband angebracht.

Am Deckel ruht auf einem Polster die österreichische Hauskrone. An der Fußseite breitet ein großer Adler, der auf einem Felsen steht, seine Schwingen aus. In seinem Schnabel hält er ein aufgerolltes Schriftband.

Dieser naturalistische Adler hebt sich deutlich von der Basis ab und ist somit eine kunstgeschichtliche Novität in der Kaisergruft. Die Darstellung eines auffliegenden Adlers bedeutet in der Funeralkunst eine Apotheose (Vergöttlichung) nach antik-römischem Vorbild.

Die künstlerische Urheberschaft des Leopold-Sarkophages konnte mittlerweile eindeutig bewiesen werden. Es handelt sich um den Zinngießer Johann Philipp Stumpf. Für den Entwurf war der Goldschmied Johann Königsbaur zuständig[47].

Der Text der Schriftrolle lautet:

QUI E CAESARIBUS PRIMUS TOT VICTORIARUM PATRATIS PRODIGIIS PRO PACE SUPPLICEM FIERI IPSAM COEGIT TVRCIAM HAC ·QVIESCIT IN VRNA LEOPOLDUS ORBIS ACCLAMATIONE MAGNUS OBIIT ANNO 1705 NONNIS APRILIS[48] AET 65

Der als Erster unter den Kaisern so viele wunderbare Siege erfochten und selbst die Türken zwang, um Frieden zu bitten, ruht in diesem Sarge, Leopold, durch den Zuruf der Welt der Große genannt. Er starb im Jahre 1705, am 5. April im 65. Altersjahr[48].

Inschriften zu Häupten:

NUNQUAM MARCESCET LAVREA IUSTI
Nie wird der Lorbeer des Gerechten welken

Auf der rechten Seite:

MANET AETERNUM DIADEMA MONARCHIAE
Ewig bleibt das Diadem der Monarchie

Auf der linken Seite:

PIUM MORS IPSA CORONAT
Der Tod selbst krönt den Frommen

Historische Aufnahme vom Sarkophag Lepolds I. aus dem Jahre 1910. Das barocke Gitter, einst auf Anordnung Karls VI. angebracht, wurde später entfernt.

Seitenansicht

Detail

Der Sarkophag Leopolds I. ist ein Werk von Johann Philipp Stumpf und Johann Königsbaur, der das Modell lieferte.

35 KAISER JOSEPH I.

geboren 26. 7. 1678, gestorben 17. 4. 1711

Er war der älteste Sohn von Kaiser Leopold I. und seiner dritten Gemahlin Eleonore Magdalena von Pfalz-Neuburg. 1687 wurde er König von Ungarn, 1690 wurde er zum römischen König gewählt und gekrönt. Unmittelbar vor dem Tod seines Vaters (1705) wurde er Kaiser und zugleich König von Böhmen.

In die Person Josephs I., seine Tatkraft und Energie waren große Erwartungen gesetzt worden. Die Erfolge auf den Kriegsschauplätzen des spanischen Erbfolgekrieges, die Prinz Eugen teils allein (Entsatz von Turin 1706), teils gemeinsam mit dem Herzog von Marlborough als Befehlshaber der englischen Truppen errungen hatte (Schlacht von Oudenaarde 1708 und bei Malplaquet 1709), schienen den lange andauernden Konflikt mit Frankreich im Sinne des Kaisers zu entscheiden.[49]

Joseph I. starb im April 1711, noch keine 33 Jahre alt. Von schöpferischer Musikalität – er beschäftigte 300 Musiker – war er ein äußerst lebensfreudiger Fürst gewesen. Er beherrschte mehrere Sprachen und hatte die Architektur bei Johann Bernhard Fischer von Erlach erlernt. In seine Regierungszeit fiel der Anfang der modernen Kanalisation Wiens, die Herstellung der Pummerin, damals Josephinische Glocke genannt, aus türkischen Kanonen, die Erbauung des Kärntnertortheaters sowie der erste Bauabschnitt von Schönbrunn.

Kaiser Joseph I. Stich von Christoph Weigel.

1699 vermählte sich Joseph mit Prinzessin Wilhelmine Amalie von Braunschweig-Lüneburg, Tochter des Herzogs Johann Friedrich von Braunschweig-Lüneburg und Benedicta Henrica von Pfalz-Simmern. Sie überlebte ihren Gemahl um 31 Jahre.

DER SARKOPHAG

Die Zeichnung zum Sarkophag entwarf der kaiserliche Architekt Johann Lukas von Hildebrandt: *„Der Hoff Ingenieur Johann Lucas Hildebrandt erwirbt am 9. Juni 1712 einen Hoff Cammer Pass für 2 Louola oder grosse platten worauf die Sarchen Leopoldi et Josephi gestölt werden – wie zumahlen dise Marmorsteiner auss Mähren anhero geführt werden – auf den Steinmezmaistern Bernard Anton Fossati, welcher die stain lifert und die machung über sich nimbet.“*[50]

Archivalische Nachrichten nennen als Bildhauer Tobias Kraker (oder Kracker), der *„wegen geschnittenen Modell“* 250 fl. bekommen und Hildebrandts zeichnerischen Entwurf ins Dreidimensionale übersetzt hatte. Über ihn ist nicht viel bekannt. Von ihm stammen auch der Lanzenengel an der Pestsäule auf dem Graben und die Figuren im großen Saal des von Fischer von Erlach erbauten Schlosses in Frain in Mähren. Er war eine Zeitlang Lehrer von Balthazar Permoser.

Am Joseph-Sarkophag gibt es keine Beschaulichkeit: Adler, Putten, Kartuschen, Profile, sogar die Totenschädel sind mit Energie gestaltet. Zwar war das Stürmisch-Bewegte ein Zeitelement, dessen sich auch andere Künstler bedienten, die eleganten, lebhaften Linien zeigen hier jedoch jene besondere Straffheit, die für Kraker kennzeichnend ist.

An der Ausführung arbeiteten die Augsburger Erzgießer und Kupferstecher Christian Engelbrecht (1672–1735) und Johann Andreas Pfeffel, die laut Thiemes Künstlerlexikon in Wien assoziiert waren[51].

Der Sarkophag wiegt 42 Zentner. Nach Fertigstellung wurde in Wien eine mit Kupferstichen gezierte eigene Beschreibung gedruckt.

Er ruht auf vier Totenköpfen mit Helmen und offenen Visieren und ist reich mit Blatt-, Bandel- und Knorpelwerk geschmückt. Als Unterlage dient die oben erwähnte kostbare Marmorplatte.

Die Eckstücke bilden prachtvoll ziselierte Adler mit weitgespannten Schwingen, die auf Konsolen ruhen. Durch die Ausläufer der Konsolen wurden die Ringe der Handhaben gezogen.

Das Detail vom Sarkophag Josephs I. zeigt einen Genius mit Fanfare und Velum mit einer Inschrift, der in der linken Hand das Bildnismedaillon des Kaisers hält.

Beinahe der gesamte Vorderteil wird durch ein Relief eingenommen, das die Schlacht von Turin darstellt. Damit wurde zum ersten Mal an einem Sarkophag der Kaisergruft ein historisches Ereignis verarbeitet.

Auch die anderen drei Seiten zeigen auf lebhaft gegliederten Kartuschen Schlachten aus dem spanischen Erbfolgekrieg: die Rückseite den Sieg Marlboroughs über die Franzosen bei Ramillies (Belgien wurde 1706 befreit), die Hauptseite die Eroberung Landaus und die Fußseite die Befreiung Barcelonas 1706.

Oberhalb des Reliefs befinden sich Totenköpfe, an den Schmalseiten mit Fledermausflügeln und lorbeerbekränzt. Reich gegliedertes Stabornament verziert die Deckelleisten.

Zwei Putti auf dem Deckel übernehmen die Glorifizierung des toten Herrschers. Der eine hält stehend in der linken Hand das Sinnbild der Ewigkeit, den Schlan-

Kupferstich vom Sarkophag Josephs I., der in Wien nach dem Tod des Kaisers Verbreitung fand.

genring, und in der rechten Hand den Lorbeerkranz. Der andere hält kniend mit der linken Hand das Bildnismedaillon des Kaisers, mit der rechten die Fanfare, den Ruhm des toten Herrschers verkündend. An der Fanfare hängt das aufgerollte Velum mit der Inschrift.

Zwischen den beiden Genien auf dem Deckel liegen auf einem reich ziselierten Polster die Kaiserkrone und ein Kreuz mit Korpus.
Das doppelseitige Medaillon zeigt auf der Aversseite das Porträt des Kaisers mit der Umschrift:
FRATRIS PIETAS IMP: CAES: AUG: IOSEPHO. I. SEMPER: INVICTO.
Die Liebe des Bruders dem erhabenen Kaiser, dem stets unbesiegten Joseph.

Auf der Reversseite ist ein Schwert sichtbar, das mit Lorbeer umwunden ist, dar-

Die Aufnahme vom Sarkophag Josephs I. stammt aus dem Jahr 1933. Das barocke hohe Gitter ist entfernt, das neue noch nicht angebracht. An der Schmalseite des Sarkophages, vorne rechts, steht die marmorne Herzurne der Gemahlin Josephs, Amalia Wilhelmina.

über befindet sich das Auge Gottes mit Strahlen. Darunter steht der Wahlspruch des Kaisers:

AMORE ET TIMORE
Durch Liebe und Furcht

Auf dem Velum der Fanfare rechts die Inschrift:

COMMODATUS ORBI MDCLXX REGNO HUNG: MDCLXXXVII.
R: ROMANOR: MDCXC AMALIAE WILH: MDCXCIX IMP: R. BO: ET. PROV: ETC:
MDCCV COELO. REDDITVS. A: MDCCXI: D. XVII. APR: VICTOR VBIQVE PERPE-
TUUS.
Der Welt geliehen worden: 1678, dem Königreich Ungarn: 1687, dem römischen Reich: 1690, der Wilhelmine Amalia: 1699, dem römischen Kaiserreich, Böhmen und den Provinzen usw. 1705, dem Himmel zurückgegeben im Jahre 1711, dem 17. April. Überall ein beständiger Sieger.

Auf der linken Seite des Velums:

OSTENDUNT TERRIS HUNC TANTUM FATA
Das Schicksal zeigt diesen nur der Erde.

Die Inschriften auf dem Sarkophag lauten:

Zu Häupten:
VICTORIA, PRIMIGENIA LANDAVIAM, BIS. EXPUGNANS MDCCI ET MDCCIV
Der allererste Sieg, zweimal Landau erobert 1701[52] und 1704.

Zu Füßen:
VICTRIX CAUSA BARCELONAM LIBE RAVIT MDCCVI
Die siegreiche Sache hat Barcelona befreit.

An der linken Längsseite:
VICTORIA MAXIMA BELGIO UNA EXPEDITIONE RECUPERATO MDCCVI
Der größte Sieg, die in einem einzigen Feldzug zurückeroberten Niederlande 1706.

An der rechten Längsseite:
TAURINI LIBERTATEM EIUSDEM ANNI MDCCVI MEMO RABILIS FELICITAS ADSERVIT
Das denkwürdige Glück desselben Jahres 1706 stellt die Freiheit von Turin sicher.

Alle Inschriften sind aus Silber.

Die Schlacht von Turin (1706).
Detail am Sarkophag Josephs I.

143

Detail am Sarkophag Josephs I., Tod im Visier.

Detail am Sarkophag Josephs I., Medaillon mit dem Porträt des Kaisers.

34 AMALIA WILHELMINA – GEMAHLIN JOSEPHS I.

geboren 21. 4. 1673, gestorben 10. 4. 1742

Sie war die Tochter Herzog Johann Friedrichs von Braunschweig-Lüneburg und wurde per procuratorem in Modena am 15. Jänner und in personam in Wien am 24. Februar 1699 mit Kaiser Joseph I. vermählt. Vor ihrer Vermählung trat sie von der protestantischen zur katholischen Konfession über und veränderte aus diesem Anlaß ihren Namen von Wilhelmina Amalia in Amalia Wilhelmina. Nach dem Tod Kaiser Josephs I. (1711) lebte sie mit ihren beiden Töchtern Maria Josepha und Maria Amalia in dem ihr als Witwensitz zugewiesenen Schloß Schönbrunn und im Winter in jenem Teil der Hofburg, der nach ihr Amalienburg genannt wurde.

1716 berief sie die Nonnen des hl. Franz von Sales aus den Niederlanden nach Wien und kaufte ihnen das Haus des Freiherrn von Quarient auf dem Rennweg. Am Tag der Geburt der späteren Kaiserin Maria Theresia – am 13. Mai 1717 – legte sie den Grundstein zum Klostergebäude, welches 1719 vollendet wurde. Amalia Wilhelmina behielt sich eine Wohnung im Kloster vor, ohne sich jedoch gänzlich dorthin zurückzuziehen.

Ihrer Ehe mit Kaiser Joseph I. entstammen drei Kinder: Leopold Joseph (1700–1701), Maria Amalia (1701–1756; sie heiratete 1722 Karl Albrecht von Bayern, der die Rechtmäßigkeit der Pragmatischen Sanktion anfocht) und Maria Josepha (1699–1755; sie heiratete 1719 den Kurfürsten von Sachsen und König von Polen August II./III.; Josepha war die Mutter von Herzog Albrecht von Sachsen-Teschen, dem späteren Schwiegersohn Maria Theresias und Begründer der Wiener Albertina).

Blick gegen den Amalien-Trakt der Hofburg.

Amalia Wilhelmina von Braunschweig-Lüneburg (1673–1742), Gemahlin Kaiser Josephs I., in Witwentracht. Am „Stirnzüngel“, den weißen Ärmeln und dem „Geschmuck“ ist erkennbar, daß die Trauerzeit bereits abgelaufen ist.

147

Als ihre Schwiegersöhne in den Erbfolgekrieg gegen Österreich eingriffen, zog sich Amalia Wilhelmina ins Kloster zurück, wo sie 69jährig starb.

Ihrer eigenen Verfügung gemäß wurde ihrem Leichnam nur das Herz entnommen und in einer Herzurne in der Kaisergruft neben dem Sarg ihres Gemahls beigesetzt.

Ihr Körper ruht unter dem Hochaltar der Kirche der Salesianerinnen[53].

DIE HERZURNE

Sie hat die Gestalt eines Doppeladlers aus schwarzem Marmor. Auf der Brust des Adlers liegt die Herzkapsel; sie war ursprünglich aus Gold und wurde später durch Messing ersetzt.

Die Inschrift auf niedrigem Piedestal in erhabenen Goldbuchstaben lautet:

AMALIA. WILH. AUG. COR SUUM AD. PED. JOSEPH. IMP. A. CONIUG. DULCISS. REP. IUSS. XIV.[54] AP. CICI-CCXLII

Amalia Wilhelmina Kaiserin, hat ihr Herz zu Füßen des Kaisers Joseph von Österreich, ihres allerliebsten Gemahls, legen lassen, den 14. April 1742.

Die Herzurne von Amalia Wilhelmina befindet sich zu Füßen des Sarkophages ihres Gatten Josephs I.

33 LEOPOLD JOSEPH – SOHN JOSEPHS I.

geboren 29. 10. 1700, gestorben 4. 8. 1701

Der einzige Sohn Josephs I. und seiner Gemahlin Amalia Wilhelmina wurde von Kardinal Kollonitsch in der Ritterstube der Hofburg getauft und erhielt die der Heiligenverehrung der Zeit entsprechenden Namen Leopoldus, Josephus, Joannes, Thaddäus, Narcissus, Antonius, Ignatius, Xaverius, Philippus.

Nach seinem Tod wenige Monate später wurde der Körper in Anwesenheit von vier Leibärzten geöffnet, die Organe nach der üblichen Art entnommen und in zwei kupferne Kessel gegeben. Anschließend wurde das tote Kind mit einem Kleidchen und mit Kränzen geschmückt auf einen Polster gebettet.

Eine Kammerfrau, von zwei Kammerdienern begleitet, trug den Leichnam zur Hofkapelle, die mit rotem Damast ausgeschlagen war. Dort legte sie ihn auf eine drei Stufen hohe Bühne zur Exposition, während die Geistlichen ihre Rituale vollzogen.

Um acht Uhr abends wurden die beiden kupfernen Kesselchen (auch das Herz) nach St. Stephan geführt. Kurz darauf wurde der kleine Körper vom obersten Hofmeister, Fürst von Salm, aufgenommen und durch die Frau Aja (Kammerfrau) in den Sarg gelegt. Zwei Kammerherren verschlossen die beiden Schlösser des Sarges.

Sechs Kämmerer trugen den Sarg auf den Burgplatz, wo ein mit sechs Pferden bespannter Hofwagen wartete.

Die Frau Obrist Hofmeisterin begleitete den Wagen bis zu den Kapuzinern, wo der Dompropst, assistiert von anderen Geistlichen, das kirchliche Zeremoniell verrichtete.

DER SARKOPHAG

Der glatte Kindersarkophag steht auf vier ornamentierten Füßen und ist nur mit dem österreichischen Wappen auf reich ornierter Kartusche, die mit dem Erzherzogshut bekrönt ist, geschmückt. Rechts und links davon befindet sich ein kleiner Genius als Mittelstück.

Auf dem Deckel sind ein Kruzifix und die Inschriftentafel angebracht. Je vier Blattornamente verzieren den Ober- und Unterteil.

Die Inschrift lautet:

O LUCTUM! SERENISSIMUS LEOPOLDUS IOSEPHUS SAECULARI ANNO 1700 DIE 29 OCTOBRIS GENITUS IAM ANNO 1701 DIE 4 AUGUSTI CAELO AC URNAE HUIC ILLATUS QUI LEOPOLDI M. NEPOTEM IOSEPHI. I. ROM: AC HUNGARIAE REGIS ET AMALIAE FII·IUM PRIMOGENITUM SPEM IPSAM HUMANI GENERIS INCIDIT.

O trauriger Schmerz! Der durchlauchtigste Leopold Josef, der im Jahre 1700, am 29. Oktober geboren, schon im Jahre 1701, am 4. August in den Himmel und in diesen Sarg versetzt wurde. Wie hart war der Schlag, der Leopolds des Großen Enkel, den erstgeborenen Sohn Josefs I. des römischen Kaisers und Königs von Ungarn und der Amalia, die Hoffnung des Menschengeschlechts zerstörte.

Maria Elisabeth auf einem Stich von Salomon Kleiner.

38 MARIA-ELISABETH – TOCHTER LEOPOLDS I.

geboren 13. 12. 1680, gestorben 16. 8. 1741

Von 1717 bis 1797 gehörten die südlichen Niederlande – sie entsprachen in etwa dem heutigen Belgien – zu Österreich. Nach der Demission des Prinzen Eugen als Statthalter im Jahre 1725 wurde Ehgn. Maria Elisabeth, die begabte Schwester Kaiser Karls VI., von ihrem Bruder mit umfangreichen Vollmachten gegenüber dem Klerus des Landes und den Provinzialständen ausgestattet und zur Gubernantin der Niederlande ernannt. Im Hofprotokoll hieß es in diesem Zusammenhang: *„Im August 1725 wurden der nach den Niederlanden als Gubernantin abgehenden Erzherzogin Elisabeth im Hofstaate die Jesuiten P. Martin Prettner als deutscher Prediger und P. Amoidt als Beichtvater mitgegeben.“*[55] Der Prediger erhielt 2000 fl. Hofbesoldung *„für Alles und Alles“*. Ihre Hofhaltung in Brüssel, wo sie nach dem Willen ihres Bruders residieren sollte, bestand aus 250 Personen, die strenger, höfischer Etikette folgten.

Obwohl Elisabeths autoritäre Politik bei den Provinzialpolitikern nicht immer Beifall fand, war sie bei der Brüsseler Bevölkerung auch wegen ihrer Frömmigkeit beliebt. Küchelbecker[56] schrieb: *„Es ist Dieselbe eine Dame von sehr hohem Verstande und verstehet nicht nur Italienisch und Französisch, sondern auch so gut Lateinisch, welcher letztern Sprache sie dergestalt kundig ist, daß Sie dieselbe wie die teutsche reden und schreiben kan.“*

Als Maria Elisabeth 1741 in Brüssel starb, wurde sie zunächst in der Kirche der Heiligen Michael und Gudula beigesetzt. Infolge der Kriegswirren konnte der testamentarisch ausgesprochene Wunsch der Erzherzogin-Regentin, in der Wiener Kaisergruft bestattet zu werden, erst Jahre später erfüllt werden: Am 24. April 1749 um 8 Uhr abends kamen die Leichname von Maria Elisabeth und Maria Anna, der 1744 verstorbenen Schwester Maria Theresias, mit einer Kutsche bei der Kaisergruft an. Sie waren in Bleifolien, die sich in hölzernen Särgen befanden, eingehüllt.

1754 wurden die jetzigen Sarkophage durch Balthazar Ferdinand Moll verfertigt und die beiden Toten ohne Holzsärge in die neuen Truhen gelegt, wobei 81 Kapuziner, brennende Kerzen in den Händen haltend, dem feierlichen Akt beiwohnten[57].

DER SARKOPHAG

Der Sarkophag auf einem Marmorsockel ist eine prächtige Arbeit aus Zinn von Balthazar Ferdinand Moll.

Die Ziselierungen auf dem Deckel zeigen eine reich ornamentierte Decke mit Arabesken. Der österreichische Erzherzogshut überhöht den Wappenschild, der von Rosengewinden bekränzt ist.

Die Inschrift befindet sich am Fußende:

CINERES M. ELISABETHAE. ARCHID. A. AETERNI. NOMINIS. CAESARUM. NEPTIS. FILIAE. SORORIS. BELGAR. MODERATRICIS. SAPIENTISS. AN. MDCLXXX. XIII. DEC. LENTIIS. AUSTRIACOR! NATAE. AN. MDCCXLI. XXVI. AUG. MARIEMONTII. IN. HANNONIA. DENATAE.

Asche der Maria Elisabeth, Erzherzogin von Österreich, Enkelin, Tochter und Schwester unsterblicher Kaiser, weisester Statthalterin der Niederlande, im Jahre 1680, den 13. Dezember, zu Linz in Österreich geboren, im Jahre 1741, den 16. August, zu Marienberg im Hennegau gestorben.

*Der Sarkophag der Erzherzogin-Regentin Maria-Elisabeth (links) neben dem Sarkophag Maria Annas,
der Schwester Maria Theresias.*

40 KAISER KARL VI.

geboren 1. 10. 1685, gestorben 20. 10. 1740

Kaiser Karl VI. war der Sohn Kaiser Leopolds I. und der Eleonore Magdalena von Pfalz-Neuburg.[58] Als der letzte spanische Habsburger Carlos II. 1700 starb und sein Testament zugunsten des französischen Königshauses (Nachfolger Philipp V.) von Kaiser Leopold I. angefochten wurde – denn auch dieser erhob Anspruch auf den spanischen Thron (1. Ehe mit Margarita Teresa) –, wurde Karl 1703 als Karl III. zum spanischen König proklamiert. Es gelang ihm jedoch nach Antritt seiner Regierung in Spanien nicht, den französischen Ansprüchen auf den Thron wirksam zu begegnen, und so durfte er sich nach militärischen Rückschlägen de facto nur noch „König der Katalanen" nennen. Nach dem Tod seines Bruders Joseph I. kehrte er nach Wien zurück, um dessen Nachfolge anzutreten.

Er wurde König von Böhmen, im Herbst 1711 römisch-deutscher Kaiser und 1712 König von Ungarn. Nach dem spanischen Erbfolgekrieg verlor er die spanische Krone und die Kolonien an seinen Gegner Philipp von Anjou, während die südlichen Niederlande und die spanischen Besitzungen in Italien zu Österreich kamen.

1713 schuf Karl mit der Pragmatischen Sanktion einen Erbvertrag, der im Falle eines Aussterbens der Familie in der männlichen Linie den Töchtern Karls VI. vor denen Josephs die Nachfolge sichern sollte. Die Anerkennung und Sicherung der Erbfolge der Erzherzogin Maria Theresia wurden zum wichtigsten Aspekt seiner Politik gegenüber anderen europäischen Staaten und deren Garantien. Seine letzten Regierungsjahre waren von diplomatischen und militärischen Mißerfolgen überschattet.

Wie sein Vater war Karl VI. ein guter Musiker. Durch ihn erfolgte die Berufung von Antonio Caldara, von Johann Joseph Fux sowie des bedeutendsten Dichters seiner Zeit, Pietro Metastasio, nach Wien.

Das künstlerische Niveau der Konzepte von Johann Bernhard Fischer von Erlach und die Allegorien Daniel Grans und Michael Rottmayrs entsprachen dem Geist ihres Auftraggebers. Karl VI. hatte zwar kein Interesse am Weiterbau Schönbrunns – sein Schloß war die Favorita, das heutige Theresianum –, er gab jedoch den Auftrag, vor den Toren Wiens, in Klosterneuburg, ein zweites Escorial zu errichten – Kloster und Residenz in einem Gebäude. Das Bauwerk blieb freilich unvollendet.

Die zehn Jahre in Spanien hatten Karl VI. in Weltanschauung, Lebensstil und in seinem Verhältnis gegenüber Kunst und Künstlern geprägt. Er gehörte zu den größten Mäzenen des Habsburgischen Hauses.

Kaiser Karl VI. mit einem Edelknaben. Unbekannter Hofmaler.

Der Sarkophag Karls VI. in der endgültigen Fassung von B. F. Moll. Das Relief in der Mitte zeigt die Schlacht von Saragossa.

DER SARKOPHAG

Der ursprüngliche Sarkophag war ein Gemeinschaftswerk von Nikolaus Moll, dem älteren Bruder Balthazar Ferdinands, und Johann Georg Pichler.

Der Holzsarg wurde am 18. Oktober 1742 um 1 Uhr nachts in den fertigen Prunksarg eingefügt.[59]

„Beede" Bildhauer erhielten 1743 *„wegen für Carl VI und die Erzherzoginnen Elisabetha und Carolina verfertigt 3 zinnernen Särge"* 3645 fl.

Dieser ursprüngliche Sarkophag wurde 1747 von Salomon Kleiner gestochen und ist somit der Nachwelt erhalten. Der Stich zeigt die gebauchte Truhe auf reich ornamentierten volutenförmigen Stützen und ein Waffentableau in der Mitte der Längsseiten um die von Eichenlaub umgebenen Initialen C Ɔ für Carolus Caesar (= Kaiser Karl). Der Deckel trug die trauernde Austria mit dem Brustbild des Kaisers und dem Genius, der das Zeichen der Unvergänglichkeit emporhebt.

Die bei der letzten Restaurierung deutlich sichtbar gewordene Signatur auf der Figurengruppe „trauernde Austria und Genius" weist ebenfalls auf Nikolaus Moll. Die Figurengruppe zeigt eine vollendete Beherrschung der Körperstruktur. Es besteht eine gestaltliche Bezugnahme zu Michelangelos Grabfiguren in der Medicikapelle in Florenz und zu G. R. Donners Brunnenfiguren auf dem Neuen Markt (1739).

Blick auf die rechte Schmalseite des Sarkophages Karls VI. In einer großen Kartusche ist die Widmung Maria Theresias an ihren Vater eingraviert.

Als Balthazar Ferdinand Moll 1751 – sein Bruder Nikolaus war 1743 gestorben – den Sarkophag der Elisabeth Christine vollendet hatte, war dieser im wesentlichen der Form des von seinem Bruder verfertigten Sarges angepaßt.

Weil Maria Theresia den Sarkophag ihres Vaters weniger prächtig fand als den ihrer Mutter, erhielt der Künstler den Auftrag, ihn in seine jetzige repräsentative Form zu bringen *("in augustiorum adhuc formam")*. Molls 1752 abgeschlossenes Werk bestand in der Hinzufügung der vier Kronen und der vier Löwen, die den Sarg tragen, sowie der Schlachtenreliefs.

Beinahe die gesamte vordere Längsseite nimmt das Schlachtenrelief von Saragossa am 20. August 1710 ein. Darunter sind der Doppeladler mit der Rudolfskrone, Szepter und Schwert angebracht. An den vier Ecken befinden sich Schilder mit den Wappen des hl. röm. Reiches, Kastiliens, Böhmens und Ungarns. Jedes der Wappenschilder ist von Kriegstrophäen umgeben und von einem Totenkopf, der die Krone des jeweiligen Reiches trägt, überhöht.

Der Deckel des Sarkophags ist wie ein reich ziselierter Überwurf ausgestattet und mit arabesken Mustern durchwirkt. Die trauernde Austria – erkenntlich am österreichischen Wappenschild – hält zusammen mit dem Genius das lorbeerbekränzte Medaillonbild des Kaisers über einer Weltkugel. Das Medaillon wird von einem in den Wolken schwebenden Stern und der sich selbst verzehrenden Schlange, dem Sinnbild der Ewigkeit, bekrönt.

Detail am Sarkophag Karls VI. Das Bildmedaillon wird von einem Genius und der trauernden Austria gehalten.

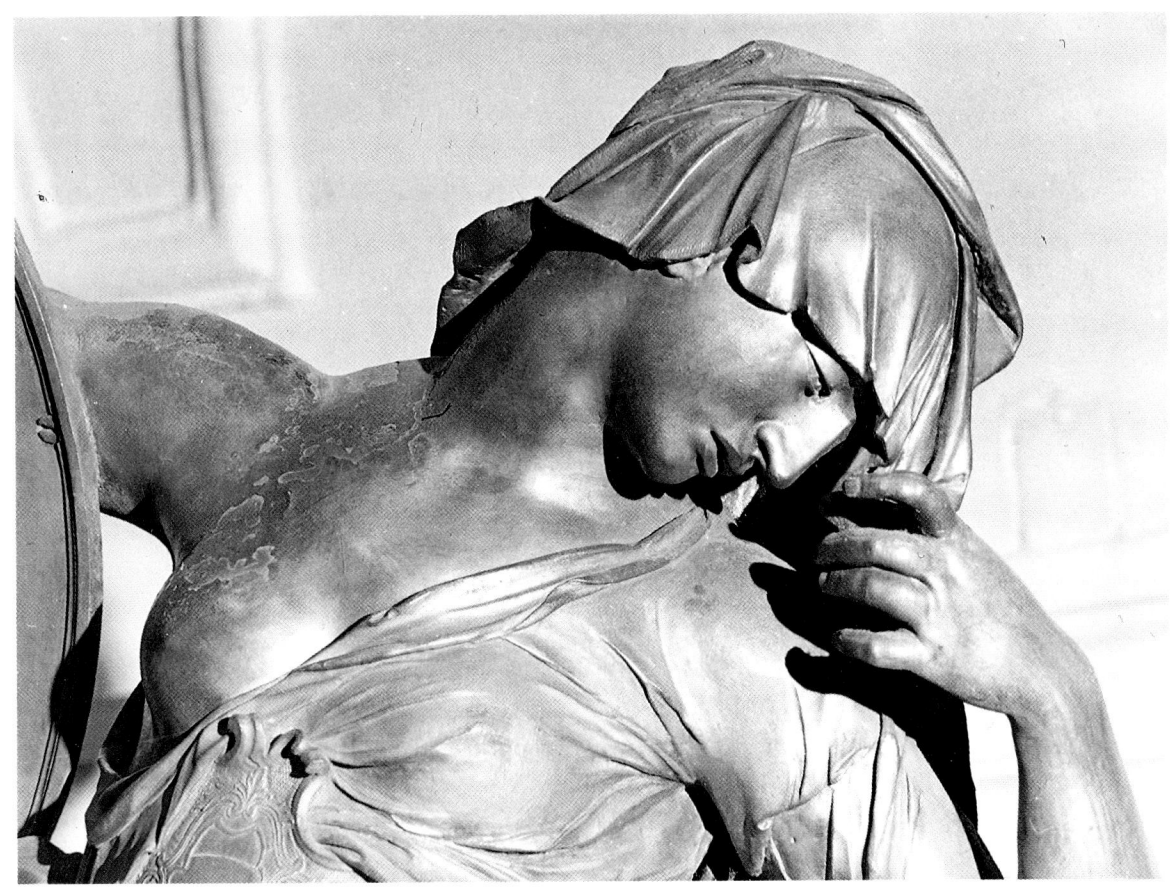

Links liegen auf einem Polster Erzherzogshut, Szepter, Schwert und das goldene Vlies, rechts auf einem anderen Polster Reichsapfel, Streitkolben und ein Ma-
nipulus, das Zeichen der römischen Imperatorenwürde.
Auf der Rückseite des Sarges zeigt das Relief die Schlacht von Belgrad vom 16.
bis zum 18. August 1719. Die mit Rosengewinden bekränzten Kartuschen sind
von großer Prägnanz.
Molls Name ist auf dem Sarg zweimal signiert. Er war zwanzig Jahre lang *der*
Zinngießer des Kaiserhauses und ein Protegé der Kaiserin Maria Theresia.
Die Inschriften sind auf zwei großen Kartuschen an den Schmalseiten einge-
meißelt.

Zu Häupten des Sarges:

AET. MEM. SAC. INFANDUM. DOLOREM. RENOVANT SACRI. CINERES. DIVI.
IMP. CAROLI VI. AUG. P. FEL. P. P. CONSTANTIA. ET. FORTITUDINE. AUSTRIA-
CI. NEC. SOLUM. IN. UTRAQUE. SED. IN. OMNIBUS. HEROICIS. VIRTUTIBUS.
CONSUMMATISSIMI. PERFECTISSIMIQ. CAESARIS. QUI. ADHUC. IN. SE-
PULCHRO. VIVIT. UT. SCIAS. VIATOR. VEL. SEPULTAM. MAIESTATEM. NUN-
QUAM INTERIRE.

Der ewigen Erinnerung gewidmet. Unsäglichen Schmerz erneuert die heilige
Asche des hochseligen, allerdurchlauchtigsten Kaisers Karl VI., der überaus
glücklich und vollkommen in der Beständigkeit und Tapferkeit eines Österrei-

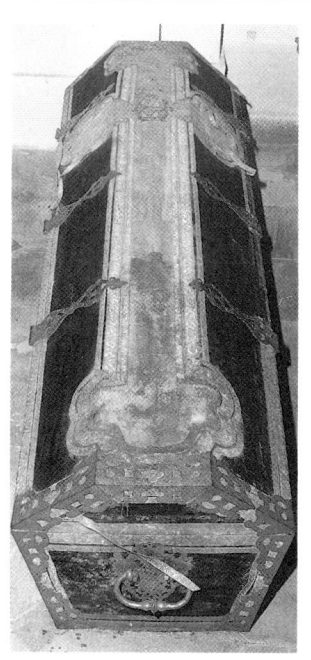

Innensarg Kaiser Karls VI.

chers, und nicht nur in diesen beiden, sondern in allen heroischen Tugenden ein ganz vollendeter und tüchtiger Kaiser war, der noch im Grabe lebt, damit du weißt, Wanderer, daß die Majestät auch begraben nie untergeht.

Am Fußende des Sarges:

COMMODATUS. PUBL. SALUTI. AN. CHR. D. N. MDCLXXXV. KALENDIS. OCTO-BRIS. COELESTI. PATRIAE. REDDITUS. A. MDCCXL. XIII. KAL. NOV. NULLUM. POTUIT. MONUMENTUM CLARIUS. RELINQUERE. QUAM. EFFIGIEM. SUAE. VIRTUTIS. SAPIENTIAE. PIETATIS MARIAM. THERESIAM. AUGUSTAM. REG-NANTIS. IUSTITIAE. ET. CLEMENTIAE. DECUS. EXEMPLAR. DISCIPLINAM. VI-XIT. ANN. LV. D. XIX., H. IIX.

Dem allgemeinen Wohl verliehen im Jahre Christi, unseres Herrn 1685, den 1. Oktober, der himmlischen Heimat zurückgegeben im Jahre 1740, den 20. Okto-ber, konnte er kein vortrefflicheres Denkmal hinterlassen als das Bild seiner Tu-gend, Weisheit und Frömmigkeit, Maria Theresia, die Kaiserin, der Gerechtig-keit und Güte eines Herrschers Zierde, Vorbild und Richtschnur. Er lebte 55 Jahre, 19 Tage und 8 Stunden.

36 *ELISABETH CHRISTINE – GEMAHLIN KARLS VI.*

geboren 28. 8. 1691, gestorben 21. 12. 1750

Elisabeth Christine war die Tochter des Herzogs Leopold Rudolph von Braun-schweig-Wolfenbüttel und seiner Gemahlin Christina Luise von Öttingen.
Nach inneren Kämpfen trat sie am 1. Mai 1707 in Bamberg zum katholischen Glauben über, um 1708 Karl III. von Spanien, den Bruder Kaiser Josephs I., zu heiraten. Sie unterstützte ihren Gemahl oft bei den Regierungsgeschäften. So blieb sie, nachdem Karl nach dem Tod Josephs I. 1711 nach Wien zurückgekehrt war, noch zwei Jahre als Generalkapitän in Barcelona.
Der venezianische Gesandte erwähnte 1736 ihre Menschenkenntnis und Ur-teilskraft und berichtete auch, daß sie sich in den letzten Lebensjahren oft in die Politik eingemengt habe.
In ihrer Jugend wurde sie wegen ihrer stattlichen Schönheit gerühmt und hatte ihrer Tochter Maria Theresia neben äußeren Körpermerkmalen auch charakter-liche Eigenschaften wie Entschlußfähigkeit und Durchsetzungsvermögen ver-erbt.
Von ihren vier Kindern verstarben Leopold (1717) und Maria Amalia (1724–1730) im Kindesalter[60].

DER SARKOPHAG

Maria Theresia ließ durch Balthazar Ferdinand Moll für ihre Mutter einen Zinnsarg herstellen, dessen Teile am 23. und 24. August 1751 in die Gruft ge-bracht und vom Künstler selbst am 25. August zusammengefügt wurden.
Am 26. August 1751 fand im Beisein des geheimen Zahlmeisters Carl von Dier und des Grafen Königsegg die Beisetzung der Kaiserin statt.[61]
Der Sarkophag steht auf einem Marmorsockel. Die vier Genienköpfe mit ver-hülltem Antlitz erinnern an das Hemma-Grab im Gurker Dom. Sie stammen

Kaiserin Elisabeth Christine, die Mutter Maria Theresias, in Jagdtracht.

Detail am Sarkophag Kaiserin Elisabeth Christines, der Mutter Maria Theresias.

von Antonio Corradini, einem Lehrer Georg Raffael Donners, und ruhen auf schneckenförmig auslaufenden Konsolen, die reich mit Blumengehängen verziert sind.

Auf dem Mittelschild der vorderen und hinteren Längsseite zeigen die reich ornierten Kartuschen das plastische Relief der Hochzeitsreise zu Schiff nach Barcelona im Juli 1708. Über dem Leuchtturm schwebt ein Adler, der dem Hochzeitspaar, die Reichskrone in den Fängen, nachfliegt.

Als Mittelfuß dient ein lorbeerbekränzter Totenkopf. Der Sarg ruht auf vier einköpfigen Adlern mit gespreizten Schwingen.

Auf dem Deckel hält ein stehender Genius gemeinsam mit einem knienden Engel das Medaillon mit dem Bildnis der Kaiserin. Links davon liegen auf reich verziertem Polster die Rudolphskrone und die Krone Spaniens, rechts auf einem zweiten Polster die Reichskrone und die böhmische Königskrone neben einem Szepter.

Am Fuß- und Kopfteil ist je eine Inschriftentafel in reicher Kartusche angebracht. Die Signatur Molls ist erkennbar.

Das Relief am Sarkophag Elisabeth Christines zeigt die Hochzeitsfahrt nach Barcelona. Die Heirat selbst fand in der Hietzinger Pfarrkirche statt.

Detail. Ein Genius hält gemeinsam mit einem Putto das Medaillon der Kaiserin. Ein Schlangenring als Ewigkeitssymbol bekrönt die Plastik.

161

Inschrift zu Häupten:

PIETATI, ET. PERPETUITATI. DIVAE. ELISABETHAE. CHRISTINAE. VIRTUTIS. ET SAPIENTIAE. GLORIA. COMMEMORANDAE. AN. MDCXCI. XXVIII. AUG. IN. VITAM. INGRESSAE. AN. MDCCVIII. I. AUG. CAROLO. BARCINONAE. FELICI. CONNUBIO. IUNCTAE. AN. MDCCXI. XII. OCT. IMPERII. QUO. NULLUM. EST. SACRATIUS. HONORIFICENTIA. EXALTATAE. AN. MDCCXIV. X. OCT. APOSTO-LICI. INSIGNIBUS. REGNI. GLORIFICATAE. AN. MDCCXXIII. VIII. SEP. SACRA. UNCTIONE. PRAGAE. SANCTIFICATAE. AN. MDCCL. XXI. DEC. MORT. NON. CONSUMTAE. SED. CONSUMMATAE. AETERNA. ENIM. FELICITAS. SPEI. CHRI-STIANAE. FINIS. EST.

In Liebe und zur Verewigung der hochseligen Elisabeth Christine, der ob ihrer Tugend und Weisheit ruhmwürdigen, die im Jahre 1691, den 28. August, ins Leben getreten, im Jahre 1708, den 1. August, mit Karl in Barcelona in glücklicher Ehe verbunden, im Jahre 1711, den 12. Oktober, zur allerhöchsten Würde einer Kaiserin erhoben, im Jahre 1714, den 10. Oktober, mit den Insignien des apostolischen Königreiches geschmückt, im Jahre 1723, den 8. September, in Prag durch heilige Salbung geweiht, im Jahre 1750, den 21. Dezember, gestorben ist, nicht verzehrt, sondern vollendet, denn die ewige Glückseligkeit ist das Ziel der christlichen Hoffnung.

Inschrift am Fußende:

HAEC. ITAQ. COELESTI. VIRTUTE. FEMINA. NATURAE. FORTUNAE. GRATIAE. DONIS. IPSAQUE. ORIS. CORPORISQ. GRAVI. MAIESTATE. SUSPICIENDA. SUB. EXPEDITIONE. HISPANICA. COMES. LABORUM. SOLLICITUDINUM. CU-RARUM. IN. SUMMO. FASTIGIO. REGIO. PRIVATORUM. SORTEM. EXPERTA. EST. LUSTRATIS. TERRA, MARIQ. FINIBUS. IN. GERMANIAM. REDUX. OPT. OPTATIS. Q. OPTIMATUM. CIVIUM. PAUPERUM. MATER. NON. RARO. ABSTERSIT. IL-LORUM. LACRUMAS QUORUM. OCULOS. NON. VIDIT. DESIDERIO. TRANSMUN-DANI. ILLIUS. IMPERII. ACCENSA. TEMPORIS. ET. NATURAE. MISERIAS. FORTI-TER. TULIT. ATQUE. INAUDITA. SE. IPSAM. CONSTANTIA. VICIT. EDITISQ. IL-LUSTRIBUS. EXEMPLIS. ADHUC. IN. SEPULCHRO. VIVIT.

Diese Frau also, von himmlischer Tugend, mit ihren Gaben der Natur, des Glücks und der Gnade selbst schon ob der erhabenen Majestät des Antlitzes und der Leibesgestalt verehrenswert, hat im spanischen Feldzug als Gefährtin in Arbeit, Mühe und Sorge auf dem höchsten Gipfel der Königsmacht das Los der gewöhnlichen Menschen geteilt und ist nach ihren Reisen zu Land nach Deutschland zurückgekehrt, die beste und geliebteste Mutter der Adeligen, der Bürger und der Armen gewesen. Nicht selten wischte sie die Tränen jener ab, deren Augen sie nicht sah[62]. Von Verlangen nach jenem überirdischen Reich entflammt, ertrug sie tapfer die Unbilden der Zeit und der Natur, und mit unerhörter Standhaftigkeit hat sie sich selbst besiegt und durch ihr leuchtendes Beispiel lebt sie noch heute im Grabe.

39   MARIA ANNA – TOCHTER KARLS VI.

geboren 14. 9. 1718, gestorben 16. 12. 1744

Maria Anna wurde 1744 mit Carl Alexander von Lothringen, dem Bruder Franz Stephans, vermählt. Das Paar zog als Statthalter der Niederlande nach Brüssel. Dort verstarb die Erzherzogin bereits im Dezember desselben Jahres im Kindbett: „... *kam am 28. Dec. die Nachricht, die Frau Erzherzogin habe ihr Tugend volles Leben so fruhezeittig im 26. Jahr Dero alters, in abwesenheit des Herrn Ehegemahls, welcher die Königl. armee in Böheim und Schlesien gegen den König von Preussen commandiren, zum Höchsten allgemeinen Leydweesen zu Brüssl den 16. Dez. Mittags geendiget.*"[63]

Maria Anna wurde zunächst gemeinsam mit ihrem Kind[64] im Dom der Heiligen Michael und Gundula in Brüssel beigesetzt und später nach Wien überführt.

Maria Anna im Alter von neun Jahren.

DER SARKOPHAG

Den Deckel ziert eine reich ornamentierte, mit Arabesken geschmückte Decke mit starkem Faltenwurf. Darauf befindet sich das Sinnbild der Ewigkeit, die sich verzehrende Schlange.

Am Hauptteil sind in schön geschwungener Kartusche zwei Wappenschilder angebracht, links das österreichische, rechts jenes von Lothringen, die vom Erzherzogshut überhöht werden. An den Längsseiten befinden sich Rosetten als Schmuckmotive.

Sechs reich verzierte Bärenpratzen als Füße tragen den Sarg, der auf einem Marmorsockel ruht und von B. F. Moll angefertigt wurde.

Zu Füßen des Sarkophags findet sich die Inschrift:

MEMORIA NUNQUAM MORITURA DIVAE MARIAE ANNAE ARCHID. ET. HISPANIAR. INF. BELGARUM GUBERNATRICIS AUSPICATISSIMAE AN. MDCCXVIII. XIV. SEPT. EDITAE CAR. LOTH. D. REG. IMPERATORIS. FRATRI. UNICO. DESPONSATAE EODEMQ. AN. MDCCXLIV. XVI. DEC. PUBLICAE. SPEI. EREPTAE.

Unsterbliches Andenken an die hochselige Maria Anna, Erzherzogin und Infantin von Spanien, die glücklichste Statthalterin der Niederlande, die im Jahre 1718, den 14. September, geboren, mit dem königlichen Herzog Karl von Lothringen, dem einzigen Bruder des Kaisers, vermählt und im selben Jahre 1744, den 16. Dezember, der allgemeinen Hoffnung entrissen wurde.

Sarkophag von Maria Anna.

IV. DIE MARIA-THERESIEN-GRUFT

Beeinflußt durch Strömungen innerhalb der französischen Architektur, schuf der vom Kaiser begünstigte Architekt Jean Jadot de Ville-Issey ein religiöses Bauwerk, ohne die Forderungen der höfischen Repräsentation zu vernachlässigen. Am eindrucksvollsten gestaltete er den mit einer Kuppel bekrönten und nach den Vorstellungen des Kaiserpaares Franz Stephan und Maria Theresia geschaffenen Rokokozentralraum.

Um den prachtvollen Riesensarkophag des Herrscherpaares gruppieren sich die eleganten Rokokosärge jener Kinder, die, mit Ausnahme von Joseph II., alle vor der Kaiserin gestorben sind.

Maria Theresia.

55 MARIA THERESIA
ERZHERZOGIN VON ÖSTERREICH, KÖNIGIN VON BÖHMEN, KÖNIG VON UNGARN

geboren 13. 5. 1717, gestorben 29. 11. 1780

Maria Theresia, Walburga, Amalia, Christina war die älteste Tochter Karls VI. und Elisabeth Christines von Braunschweig-Wolfenbüttel[65]. Durch ihre Vermählung mit Herzog Franz Stephan von Lothringen im Jahre 1736, die sowohl aus Zuneigung als auch aus Staatsraison zustande gekommen war, begründete sie das Haus Habsburg-Lothringen.

Nach dem Tod Karls VI. wurde Maria Theresia infolge der Pragmatischen Sanktion 1741 König (Rex noster Maria Theresia) von Ungarn und 1743 Königin von Böhmen, doch blieb ihr Erbrecht nicht unangefochten. Die allgemeine Anerkennung der Pragmatischen Sanktion erfolgte erst 1748 beim Frieden zu Aachen, als Abschluß des österreichischen Erbfolgekrieges.

Ihre Regierungszeit war durch eine Vielfalt von Reformen gekennzeichnet, bei deren Durchführung sie von hervorragenden Ratgebern unterstützt worden ist. Die neuen Vorstellungen über die Führung eines straff organisierten Staatsgefüges durchdrangen bereits unter Maria Theresia alle öffentlichen Bereiche, aber auch kirchliche Institutionen und Verhaltensweisen. Für die weitere Entwicklung der österreichischen Erbländer war die von ihr begonnene Erneuerung innerer Strukturen von großer Bedeutung.

Maria Theresia und Franz Stephan hatten sechzehn Kinder, von denen zwölf in der Kaisergruft bestattet wurden. Die Kaiserin hatte schon zu Lebzeiten ein besonderes Naheverhältnis zum Tod, auf den sie sich bereits im jugendlichen Alter vorbereitete. Als ihr 1754 die Vollendung des Mausoleums gemeldet wurde, besuchte sie die Gruft, bestieg die Tribüne, um ins Innere zu sehen, und bemerkte: *„Hier wird einmahl gutt ruhen seyn.“*

Ihre Totenkleider hatte sie schon zehn Jahre, die Sandalen fünfzehn Jahre vor ihrem Tod bereitgestellt, die hölzerne Bahre wartete vierzehn Jahre auf ihre Bestimmung, und der Sarkophag erinnerte die Kaiserin sechzehn Jahre ihres Lebens an die Vergänglichkeit des Irdischen.

Maria Theresia starb mit großer Gelassenheit. Bis kurz vor ihrem Tod führte sie die Staatsgeschäfte, sicherte die Pensionen der von ihr abhängigen Höflinge und verabschiedete sich von ihren Kindern: *„Ich bin bei Euch, ich bin Euch nur aus den Augen genommen.“*

Als Joseph sich wenige Minuten vor ihrem letzten Atemzug zu seiner Mutter beugte und sagte: *„Ihro Mayst. ligen* sehr übel“, antwortete sie: *„Ja, aber gut genug um zu sterben.“*

Ihr Tod läßt sich am treffendsten mit den Worten Mathias Claudius' charakterisieren: *„Und ging getrost und voller Zuversicht dem Tod als ihrem Freund entgegen.“* Es war 9 Uhr abends, am Mittwoch, dem 29. November 1780, als die Kaiserin nach vierzig Jahren, einem Monat und neun Tagen Regierungszeit in ihrem vierundsechzigsten Lebensjahr verschied. Die Todesursache war Asthma cardiale[66].

*Maria Theresia, Königin von Böh-
men, Königin von Ungarn.*

geboren 8. 12. 1708, gestorben 18. 8. 1765

Er war der Sohn von Herzog Leopold Joseph von Lothringen und Elisabeth Charlotte von Orleans und lebte seit 1723 am kaiserlichen Hof in Wien. 1729 folgte er seinem Vater als Herzog von Lothringen, da sein älterer Bruder Leopold Clemens 1723 gestorben war.

Bereits vor Beginn des polnischen Erbfolgekrieges wurde Franz Stephan als Gemahl für Erzherzogin Maria Theresia in Aussicht genommen. Durch politische und militärische Transaktionen Frankreichs mußte er 1735 auf Lothringen verzichten und erhielt die Anwartschaft auf das Großherzogtum Toskana. Dort trat er nach dem Tod des letzten Mediceers 1737 die Regierung an und kümmerte sich für zwei Jahre intensiv um die wirtschaftliche Verbesserung des Landes; er bereitete in manchen Bereichen jene Reformen vor, die sein Sohn Leopold später durchführte.

Als Maria Theresia die Regierung in den Erblanden antrat, wurde Franz Stephan von ihr zum Mitregenten und Nachfolger im Reich gewählt und 1745 in Frankfurt zum Kaiser gekrönt.

Seinen naturwissenschaftlichen Interessen verdankt Wien zahlreiche Gründungen und Sammlungen (u. a. das Naturalienkabinett und Münzkabinett) sowie eine wissenschaftliche Bearbeitung des Münzkabinetts[67].

Sein Sinn für Geschäfte und seine Erfolge bei geldwirtschaftlichen Transaktionen bewirkten, daß er nach seinem Tod seinem Nachfolger Joseph II. nicht nur geordnete Finanzen hinterlassen konnte, sondern darüberhinaus die materielle Sicherstellung der Kinder garantiert war.

Die Erträge der käuflich erworbenen Güter wurden durch Industrialisierung und durch eine für die damalige Zeit moderne Betriebsführung gesteigert. Franz Stephan hinterließ das beachtliche Vermögen von fast 18 Millionen Gulden, das vom Staatsvermögen der Monarchie getrennt in unterschiedlichen Kassen verwaltet wurde.

Nachdem Franz Stephan am 18. August 1765 während der Hochzeitsfeierlichkeiten seines Sohnes Leopold in Innsbruck verstorben war, einigten sich Maria Theresia und Joseph II. am 16. Oktober 1765 über die Verwendung der hinterlassenen Barschaft und der angelegten Gelder. Der größte Teil des Privatvermögens mit mehr als 12 Millionen Gulden sollte an den Staat gehen, um die Schuldenlast zu tilgen und den Zinsfuß herabzusetzen. Die Nutzung von zwölf böhmischen Cameralherrschaften, die durch Franz Stephan verwaltet worden waren, fielen an die staatliche Hofkammer. Die restliche Barsumme erhielt Maria Theresia zur Versorgung der elf Kinder, von denen im Jahre 1765 sieben unter 20 Jahre alt waren.

Mit einer Summe von 5,8 Millionen Gulden und den beiden Maria Theresia gehörenden Gütern Mannersdorf und Ungarisch Altenburg wurde der Familienversorgungsfond (Aviticalfond) gegründet.[68] 1919 wurde dieser Familienfonds, zu dem neben der Hofburg, Schönbrunn und Laxenburg, Mietshäuser und land- und forstwirtschaftliche Betriebe von insgesamt 30.000 Hektar gehörten, von der jungen österreichischen Republik beschlagnahmt.

Die Abbildung zeigt Maria Theresias Gemahl, Kaiser Franz Stephan von Lothringen, umgeben von Gegenständen seiner naturwissenschaftlichen Sammlung. Diesem Bild von Zoffany diente ein Gemälde von Martin von Meytens als Vorlage[69].

DER DOPPELSARKOPHAG

Über einem profilierten und gegliederten Marmorsockel aus rotem Adneter Dolomit erhebt sich der Sarkophag auf acht wuchtigen Schörkelfüßen und einem die Mitte schützenden Adler. Der über 3 m lange und 2 m breite Sarg wird von 1,30 m hohen plastischen Figuren auf dem Deckel überragt. Die mittleren Rocaillenfüße an den Schmalseiten werden von Totenköpfen, das Fußende von der österreichischen Hauskrone überhöht, darunter befinden sich gekreuzt Szepter und Schwert. Die reich verzierte Kartusche an der Schmalseite zur Karlsgruft zeigt den Rheinübergang Karls von Lothringen 1744. Darüber wurde 1802 in der Mitte des Deckelrandes ein kleines lorbeergeschmücktes Bildmedaillon der Königin Maria Karolina von Neapel und Sizilien, von dieser selbst im Angedenken an ihre Mutter angebracht.

Die Inschrift auf dem Medaillon lautet:

IUNGERE CUI NEQUEO MATER DULCISSIMA CORPUS HANC NATAE MOESTAM SUSCIPITO EFFIGIEM CIDDCCCII.
Süßeste Mutter, mit der ich den Leib nicht vereinigen kann, nimm hin dieses Trauerbild der Tochter, 1802.

Die Reliefs an den Sarkophagseiten zeigen politische und militärische Ereignisse aus dem Leben und der Regierungszeit des Herrscherpaares. Über den Deckel ist die Prunkdecke gebreitet, auf der sich Maria Theresia und Franz Stephan aufrichten. Die Kaiserin trägt ein mit Perlen und Steinen besetztes Galakleid, ihre linke Hand umfaßt ein Schwert. Der Kaiser trägt römische Imperatorenrüstung. Das Szepter wird von beiden gemeinsam gehalten. Hinter ihnen setzt der Genius mit der Sternenkrone die Posaune ab, mit der er den Schläfern zur Auferstehung bläst.

Der Prunksarkophag des Herrscherpaares von der Franzensgruft aus gesehen.

An den vier Ecken ruhen die trauernden Genien mit den Wappenschildern und Kronen von Jerusalem, Böhmen, Ungarn (rechts unten) und der Reichskrone. An den Schmalseiten zu Häupten befindet sich über der Inschrift die habsburgische und lothringische Krone.

Inschriftentafel zur Rechten:

VIRTUS. SEPULCHRUM. CONDIT. ET. PIETAS. IPSA. PARENTAT. DIVO. ET. AU-GUSTO. FRANCISCO. I. LOTHARINGICO. PATRI. PATRIAE. PIO. MAGNANIMO. INCLYTO. HUMANI. GENERIS. DELICIO. ET. DESIDERIO. ANNO CHRISTI. IESU. MDCCVIII. VIII. DEC. HOC. SIDUS. IN. DECUS. SUAE. GENTIS. EXORTUM. AN. MDCCXXXVI. XII. FEBR. FORMOSUM. SECULI. SPECIMEN. PULCHERRIMAE. DATUM. AN. MDCCXLV. XIII. SEP. DIVINUS. ILLE. PRINCEPS. DEO. ET. IMPE-RIO. ELECTUS. ET. IV. OCTOB. QUI. DIVO. FRANCISCO. PERPETUO. CHRISTI. MIRACULO. DICATUS. CUM. SUMMA. OMNIUM. ORDINUM. EXULTATIONE. SANCTE. AUGUSTEQ. INAURATUS. PRISCORUM. GLORIAS. ET. MAGNALIA. CAESARUM. SUPERGRESSUS. EST. ITA. GERMANORUM. TITUS. FRANCISCUS. AUG. OPT. MAX. SAPIENTIA. MAGNANIMITATE. CLEMENTIA. CETERISQ. VIR-TUTIBUS. REGIIS. HEROICIS. CHRISTIANIS. INCLYTISSIMUS. IN. AUGUSTAM. CONIUGEM. NATOS. QUE. SUAVISSIMOS. ADFECTU ANIMI. FUIT. TENERRI-MO. ET. PIENTISSIMO. QUI. VINDICANDIS. EORUM. IURIBUS. IMPERATOR. ITER. SANQUINEM. ET. VITAM. BELLI. PERICULIS. OBIECIT. ANN. MDCCLXV. XVIII. AUG. OENIPONTI. MORTUUS. XXVIII. VIENNAM. ADVECTUS. XXXI. EIUSDEM. SEPULTUS. EST.

Die Tugend stiftet dieses Grab und die Liebe selber weiht es dem mächtigsten und durchlauchtigsten Franz I. von Lothringen, dem frommen, großmütigen und vielgepriesenen Vater des Vaterlandes, dem ersehnten Liebling des Menschengeschlechtes. Im Jahre Jesu Christi 1708, den 8. Dezember, ist dieser Stern zur Zierde seines Volkes aufgegangen. Im Jahre 1736, den 12. Februar, wurde er als wohlgestaltetes Vorbild der schönsten Frau des Jahrhunderts gegeben. Im Jahre 1745, den 13. September, ist dieser unvergleichliche Fürst für Gott und das Kaiserreich erwählt, und am 4. Oktober, der dem heiligen Franziskus, diesem immerwährenden Wunder Christi geweiht ist, zur größten Freude aller Stände, heilig und erhaben gekrönt worden. An Ruhm und an Großtaten hat er die frühen Kaiser übertroffen.
So war Franz, ein deutscher Titus, der erhabenste, beste und größte Mann, der durch seine Weisheit, Großherzigkeit, Milde und die anderen königlichen, heroischen und christlichen Tugenden besonders hervorleuchtete, gegen die durchlauchtigste Gemahlin und die lieblichen Kinder voll zartester und gütigster Liebe. Zur Verteidigung ihrer Rechte hat er wiederholt Leib und Leben den Gefahren des Krieges ausgesetzt. Im Jahre 1765, den 18. August, ist er zu Innsbruck gestorben, am 28. nach Wien überführt und am 31. desselben Monats begraben worden.

Rechte Längsseite zu Häupten:

ADMINISTRATIONE CAROLI JOSEPHI NOBILIS DOMINI A DIER, CONSILIARII CAESAREO: REGII ACTUALIS AULICI, ET SACRI AERARII PRAEFECTI.
B. F. MOLL F.

Unter Leitung des wohlgeborenen Herrn Karl Joseph von Dier, wirklichen kaiserlich-königlichen Hofrates und Schatzmeisters. B. F. Moll F (fecit).

Die Vorderseite des Reliefs am Doppelsarkophag zeigt den Rheinübergang Karls von Lothringen.

Sarkophagdeckel.

Trauernder Genius mit Wappen und Dornenkrone von Jerusalem.

Trauernder Genius mit Reichswappen und Reichskrone.

Trauernder Genius mit Wappen und Krone von Ungarn.

Trauernder Genius mit dem Wappenschild und Krone von Böhmen.

Inschriftentafel zur Linken:

HIC. AUGUSTO. CUM CONIUGE. QUIESCIT. MARIA. THERESIA. IMPERATR. RE-
GINA. IUSTA. CLEM. D. CAROLI. IV. AUG. AUSTR. ET. ELISABETHAE. BRUNSVIC.
FIL. BONO. REI. PUBL. NATA. AN. M. D. CCXVII. XIII. MAII. FRANCISCO. III. LO-
THARINGO. AUG. FELICISS. NUPTA. M. D. CCXXXVI. SANCTUM, CONIUGII.
AMOREM. AD. SEPUCHRUM (!). USQUE. PULCHRO. CHRISTIAN. PRINCIPUM.
EXEMPLO. EUNDEM. SERVAVIT. CUI. FRUCTUS. DULCISSIMOS. DEUS. IMPER-
TIIT. SOBOLEM. NUMEROSAM. VENUSTISS. PARENTIBUS. SIMILLIMAM. APO-
STOLICAM. HUNGARIAE. CORONAM. MDCCXLI. XXV. IUN. POSONII. BOHEMI-
CAM. PRAGAE. RECEPIT. M. DCCXLIII. XII. MAII.
SOLA. FERE. SED. DEO. NIXA. PIETATE. ET. CONSTANTIA. PATERNA. REGNA.
CONTRA. HOSTES. POTENTISS. ADSERVIT. ROM. IMPERII. MAIESTATEM. DO-
MUI. SUAE. RESTITUIT. HUIUS. PROVIDENTISSIMAE. PRINCIPIS. SAPIENTIAE.
DEBET. PATRIA. RELIGIONEM. FIRMATAM. ORNATAM. QUE. DISCIPLINAM.
MILIT. ET. BONARUM. ARTIUM. CULTURAM. TRIBUTORUM. AEQUITATEM.
ET. COMMERC. COMMODA. INSTAUR. APERTAS. NOBILI. IUVENTUTI. VIRTU-
TIS. ET. SCIENT. PALAEST. TRANQUILLITATEM. VIRTUTUM. QUE. OMN. EX-
EMPLA. DEBET. ORBIS. PIE. UT. VIXIT. OBIIT. ANN. M. D. CCLXXX. DIE XXIX.
NOVEMBRIS. CUI. OPTIMORUM. MERITORUM. REQUIES. REPOSITA. EST. IN
DEO.

Hier ruht mit dem kaiserlichen Gemahl Maria Theresia, Kaiserin, die gerechte
und gütige Königin, Tochter des erhabenen Karls VI., Kaisers von Österreich
und der Elisabeth von Braunschweig. Zum Wohl des Staates geboren, im Jahre
1717, den 13. Mai, und mit dem durchlauchtigsten Franz III. von Lothringen im
Jahre 1736 überaus glücklich vermählt, hat sie die heilige eheliche Liebe bis zum
Grabe unversehrt bewahrt, als schönes Beispiel für die christlichen Fürsten. Ihr
verlieh Gott die holdesten Leibesfrüchte, eine zahlreiche, den liebenswürdigsten
Eltern ganz ähnliche Nachkommenschaft. Die apostolische Krone von Ungarn
erhielt sie 1741, den 25. Juni, zu Preßburg, die böhmische zu Prag 1743, den 12.
Mai.
Fast allein, aber auf Gott vertrauend, hat sie ihre Erbkönigreiche durch Fröm-
migkeit und Standhaftigkeit gegen die mächtigsten Feinde behauptet. Die
Größe des römischen Kaiserreiches hat sie ihrem Hause zurückgegeben. Der
Weisheit dieser umsichtigsten Fürstin verdankt das Vaterland die Festigung der
Religion, die Förderung der Kriegszucht, die Pflege der freien Künste, die gerechte Verteilung der Abgaben und die Erneuerung der Handelsvorteile, die der
adeligen Jugend zugänglichen Schulen der Tugend und Wissenschaft. Die Ruhe
und das Beispiel aller Tugenden schuldet ihr die ganze Welt. Fromm, wie sie gelebt hat, ist sie gestorben, im Jahre 1780, den 29. November. Zum Lohn für ihre
großen Verdienste ruht sie in Gott.

42 KAISER JOSEPH II.

geboren 13. 3. 1741, gestorben 20. 2. 1790

Der älteste Sohn Franz Stephans von Lothringen und Maria Theresias wurde noch zu Lebzeiten seines Vaters 1764 zum römisch-deutschen König gewählt, nach dessen Tod 1765 Kaiser und in den Erblanden Mitregent seiner Mutter. Niemals in der siebenhundertjährigen Geschichte der Habsburger gab es eine widersprüchlichere Persönlichkeit. Joseph II. war einerseits unauflöslich an seine dynastische Herkunft gebunden und dazu mit einem diktatorischen Selbstverständnis ausgestattet, andererseits war er beseelt von einem utopischen Humanismus und den Philosophien der französischen Aufklärung.

Sein staatspolitisches Ziel war es, den Vielvölkerstaat zu einem zentralverwalteten Einheitsstaat zu gestalten; dafür fehlte ihm jedoch das Verständnis für historische Überlieferungen und für die Selbstverwaltung der Provinzen, insbesondere aber für Sonderregelungen jeglicher Art.

Die zehn Jahre seiner Alleinregierung waren von zahlreichen Neuerungen erfüllt und wirkten namengebend für einen ganz bestimmten Regierungsstil, den Josephinismus. 1781 schuf das Toleranzpatent die Gleichberechtigung der nichtkatholischen Konfessionen mit dem Katholizismus. Die Aufhebung der Leibeigenschaft brachte eine erhebliche Reduzierung grundherrschaftlicher Macht. Die Aufhebung aller nicht im Schulwesen oder der Krankenpflege tätigen Klöster war ein Anfang zur Verwirklichung eines Staatskirchentums in Österreich.

Die Bedingungslosigkeit, mit der Joseph einen Wohlfahrtsstaat errichten wollte, bewirkte durch die Art ihrer Durchsetzung Widerstände, vor allem von kirchlicher Seite. Dennoch wurden durch die josephinischen Reformen die aus Frankreich vordringenden revolutionären Ideen gemildert. In seiner Gesinnung den Prinzipien der Aufklärung verschworen, hatte Joseph kein Verständnis für die Geistigkeit des Landes, das er autokratisch regierte.

Zynismus und Unduldsamkeit waren für ihn ebenso kennzeichnend wie Toleranz und Menschenfreundlichkeit. Er liebte die Antike und haßte den Barock. Einschneidende Veränderungen erfuhr auch das höfische Leben. Gegen den Widerstand des Hofes setzte er zum Beispiel die Abschaffung des spanischen Mantelkleides durch. Er selber trug beinahe immer die Uniform (Cheveaux leger) wie der Rivale seiner Mutter, der Preußenkönig Friedrich II. Es hieß: *„Er empfände jede Zeremonie als Zwang und trüge sein Haar am liebsten in einem Beutel"*[70] und *„seine Toilette war die eines Soldaten, seine Garderobe die eines Unterleutnants, seine Erholung Arbeit, sein Leben ständige Bewegung"*[71].

In seiner Begräbnisverordnung von 1784 begründete er die schockierende Anordnung für wiederverwendbare Holzsärge kurz und bündig: *„Weil bei den Toten der einzige Zweck die Verwesung ist ..."*

Er hatte erkannt, daß Zeremoniell und Etikette als Herrschaftsmittel gegenüber dem Adel ihre Brauchbarkeit eingebüßt hatten, daß sie das Funktionieren des Staatsapparates, aber auch die Einflußnahme des Monarchen auf diesen behinderten.

Tragik und Größe kennzeichneten die Art seines Lebens wie die seines Sterbens. Rastlose Selbstaufopferung, ein durch Tuberkulose und Infektionen geschwächter Körper führten zu früher Erschöpfung und veranlaßten ihn, am 16. Februar 1790 seinem Sekretär zu diktieren: *„Ich habe immer nur gewollt."* Mit Gott wollte der Kaiser, als die Hustenanfälle immer heftiger wurden, seinen Frieden machen: *„Du, der Du allein mein Herz kennst, Dich rufe ich zum Zeugen an, daß ich al-*

Kaiser Joseph II. in Chevauxleger-Uniform. Gemälde von Joseph Hickel.

les, was ich unternahm und befahl, aus keinen anderen Absichten als zum Wohl und Besten meiner Untertanen meinte. Dein Wille geschehe!"[72]

Joseph II. starb als Rationalist. Als er sich nach einem schweren Blutsturz Mitte April 1789 nach Laxenburg zurückgezogen hatte, soll er im Park des Schlosses einen Abt aufgefordert haben, für ihn eine Grabinschrift zu verfassen mit dem Thema: *„Hier liegt ein Fürst, der trotz der besten Meinung keinen seiner Pläne durchsetzen konnte."*

Als ihm der Tod der von ihm überaus geschätzten jungen Erzherzogin Elisabeth von Würthemberg, der ersten Gemahlin seines Neffen Franz, gemeldet wurde, rief er verzweifelt aus: *„Und ich lebe noch!"* Er ordnete an, daß Elisabeth nicht drei Tage lang aufgebahrt werden könne, weil er ihr bereits in den kommenden Stunden nachfolgen würde.

Den Leibarzt Quarin, der ihm seinen baldigen Tod angekündigt hatte, erhob er in den Adelstand und ließ ihm 10.000 Gulden auszahlen[73].

Am 14. Februar 1790 erschien in Wien ein Flugblatt mit einem Vierzeiler über den sterbenden Kaiser: *„Der Bauern Gott, der Bürger Not, des Adels Spott liegt auf den Tod."*

Kaiser Joseph II. verstarb am 20. Februar 1790 um 6 Uhr morgens. Sein einfacher, schmuckloser und zweckhafter Sarg ist der Ausdruck seines asketischen Geistes. Der Sarg des Reformkaisers vor dem Prunksarkophag seiner Eltern symbolisiert die geistige Kluft zwischen ihren Weltanschauungen. Die barocke Tradition des Repräsentationssarkophages hatte damit ein Ende gefunden.

DER SARKOPHAG

Der einfache, glatt genietete, mit sechs runden Füßen ausgestattete Kupfersarg zeigt ausgebildeten Verstandesklassizismus. Auf dem Deckel befindet sich als einziger Schmuck ein einfaches Kreuz, darunter ist eine Kupferplatte mit der Inschrift abgebracht.

Die Einsetzung der hölzernen Bahre in diesen Übersarg erfolgte am 7. April 1790. Die Aufschrift wurde von Kapuzinerpatres verfaßt.

Wolfsgruber berichtete, daß bei der Josephsfeier der Kommune Wien die Schleifen des Lorbeerkranzes die Aufschrift trugen: *„Ich liebe auf dieser Erde Niemanden mehr als meine Mutter und den Staat. Die Stadt Wien am 29. November 1880."*[74]

Die Inschrift auf dem Sarkophag lautet:

JOSEPHUS II. ROM-IMPERATOR HUNG- ET BOEM- REX ARCHI-DUX AUSTRIAE ETC- AUGG- IMPP- FRANCISCI I, ET MARIAE THERESIAE FILIUS EORUMQUE IN IMPERIO, REGNISQUE SUCCESSOR NATUS VIENNA' 13TIA MARCIJ A° M.D.C.C.X.L.I. DENATUS 20MA FEBRUARIJ A° M.D.C.C.X.C.

Joseph II., römischer Kaiser, König von Ungarn und Böhmen, Erzherzog von Österreich etc., Sohn ihrer kaiserlichen Majestäten Franz I. und Maria Theresia und ihr Nachfolger im Kaiser- sowie in den Königreichen, geboren zu Wien, den 13. März 1741, gestorben den 20. Februar 1790.

Der Sarkophag Josephs II. Zur Schau gestellte Askese.

50 ISABELLA VON PARMA – 1. GEMAHLIN JOSEPHS II.

geboren 31. 12. 1741, gestorben 27. 11. 1763

Sie war die Tochter Herzog Philipps von Bourbon-Parma und wurde 1760 mit dem gleichaltrigen Joseph vermählt. Wie bei allen fürstlichen Verbindungen des Jahrhunderts handelte es sich um ein Politikum, das der angestrebten engen Verbindung mit den Bourbonen dienen sollte: Isabellas Mutter, Louise Elisabeth von Bourbon, war eine Tochter Ludwigs XV. Isabella, ein kluges und empfindsames Mädchen, konnte sich unter den zahlreichen Geschwistern ihres Mannes und inmitten eines gewaltigen Hofstaates durchaus behaupten. Ihre Schönheit, Musikalität und ihr einnehmendes Wesen machten sie zum Liebling des Hofes. Eine schwärmerische Zuneigung Isabellas zu Maria Christine, der um ein Jahr jüngeren Schwester Josephs, die bereits nach der Verlobung von Isabella und Joseph begonnen hatte, ist ein umstrittenes Thema unter den Historikern. Die umfangreiche und leidenschaftliche Korrespondenz – Isabella schrieb an Christine zweihundert Briefe – wirft ein deutliches Licht auf ihre Sehnsüchte und inneren Leiden, ihre Depression und Todessehnsucht und läßt erkennen, daß sie Joseph nicht so liebte, wie es von ihr erwartet wurde.

Das Bildnis Isabella von Parmas (1741–1763) stammt von Jean Marc Nattier, 1758.

Am 20. März 1762 wurde ihre Tochter Maria Theresia geboren.

Isabella, die stolze Hoffnung der neu gegründeten Dynastie Habsburg-Lothringen, erkrankte an den Blattern und starb am 27. November 1763 um 5 Uhr morgens, wohl auch an den Folgen einer am 20. August 1762 und am 23. Jänner 1763 erlittenen Frühgeburt.[75]

Aufgrund ihres ausdrücklich und wiederholt geäußerten Wunsches wurde ihr Leichnam nicht seziert.

DER SARKOPHAG

1764 wurde Isabellas Holzsarg in den von B. F. Moll geschaffenen Zinnsarg eingesetzt.

Der reich ornamentierte Rokokosarkophag steht auf sechs Schnörkelfüßen. An den Längsseiten befinden sich je zwei Löwenköpfe mit Handhaben. Das Mittelstück ziert ein Totenkopf mit gekreuzten Knochen. Darüber prangt ein Wappenschild auf reicher Kartusche, das in je zwei Teile unterteilt ist: Die linke Seite zeigt das ungarische Wappen mit Patriarchalkreuz, das böhmische und burgundische Wappen sowie das etrurische mit den fünf Kugeln. Das Mittelschild ziert das österreichische Wappen, welches mit dem Erzherzogshut bekrönt ist. Die rechte Seite zeigt das Wappen von Parma und Piacenza, als Mittelstück das kastilische und leonische Wappen und darüber die drei französischen Lilien auf kleinem ovalem Schild.

Auf dem Deckel liegen Polster, Erzherzogshut, Königskrone und Sternkreuzorden. Zwei Genien, einer sitzend und weinend, der andere stehend mit gesenkter, abgebrochener Fackel, halten das Brustbildmedaillon der Toten, auf deren Brust das Bild Josephs II. hängt. Über dem Medaillon befindet sich das geflügelte Herz mit Stern als Sinnbild der Verklärung.

Auf den Totenkopf am Fußende des Deckels setzte B. F. Moll seine Signatur.

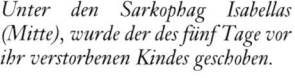

Unter den Sarkophag Isabellas (Mitte), wurde der des fünf Tage vor ihr verstorbenen Kindes geschoben.

Die Inschrift lautet:

HIC LAETAM EXSPECTAT ANASTASIN ELISABETHA MARIA BORBONIA ANNO
SALUTIS NOSTRAE MDCCXLI. D. ULTIMA DEC. PRIMAM LUCEM NACTA
MDCCLX PRID. NONAS OCT. INCLYTISSIMO IOSEPHO AUSTRIACO. IN ALMA
HAC URBE NUPTA. MDCCLXIII. V. KAL. DECEMB. CONJUX OPTIMA, DECOR
PRINCIPUM, POPULI DELICIAE, COELO ANTE DIEM RECEPTA.

Hier erwartet die frohe Auferstehung Elisabeth Maria von Bourbon, die im Jahre unseres Heils 1741, am letzten Tag des Dezember, das Licht der Welt erblickte. Sie wurde am 6. Oktober 1760 mit dem durchlauchtigsten Joseph von
Österreich in dieser erhabenen Stadt getraut und ist 1763, den 26. November[76],
als beste Gemahlin, Zierde der Fürsten und Wonne des Volkes, frühzeitig in den
Himmel aufgenommen worden.

49   MARIA JOSEPHA VON BAYERN – 2. GEMAHLIN JOSEPHS II.

geboren 30. 3. 1739, gestorben 28. 5. 1767

Sie war die Tochter von Karl VII., dem deutschen Kaiser von 1742 bis 1745 und
Kurfürst von Bayern, und wurde am 24. Jänner 1765 die zweite Gemahlin von
Joseph II.
Die Entscheidung zu dieser Ehe hatte Staatskanzler Kaunitz getroffen und die
Zustimmung von Maria Theresia erhalten, da der Bruder Josephas, Kurfürst
Max III., keinen männlichen Erben hatte und so eine Ausdehnung habsburgi-
scher Macht auf Teile Bayerns in Erwägung gezogen werden konnte.
Joseph heiratete Josepha ohne Neigung. Je mehr er sie ablehnte, umso mehr
bemühte sich Maria Theresia um ihre Schwiegertochter. Die Blatternepidemie
des Jahres 1767 erfaßte auch Josepha, die von ihrem Gemahl kein einziges Mal
am Totenbett besucht wurde. Maria Theresia betreute Josepha aber voll Hinga-
be und umarmte diese auch, wodurch sie selbst lebensgefährlich erkrankte.
Maria Josepha verstarb wie die erste Gattin Josephs an den Blattern, er selbst
nahm nicht einmal an ihrem Begräbnis teil.

DER SARKOPHAG

Der reich ornamentierte Zinnsarkophag auf einem Marmorsockel ruht auf vier
Adlern sowie zwei mittleren Schnörkelstützen. Dieser Spätrokokosarg wurde
von B. F. Moll verfertigt.
An den Längsseiten befindet sich als Mittelstück, in zwei Teile geteilt, das Wappenschild auf reich verzierter Kartusche: Die linke Seite zeigt das ungarische,
böhmische, burgundische und etrurische, die rechte Seite das bayerische Wappen. Darunter sind Totenschädel angebracht, von denen der rechte zugleich als
Fuß dient. Am Fußende befindet sich die Inschriftenkartusche, darauf der Erzherzogshut.
Auf dem kruzifixlosen Deckel liegt ein wallender Überwurf. Zu Häupten finden
sich auf einem Polster die Reichskrone, die Lothringerkrone sowie der Sternkreuzorden.
Hinter dem Polster knien ein weiblicher Genius und ein Putto, die das Brustbildmedaillon der Kaiserin emporheben, über dem ein Schlangenring liegt. In
der rechten Hand hält der Genius das brennende Herz.

*Maria Josepha von Bayern. Stich
von 1765.*

Bildnismedaillon am Sarkophag Josephas von Bayern, der zweiten Gemahlin Kaiser Josephs II.

Die Inschrift lautet:

MARIA JOSEPHA AVGUSTA. CAROLI VII. IMPERATORIS, ELECTORIS BAVARIAE
ET MARIAE AMALIAE AVSTRIACAE FILIA. JOSEPHI. SECVNDI. ROMANORVUM.
IMPERATORIS. A. A.
SECVUNDA. CONIVX. NATA. XXX. MARTII. MDCCXXXIX. ET. AD. REGIOS. THA-
LAMOS. VOCATA. XXIIII. IAN. MDCCLXV. MAIESTATEM. HVMILITATE. DECO-
RAVIT. QVAE. CVM. AB. INFANTIA. DEVM. TIMERE. DIDICIT. IN. MORTE. NON.
METVIT. SED. IN QVEM. SPERAVIT. ET. CREDIDIT. IN. FINEM. ADAMAVIT. PE-
RICVLOSISSIMA. VARIOLARVM. LVE. ABSVMPTA. ANNO. M.D.C.C.L.X. VII.
XXVIII. MAII IPSO. QVO. SALVATOR. DIE. COELOS. CONSCENDIT. ANIMAM.
EIVS. REPETIIT. CORONIS. COELESTIBVS. DIGNAM. ITA. DEVS. POTENTES.
NON. ABIICIT. SED. ERIPIT.

Maria Josepha, Kaiserin, Tochter des Kaisers und Kurfürsten Karls VII. von Bayern und der Maria Amalia von Österreich, Josephs II., des durchlauchtigsten römischen Kaisers, zweite Gemahlin, geboren den 30. März 1739, und in die königlichen Gemächer berufen den 24. Januar 1765. Die Majestät hat sie mit Demut geziert, sie, die von Jugend an gelernt hat, Gott zu fürchten, hat im Tode keine Angst gehabt, sondern hat denjenigen, auf den sie hoffte und an den sie glaubte, bis an ihr Ende geliebt.

Durch eine überaus gefährliche Pockenkrankheit ist sie hinweggerafft worden im Jahre 1767, den 24. Mai, am selben Tag, an dem der Erlöser in den Himmel aufgefahren ist, hat er ihre Seele zurückgefordert, die der himmlischen Krone würdig war. So verstößt Gott die Mächtigen nicht, sondern zieht sie an sich.

52   MARIA THERESIA – TOCHTER JOSEPHS II.

geboren 20. 3. 1762, gestorben 23. 1. 1770

Sie war das einzige Kind aus Josephs erster Ehe mit Isabella von Parma. Nach deren frühem Tod schenkte Joseph Maria Theresia und ihrer Erziehung besondere Aufmerksamkeit.

DER SARKOPHAG

Der Spätrokokosarg ist ein Werk B. F. Molls. Er steht auf zwei Schnörkel- und vier Adlerfüßen. An den Längsseiten befinden sich die Wappenkartuschen. Sie sind in vier Felder geteilt und zeigen das ungarische, burgundische und etrurische sowie am Mittelfeld das österreichische und lothringische Wappen, welches vom Erzherzogshut überhöht ist. Über der Inschriftentafel am Fußteil befindet sich ein Blumenkranz. Auf einer Decke, die über den Sarkophagdeckel gebreitet ist, ruht zwischen den beiden Kronen der Körper des Kindes in einem langen, faltenreichen Kleid. Das Haupt der kleinen Erzherzogin ruht auf zwei Polstern. Ihre über der Brust gefalteten Hände halten ein Kreuz. Um die Finger der rechten Hand ist ein Rosenkranz gewunden.

Den Sarkophag umgeben Girlanden und Blumen.

Am Fußteil befindet sich folgende Inschrift:

MARIA THERESIA ARCHID. AUSTR. JOSEPHI II. AUG. ROM. IMP. ET ISABELLAE BORBONIAE FILIA NATA XX MARTÜ MDCCLXII. CANDORE PIETATIS, ELEGANTIA MORUM, DEXTERITATE INGENÜ, PULCHERRIMIS ANIMI, ET CORPORIS DOTIBUS CLARA. COELO, QUAM TERRA DIGNIOR, SUIS LUCTUM RELINQVENS, GEMMA PRINCIPUM PRETIOSISSIMA DIE FESTO DESPONSATIONIS MARIAE VIRGINIS IMACULATO DEI AGNO AETERNUM DESPONSATA. XXIII IANUARÜ MDCCLXX.

Maria Theresia, Erzherzogin von Österreich, Tochter des durchlauchtigsten römischen Kaisers Joseph II. und der Isabella von Bourbon, geboren den 20. März 1762, ob der reinen Frömmigkeit, den erhabenen Sitten, dem scharfen Verstand und den schönsten Seelen- und Leibesgaben berühmt, des Himmels würdiger als der Erde, wurde, während sie die Ihren in Trauer zurückließ, am Fest der Vermählung der Jungfrau Maria, mit dem makellosen Lamm Gottes auf ewig vermählt, den 23. Januar 1770.

Sarkophag der Erzherzogin Maria Theresia, Tochter Kaiser Josephs II. Die Aufnahme stammt von 1910.

Erzherzogin Maria Theresia, Tochter Josephs II. und der Isabella von Parma.

41 Karolina, Reichsgräfin von Fuchs-Mollarth – Gouvernante Maria Theresias und Erzieherin ihrer Kinder

geboren 1681 (nach Wolfsgruber am 14. 1. 1675), gestorben 27. 4. 1754

Sie wurde als Tochter des Vizepräsidenten der Hofkammer, Ferdinand Ernst Graf Mollarth[77] und der Katharina von Seeau geboren und war zunächst Hofdame der Erzherzogin Maria Anna, einer Tochter des Kaisers Leopold. Nach der Heirat Annas (1708 mit König Johann V. von Portugal) blieb Karoline in Wien und vermählte sich 1710 mit Christoph Ernst Graf Fuchs, dem Gesandten Würzburgs am kaiserlichen Hof. 1719 wurde sie Witwe und 1728 Erzieherin der beiden Erzherzoginnen Maria Theresia und Maria Anna, die zu diesem Zeitpunkt zehn und elf Jahre alt waren. Ihr Schlößl in Wien-Rodaun bewohnten später Hugo von Hofmannsthal, dann Maria Grengg.

Die Gräfin Fuchs (die Fuchsin) war ihren Zöglingen in besonderer Herzlichkeit verbunden, und sie begleitete Maria Theresia durch 26 Jahre ihres Lebens.

Nach deren Heirat wurde sie zur Obersthofmeisterin ernannt und wurde auch die Vertraute von Franz Stephan, der oft den Rat der „Lieben Alten" einholte[78]. Maria Theresia ließ die Gräfin als Zeichen ihrer besonderen Verbundenheit als einzige Nichthabsburgerin in der Kaisergruft bestatten.

„Wobey anzumercken ist, daß Ihro Kayl. Königl. Mayt. a. g. anbefohlen, die Kirchen sowohl bey der Begräbnus als denen Exequien völlig schartz auszuspällieren und dass die Leichen Unkosten Von Ihro Mayt. Cammer Beuttel bestritten worden."[79]

Der Sarkophag

Der glattwandige Rokokotruhensarg aus Bleilegierungen steht auf sechs reich ornamentierten Rocaillenfüßen.

An der vorderen Stirnwand ist das gräfliche Doppelwappen in Rokokoumrahmung angebracht, das von der Krone überhöht wird.

Auf dem Deckel befinden sich das Kruzifix mit der Inschriftentafel in reich orniertem Rahmen und zierlicher Rokokoschmuck.

Die Inschrift trägt den Nachsatz: *„Zum unsterblichen Angedenken eines wohlwollenden dankbaren Herzens für die edle Erziehung zur Tugend. Ich, Maria Theresia."*

Die Inschrift lautet:

MONUMENTUM EXC. D. CAROLINAE, S. R. I. VIDUAE. COM. DE FUCHS, IN BIMBACH ET DORNHEIM, NATAE COM. A MOLLARTH, SAC. CAES. REGIAEQ. M. OLIM SUPREMAE AULAE PRAEFECTAE MORT. AN. CHR. MDCCLIV. XXVII. APR. CIRCA HOR. X ET XI. POMERIDIANAM[80]. R.I.P.
IN MEMORIAM IMMORTALEM GRATIOSISS. GRATIQ. ANIMI, LIBERALIS AD VIRTUTEM INSTITUTIONIS ERGO, M. THERESIA AUGUSTA P.

Sarg Ihrer Exzellenz der Frau Karolina, des heiligen Römischen Reiches verwitwete Gräfin von Fuchs in Bimbach und Dornheim, geborene Gräfin von Mollarth, Ihrer kayserlich-königlichen Majestät dereinst gewesene Obersthofmeisterin. Sie ist gestorben im Jahre Christi 1754, den 27. April zwischen 10 und 11 Uhr nachts. Sie ruhe in Frieden.

Zum immerwährenden Andenken an die gegen sie gnädige und dankbare Gesinnung wegen freimütiger Anleitung zur Tugend stiftet Maria Theresia, Kaiserin. Herzbecher und Eingeweideurne befinden sich in der Mollarthgruft bei St. Michael (genaue Standorte der Urnen sind heute unbekannt).

Sarkophag der Gräfin Fuchs-Mollarth, in einer Seitennische vor der Maria-Theresien-Gruft.

189

Das Porträt zeigt die Gräfin Fuchs-Mollarth mit Witwenschleier. Gemälde von Martin van Meytens.

geboren 4. 2. 1750, gestorben 23. 12. 1762

Die kleine Johanna, ein fröhliches, gutmütiges Kind, wurde in einen Kreis von sieben Geschwistern geboren. Ein Jahr später bekam sie eine Schwester, Maria Josepha.

Im Jahre 1756 kamen die beiden kleinen Erzherzoginnen unter die Obhut einer Aja, der Gräfin Maria Walburga von Lerchenfeld.

Die strengen Vorschriften, die Maria Theresia dieser zum Dienstantritt zugleich mit kaiserlichen Instruktionen und einem genauen Stundenplan zukommen ließ, ermöglichen einen Einblick in die Erziehungsmethoden der kaiserlichen Mutter. Sie schrieb, vermutlich zu Johannas Namenstag am 30. Mai:

Meine liebe Tochter „…Bemühen Sie sich durch Ihr Benehmen, Ihre Sanftmut, Ihre Folgsamkeit, Ihren Fleiß und Ihre Devotion besonders, immer mehr und mehr unsere Gnadenerweise zu verdienen und sich unserer Freundschaft würdig zu erweisen. Ich bin immer Ihre treue Mutter Marie Thérèse"[80a]

1760 erlebte Johanna Gabriele die pompöse Hochzeit ihres Bruders Joseph mit Isabella von Parma, die ihrer kleinen Schwägerin besonders zugetan war[81]. Isabella schrieb dem Mädchen während der Krankheit täglich Briefchen. In einem versprach sie, daß sie bald mit ihr vereint sein werde.

Am 23. Dezember 1762 starb Johanna Gabriele an den Schwarzen Pocken. Sie war das fünfte Kind Maria Theresias, das in der Kaisergruft bestattet wurde.

DER SARKOPHAG

Der reich geschmückte Rokokosarg ruht auf vier Schnörkeln und zwei Adlerfüßen. Wappenschild und Löwenkopfhandhaben zieren die Längsseiten. Auf der Rückseite befindet sich ein sinnbildhaftes Medaillon: Ein Adler trägt eine Jungfrau zum Himmel, die ein geschwelltes Segel in der Hand hält. Die Inschrift dazu lautet: SIDERIBUS RECEPTA – heimgeholt zu den Sternen.

Das Rokokoornament auf der Deckelseite – eine typische Arbeit von Balthazar Ferdinand Moll – zeigt Rosen und zu Flammen veränderte Pfeifen. Das Brustbild des toten Kindes, von einem Blumenkranz umgeben, trägt die Inschrift: IOANA. GABR. ARCHID. AUSTR.

Auf dem Deckelpolster liegen Erzherzogshut und Königskrone.

Die Inschrift zu Häupten lautet:

H. S. E.
DIVA. ARCHIDUX. IOANNA.
ANNO IESU. CHRISTI. MDCCL. D. IV. FEB. AUSPICATO. IN. LUCEM. HANC. SUSCEPTA. PER. OMNEM. VITAM. OPTIMIS. PARENTUM. VOTIS. RESPONDIT. ANNO. MDCCLXII. D. XXIII. DEC. ASPERA. QUADAM. CONSTANTIA. EX. TERRENO. HOC. MIGRAVIT. AD. ILLUD. REGNUM. CUIUS. REX. DIVINITAS. LEX. CHARITAS. MODUS. AETERNITAS.

Hier ruht die hochselige Erzherzogin Johanna, die im Jahre Jesu Christi 1750 den 4. Februar unter guten Vorzeichen das Licht der Welt erblickte und während des ganzen Lebens den Wünschen ihrer besten Eltern entsprach. Im Jahre 1762, den 23. Dezember, ist sie mit einer gewissen zähen Standhaftigkeit aus diesem Irdischen in jenes Reich gezogen, dessen König die Gottheit, dessen Gesetz die Liebe und dessen Maß die Ewigkeit ist.

Erzherzogin Johanna Gabriele. Photo nach einer Kreidezeichnung von Jean Etienne Liotard.

Sarkophag der Erzherzogin Maria Josepha (1751–1767)

Sarkophag der Erzherzogin Johanna Gabriele (1750–1762)

46 MARIA JOSEPHA – TOCHTER MARIA THERESIAS

geboren 19. 3. 1751, gestorben 15. 10. 1767

Den Tod ihrer Schwester Johanna Gabriele 1762 empfand die elfjährige Maria Josepha besonders schmerzlich. Sie hatte mit ihrer Schwester die Wohnräume und Lehrstunden geteilt, sie hatten die gleichen Lehrer und Kammerleute, auch die Erzieherin, Gräfin Lerchenfeld, war für beide Mädchen verantwortlich.

Maria Josepha war bereits mit zwölf Jahren als zukünftige Gemahlin für Ferdinand, König von Neapel, bestimmt worden. Ein reiches Unterrichtsprogramm, Instruktionen und Sprachübungen sollten sie auf diese Aufgabe vorbereiten.

Am 23. Dezember 1766 unterschrieb Carlos III. in Madrid den Heiratsvertrag, der am 13. Januar 1767 in Wien eintraf. Am Tag zuvor hatte Ferdinand IV. mit sechzehn Jahren seine Großjährigkeit erlangt. Für den 14. Oktober war die Trauung per procuratorem in Wien vorgesehen, und Leopold Mozart reiste bereits mit seiner Tochter Anna und dem elfjährigen Wolfgang Amadeus an, um seine Chormusik vorzubringen.

Am 5. Oktober brach eine Blatternepidemie aus, an der Maria Josepha am 15. Oktober verstarb.[82]

Maria Josepha (1751–1767) als Braut und künftige Königin Beider Sizilien. Stich verlegt bei Thomas Edlem von Trattner, 1767.

193

DER SARKOPHAG

Am 17. März 1768 wurde der Holzsarg in einen von B. F. Moll gearbeiteten Bronzesarg gesetzt. Dieser steht, durch vier Schnörkel und zwei Adlerfüße gestützt, auf einem Marmorsockel. Auf dem Deckel liegt neben den Kronen der Sternkreuzorden.
Das Bildnismedaillon auf der linken Längsseite trägt keine Inschrift. Rechts und links davon sind die Löwenkopfhandhaben angebracht. Auf der rechten Seite befindet sich in ornierter Kartusche das österreichische Wappen.
Bei diesem Sarkophag überwiegen die Blütenkränze gegenüber den reinen Rocaillen.

Die Inschrift lautet:

P. M. S.
JOSEPHAE. ARCHID. AUSTR. FRANC. ET. MAR. THER. AUGG. PARENTIBUS. NATAE. XIX. MARTIJ. AN. SAL. MDCCLI. COMITATE. MORUM. RELIGIONUM. CULTU. VITAE. INTEGRITATE. DEO HOMINIBUSQUE. PER OMN. VITAM. CHARISSIMAE. DESPONSAE. FERDINANDO. IV. UTRIUSQ. SICILIAE. REGI. VIII. SEPT. AN. SAL. MDCCLXVII. SED. XV. OCT. EIUSDEM. AN. AD. IMMORTAL. REGIS. NUPT. TRANSLATAE.

Dem ewigen Andenken an die Erzherzogin Josepha von Österreich gewidmet, die den kaiserlichen Eltern Franz und Maria Theresia am 19. März im Jahre des Heils 1751 geboren wurde. Ob dem Adel der Sitten, der religiösen Gesinnung, der Reinheit des Wandels, während des ganzen Lebens bei Gott und den Menschen überaus beliebt, verlobt mit Ferdinand IV., dem König Beider Sizilien den 8. September im Jahre des Heils 1767, wurde sie am 15. Oktober desselben Jahres zum Hochzeitsmahl des himmlischen Königs berufen.

44   KARL JOSEPH – SOHN MARIA THERESIAS

geboren 1. 2. 1745, gestorben 18. 1. 1761

Karl Joseph war der zweite Sohn und das fünfte Kind von Maria Theresia und Franz Stephan von Lothringen. Von Geburt an zum Großherzog der Toskana bestimmt, waren mit ihm große Hoffnungen verbunden. Der Knabe selbst war von der Bedeutung seiner fürstlichen Bestimmung durchdrungen. Dennoch wurde er vom Hof wegen seines offenen Wesens und seiner Umgänglichkeit geliebt.

Seine Erkrankung an den Pocken, der Geißel des Hauses Habsburg, und sein Tod trafen seine Eltern besonders hart. Er trug sein Leiden mit großer Heldenhaftigkeit, *„er sei Obrist eines Kavallerieregimentes und wolle seiner Majestät keine Schande machen"*, ließ er seine Eltern wissen.
Zu seinem vier Jahre älteren Bruder Joseph, dem Thronfolger, sagte er: „... ich habe Ihnen, mein lieber Bruder, noch Abbitte zu leisten, falls ich Sie durch jugendliche Unüberlegtheit beunruhigt oder erzürnt habe."[83]
Karl galt als äußerst begabt. Erschütterung und Teilnahme des Hofes über seinen Tod überstiegen das gewohnte Maß. Das Kaiserpaar zog sich, was ungewöhnlich war, für Tage vom Hofleben zurück.

Erzherzog Karl Joseph

Sarkophag von Erzherzog Karl Joseph, gestaltet von B. F. Moll. Seitenansicht mit Porträtmedaillon.

DER SARKOPHAG

Der Bronzesarkophag – eine Arbeit Molls, mit reicher Ornamentik – steht, durch vier Adler und zwei Schnörkelfüße gestützt, auf einem Marmorsockel. Vier Ibisköpfe, als Symbole der Auferstehung, dienen als Handhaben.

Das Mittelstück der rechten Längsseite zeigt das Reliefporträt des Erzherzogs mit der Umschrift:

CAROLUS ARCHIDUX AVST.   Karl Erzherzog von Österreich

Auf der linken Längsseite setzt ein Löwe die rechte vordere Tatze auf die Schicksalskugel. Seine linke hält einen von zwei Schlangen umwundenen Handspiegel. Die Umschrift lautet:

PRUDENTER AC FORTITER   Klug und stark

Der Deckel ist überworfen mit dem in reiche Falten gelegten Erzherzogsmantel. Darauf liegt zu Häupten ein reich ornierter Polster mit dem neuen Erzherzogshut. Zum erstenmal fand hier der neue Österreichische Erzherzogshut mit den vierzehn perlengekrönten Spitzen künstlerische Anwendung. Daneben liegen Königskrone und goldenes Vlies, Marschallstab und Pallasch (Säbel), gekreuzt im Lorbeerkranz.

Die Inschrift lautet:

AMORI. ET. DOLORI. SACRUM. NON. TOTUS. HIC. SEPELITUR. CAROLUS. QUIS ENIM. LOCUS. TANTUM. TALEMQ. CAPIET. PRINCIPEM. ANN. PUB. SAL. MDCCXLV. KAL. FEB. IN. DECUS. SUAE. GENTIS. EXARSIT.
MDCCLXI. XV. K. FEB. SPIRITU. VERE. HEROICO. FESTINAVIT. AD. GAUDIUM. QUOD AUFERRI. NUNQUAM. POTERIT. MORS. IPSA. DILECTIS. ET. ELECTIS. DOMINI. SOMNUS. EST. REFRIGERII.

Der Liebe und dem Schmerz gewidmet. Nicht ganz liegt hier begraben Karl. Denn welcher Ort vermag einen so großen und so vorzüglichen Fürsten zu fassen. Im Jahre des allgemeinen Heils 1744[84], den 1. Februar, flammte er zur Zierde seines Volkes auf.

1761, den 18. Januar, eilte er wahrhaft heldenhaften Geistes zur Freude, die nie genommen werden kann. Der Tod selbst ist den Geliebten und Auserwählten des Herrn ein erquickender Schlaf.

Erzherzöge Karl Joseph und Peter Leopold, Söhne Maria Theresias. Das Gemälde von Martin van Meytens hängt im Schloß Schönbrunn.

Erzherzogin Maria Christine und Erzherzog Peter Leopold, Kinder Maria Theresias. Das Gemälde von Martin van Meytens hängt im Schloß Schönbrunn.

54 CHRISTINE – ENKELIN MARIA THERESIAS

geboren 16. 5. 1767, gestorben 17. 5. 1767

Christine, auch Maria Theresia genannt, das einzige Kind Maria Christines, der Lieblingstochter Maria Theresias, und des Herzogs Albrecht von Sachsen-Teschen, starb wenige Stunden nach der Geburt. Fürst Joseph Khevenhüller berichtete in seinen Memoiren: *„Wie selbe dann auch ... den 16., jedoch nach vill und langwührig ausgestandenen Schmertzen um 9 Uhr Früh mit einer Dochter entbunden wurden, welche aber so schwach auf die Welt gekommen, daß der Prinz Clemens sich genöthiget gesehen, ihr nur in der Eille die Noth-Tauff zu ertheilen, und das liebe Kind den andern Morgen als den 17. bereits eine Leich gewesen ... Wegen dieses betrübten Zufalls und weil sich die Frau Kindbetterin wegen zunehmender Alteration in sehr critischen Umständen befande, wurde ... der sonntägige Gottesdienst nur in der Cammer-Capellen gehalten ...“*[85]

DER SARKOPHAG

Am 8. Oktober 1768 erfolgte die Einsetzung in den Übersarg aus Bronze. Dieser steht auf einem Marmorsockel, ist reich ornamentiert und mit sechs Ibisköpfen – den Symbolen der Auferstehung – als Handhaben verziert. Auf dem Deckel liegen Polster und Herzogskrone, darunter ist die Inschriftentafel angebracht. Der Kindersarkophag ist ein spätbarockes Werk Balthazar Ferdinand Molls und befindet sich am Ausgang der Maria-Theresien-Gruft in Richtung Franzensgruft.

Die Inschrift lautet:

VIX NATA MOX DENATA XII MAJI MDCCLXVII M. THERESIAE ARCHIDUCIS AUST. M. CHRISTINAE ALBERTIQUE SAXON. REGGII PRINCIPIS FILIA UT SPES UT GAUDIUM SIC LUCTUS PARENTUM

Kaum geboren, doch bald darauf gestorben, ist am 12. Mai 1767 Maria Theresia, Erzherzogin von Österreich[86], Tochter der Christine und Alberts, des königlichen Prinzen von Sachsen. Wie die Hoffnung und die Freude so war sie das Leid der Eltern.

Der spätbarocke Kindersarkophag von Christine stammt von B. F. Moll.

V. DIE FRANZENSGRUFT

Der 1824 durch Kaiser Franz II./I. in Auftrag gegebene Erweiterungsbau wurde von Johann Aman gestaltet und macht den Geist
des Biedermeier greifbar. Die Zeit der Repräsentation herrscherlicher Macht und des barocken Überschwangs war ebenso vorrüber
wie der kühle Hauch des Rationalismus josephinischer Prägung.
Die Särge der vier Gemahlinnen des Kaisers sind zentral-
rhythmisch vor den halbrunden Nischen plaziert und umgeben den
erhöhten Sarkophag von Kaiser Franz II./I.

geboren 12. 2. 1768, gestorben 2. 3. 1835

Er wurde als ältester Sohn von Großherzog Leopold (dem späteren Kaiser Leopold II.) und Maria Ludovica von Spanien in Florenz geboren. Da Kaiser Joseph II. kinderlos war, wurde der Erzherzog als dessen ältester Neffe zu seinem Nachfolger bestimmt und kam 1784 nach Wien. Nach dem Tod seines Vaters (1792) folgte er diesem als Kaiser nach.

Während der Napoleonischen Kriege unterlag Österreich, abgesehen von Einzelsiegen, den überlegenen Heeren Napoleons und war gezwungen, Gebietsverluste und drückende Friedensbedingungen anzunehmen.

1804 errichtete Franz das erbliche Kaisertum in Österreich und legte zur Auslöschung des Heiligen Römischen Reiches deutscher Nation (um Napoleon an der Nachfolge zu hindern) 1806 die deutsche Kaiserkrone nieder.

Der Wiener Kongreß 1814/15 brachte die Restauration, aber auch den Verlust Belgiens und der Vorlande für Österreich.

Erhaltung der Tradition, Furcht vor Neuerungen, Zensur und Spitzelwesen – verbunden mit dem Namen Fürst Metternich, dem mächtigen Staatskanzler – kennzeichneten die Regierungsperiode von Kaiser Franz. Dennoch erlebte das Land eine kulturelle Blüte (Biedermeier), bedeutende Namen aus Literatur, Musik und Theaterleben sind mit dieser Periode verbunden.[87]

DER SARKOPHAG

Der von Pietro Nobile geschaffene Kupfersarkophag in Truhenform steht auf einem hohen, schwarzen Marmorsockel, er ruht auf Bärentatzen und weist reiche Stabornamentik auf. Den unteren Teil zieren charakteristische Empirekränze – klare Kreise im Zentrum von Rechtecken.

Die Längsseiten werden von pilasterartigen Streifen gerahmt. Die Mitte dieser Flächen füllen Palmetten und Rankenornamente sowie der kaiserliche Doppeladler. Eine sich auflösende Ranke begrenzt das breite Feld der Inschriftentafel an den Längsseiten. An den beiden Schmalseiten befinden sich die Löwenkopfhandhaben.

Der mit Blatt- und Rankenornamentik verzierte Deckel ist durch Profile abgesetzt und mit einem Palmettenkranz umrandet. Auf dem Deckel befindet sich der reich verzierte Polster mit der österreichischen Kaiserkrone, dem goldenen Vlies, dem Reichsapfel, dem Szepter, dem Schwert und einem Kreuz ohne Korpus.

Die Inschrift auf der linken Längsseite des Sarkophages lautet:

FRANCISCVS. I.P.F.A. AVSTRIAE. IMPERATOR HIEROS. HVNG. BOH. LOMB. VENET. DALM. CROAT. SLAV. GALIC. LOD. ET. ILLYR. REX ARCHIDVX. AVSTRIAE. DVX. LOTHARING. SALISB. STYR. CARINTH. CARNIOL. SVP. ET. INF. SILES. MAGN. PRINC. TRANSILV. MARCH. MORAV. COMES. HABSB. ET. TYROL. ETC. ETC. ETC. NATVS. FLORENTIAE. XII. FEBR. MDCCLXVIII. DIVI. LEOPOLDI. II. FILIVS DIVAE. MARIAE. THERESIAE. NEPOS

Franz I., Vater des glücklichen Österreich, Kaiser von Österreich, König von Jerusalem, Ungarn, Böhmen, der Lombardei, Venetien, Dalmatien, Kroatien, Slavonien, Galizien, Lodomerien und Illyrien. Erzherzog von Österreich, Herzog von Lothringen, Salzburg, Steiermark, Kärnten, Ober- und Unterkrain, Schlesi-

Abbildung des späteren Kaisers Franz II./I. im Alter von 17 Jahren mit der Büste seines Onkels, Kaiser Joseph II. Das Bild stammt von Joseph Hickel und wurde um 1785 in Wien gemalt.

Das Altersbildnis Kaiser Franz II./I. stammt von Friedrich von Amerling.

en, Großfürst von Transsylvanien, Markgraf von Mähren, Graf von Habsburg und Tyrol, etc. etc. etc., geboren zu Florenz, den 12. Februar 1768, Sohn des erhabenen Leopold II., Enkel der erhabenen Maria Theresia.

Die Inschrift auf der rechten Längsseite lautet:

SYMBOLVM: „IVSTITIA. REGNORUM. FVNDAMENTVM" FACTIS. ET. LEGIBVS. PROBAVIT OBIIT. VINDOB. ANTE. HORAM. PRIM. MATVT. II. MART. MDCCCXXXV.

Den Wahlspruch „Die Gerechtigkeit ist das Fundament der Reiche" hat er durch seine Taten und Gesetze bestätigt. Er starb zu Wien vor der ersten Morgenstunde des 2. März 1835.

Inschrift am Sockel zu Häupten:
MDCCCXXXV.
Inschrift am Sockel am Fußende:
II. MARTII.

Seitenansicht mit Inschriftentafel des Sarkophages Kaisers Franz II./I. von Pietro Nobile.

59 ELISABETH WILHELMINE – 1. GEMAHLIN FRANZ II./I.

geboren 21. 4. 1767, gestorben 18. 2. 1790

Elisabeth Wilhelmine von Würthemberg-Mömpelgard war die Tochter von Herzog Friedrich Eugen von Würthemberg und Dorothea von Brandenburg-Schwedt. Nachdem ihre ältere Schwester Sophie Dorothea (Maria Fjodorowna) die Gemahlin des russischen Thronfolgers Paul geworden war, plante Kaiser Joseph II. zur Unterstreichung des österreichischen Bündnisses die Vermählung Elisabeth Wilhelmines mit seinem Neffen und Nachfolger, Ehzg. Franz.

Sie kam 1782 nach Wien und wurde in dem von Kaiserin Amalia Wilhelmina begründeten Kloster der Heimsuchung Mariä, der Salesianerinnen am Rennweg in Wien, katholisch erzogen. 1788 vollzog der Kurfürst und Erzbischof von Köln, Ehzg. Maximilian Franz, der jüngste Sohn Maria Theresias, die Trauung mit Ehzg. Franz.

Obwohl Kaiser Joseph das Mädchen zunächst als *„keineswegs schön, nicht einmal als hübsch"* beurteilt hatte, zeigte es sich bald, daß Elisabeth durch ihr einnehmendes Wesen seine Zuneigung und Liebe gewinnen konnte. In seinen schwersten Stunden war sie es, die den Kaiser nicht allein ließ.

Zwei Tage nach einem Ohnmachtsanfall traten bei der Hochschwangeren die Wehen ein, und als Elisabeth von einer Tochter entbunden wurde (Ludovika, gestorben 1791), ließ ihr Joseph überglücklich seine Glückwünsche übermitteln. Die am nächsten Morgen überbrachte Nachricht vom Tod Elisabeth Wilhelmines stürzte den sterbenden Kaiser in seine letzte tiefe Verzweiflung: *„Ich meine, ich wäre bereit, alle Todespein zu ertragen, die Gott gefallen möchte, mir zu senden. Aber dieses fürchterliche Unglück übersteigt alles, was ich je gelitten habe."*[88]

DER SARKOPHAG

Der schlichte, genietete Kupfersarg in Truhenform trägt die Inschrift:

S. R. CELSIS ELISABETHA WILHELMINA SERENISSIMI DUCIS WÜRTEMBERG-STUTGARD LUDOVICI EUGENY FILIA S. R. ARCHI DUCI FRANCISCO MAGNI DUCIS HETRURIAE PETRI LEOPOLDI PRIMOGENITO FILIO NUPTA NATA 21. MA APRIL: A. O. M. D. C. C. L. X. VIII. MORTUA 18. VA FEBRUARY A. O. M. D. CC. XC.

Die erhabenste königliche Hoheit Elisabeth Wilhelmine, Tochter des durchlauchtigsten Herzogs Ludwig Eugen von Würtemberg-Stuttgart, die vermählt war mit der königlichen Hoheit, dem Erzherzog Franz, dem erstgeborenen Sohn des Großherzogs Petrus Leopold von Toskana, geboren den 21. April im Jahre 1767, gestorben den 18. Februar im Jahre 1790.

Der Sarkophag von Elisabeth Wilhelmine befindet sich links vorne.

Das Bildnis Elisabeth Wilhelmines wurde 1785 von Johann Baptist Lampi gemalt.

geboren 6. 6. 1772, gestorben 13. 4. 1807

Maria Theresia Karolina von Bourbon stammte aus der neapolitanischen Seitenlinie des spanischen Königshauses, dem Königreich beider Sizilien. Kaiser Leopold II. verheiratete seinen ältesten Sohn Franz 1790 mit der Tochter seiner Schwester Karoline, welche wiederum von Kaiserin Maria Theresia im Zuge ihrer italienischen Heiratspolitik mit dem König von Neapel, Ferdinand von Bourbon, verheiratet worden war. Der junge Witwer Franz ehelichte somit seine Cousine, eine im Haus Habsburg durchaus legitime und durch Jahrhunderte geübte Heiratsusance. Bei der Doppelhochzeit in der Kapelle der Wiener Hofburg wurden auch Erzherzog Ferdinand, der spätere Großherzog von Toskana, und Maria Louise von Neapel-Sizilien getraut.

In siebzehn Ehejahren gebar Maria Theresia Karolina zwölf Kinder, wobei von den Söhnen nur zwei überlebten; Ferdinand, bei dem sich erbbiologische Folgen besonders verhängnisvoll manifestieren sollten, erhielt als Kaiser später den „taktvollen" Beinamen „der Gütige".

Maria Theresia Karolina starb 35jährig bei der Geburt ihres Kindes Amalia Theresia.

Der Sarkophag

Der Holzgestaltsarg ist einfach und zweckhaft. Er ist aus Kupfer und ruht auf sechs Kugelfüßen.

Die Inschrift lautet:

MEMORIAE M. THERESIAE CAROLINAE IOSEPHAE FERD. IV. VTR. SIC. REGIS. ET. M. CAROLINAE. AVSTR. FILIAE. NEAPOLI. NATA. VI. IVN MDCCLXXII. NUPTA. VIND. XIX. SEPT. MDCCXC. CORONATA. R. HUNG. X. IVN. ET. BOH! XI. AVG. MDCCXCII. ROM. IMP. XIV. IUL. MDCCXII. IMPERATRIX. AVST. XI. AVG. MDCCCIV. ANNIS. XXXV. NONDVM. PERACTIS. CAELO. IAM. MATVRA DECESSIT VINDOB. XIII. APR. MDCCCVII. INGENTI. AVG. CONIVGIS. IMP. FRANCISCI. LVCTV. AVG. FAMILIA. ET. PATRIA. MOERENTIBUS DVCITE. FVNVS. AD. SVPEROS. CANA. FIDES. ET. PIETAS. CLEMENTIA. CANDOR. ET. BENEFICENTIA. QUIVVS. TEMPLUM. FUIT. PECTVS. OPTIMAE. THERESIAE AT. TV. QUI. ISTA. LEGIS COELESTI. ANIMAE. DIC. BONA. VERBA. CHRISTIANO. RITV AC. PIENTISSIMAE. PRINCIPIS. EXEMPLO DISCE. MORI

Zum Andenken an Maria Theresia Karolina Josepha, die Tochter des Königs Beider Sizilien, Ferdinand IV. und der Maria Karoline von Österreich, zu Neapel geboren, den 6. Juni 1772, vermählt zu Wien, den 19. September, als Königin von Ungarn gekrönt den 10. Juni und von Böhmen den 11. August 1792, als römische Kaiserin den 14. Juli 1792, als Kaiserin von Österreich den 11. August 1804. Im noch nicht erfüllten 35. Lebensjahr ist sie, schon reif für den Himmel, gestorben zu Wien, den 13. April 1807, zum unermeßlichen Leid des durchlauchtigsten Gemahls, des Kaisers Franz, und betrauert von der kaiserlichen Familie und dem Vaterland.

Führt die Verstorbene zu den Himmlischen, altehrwürdiger Glaube, Frömmigkeit, Güte, Unschuld und Wohltätigkeit, deren Tempel das Herz der besten Theresia war und du, der du das liest, preise die himmlische Seele auf christliche Art und lerne nach dem Beispiel der überaus tugendhaften Fürstin sterben.

Maria Theresia Karolina von Bourbon-Neapel, 2. Gemahlin von Kaiser Franz II./I.

geboren 14. 12. 1787, gestorben 7. 4. 1816

Ihre Eltern waren Erzherzog Ferdinand von Österreich, ein Sohn Maria Theresias, und Maria Beatrix Riccarda, eine Tochter von Herzog Ercole III. von Modena und Maria Theresia Cybo-Malaspina, der Herzogin von Massa und Carrara. Durch den Einfall der Franzosen waren ihre Eltern 1796 gezwungen, Italien zu verlassen, und Maria Ludovika Beatrix von Este-Modena kam nach Wiener Neustadt.

Auch sie war eine Cousine von Franz II./I., der bei der Hochzeit im Jahr 1808 bereits vierzig Jahre alt war. Die Trauung vollzog ihr jüngster Bruder Karl Ambros, der Fürstprimas von Ungarn. Die Feierlichkeiten wurden von August Wilhelm von Schlegel, Mme de Stäel, die zu der Zeit in Wien weilte, sowie von Josef von Collin literarisch verarbeitet.

Um sich von ihrer vier Jahre jüngeren Stieftochter Maria Luise zu unterscheiden, veränderte sie ihren italienischen Namen Maria Luigia in Maria Ludovika. Sie hatte einen lebhaften Geist, Menschenkenntnis und auch politisches Talent. Als Feindin Napoleons gelang es ihr, Kaiser Franz zur Unterzeichnung des Patents zur Gründung der Landwehr zu veranlassen. In den Kriegsjahren 1813 und 1814 betätigte sie sich karitativ, indem sie große Summen zur Unterstützung der Witwen von Landwehrmännern zur Verfügung stellte. Kaiser Franz warf seiner Frau vor, *„zuviel Geist zu besitzen"*.

Ludovika, von der Graf Sinzendorf berichtete, sie sei *„immer schön, liebenswürdig und anmutig, aber dünn wie ein Spargel"*, reiste 1810, bereits kränkelnd, nach Karlsbad und begegnete dort Goethe. Der 61jährige Geheimrat wurde zu ihrem Hofdichter und zitierte sie als *„außerordentliche Dame"*. Sie schenkte Goethe eine goldene Dose, in die ein Blumenkranz aus Brillanten rund um ihren Namen eingraviert war.

Maria Ludovika Beatrix von Este-Modena. Punktierstich von David Weiss nach einem Gemälde von Maurus

Der Wiener Kongreß 1814/15 gab ihr Gelegenheit, ihre Begabung zu glänzender Repräsentation zu entfalten und das, obwohl Krankheit und Erschöpfung sie bereits ausgezehrt hatten. Talleyrand berichtete: *„Trotz des Hustens, der sie zwingt, öfters ihre Rede zu unterbrechen und ungeachtet ihrer Magerkeit hat diese Fürstin die Anmut einer Französin."*[89]

Anfang 1816 unternahm sie eine Reise in ihr geliebtes Italien, wo sie am 7. April im Palazzo Canossa in Verona verstarb. Sie wurde in der Kaisergruft bestattet. Kaiser Franz heiratete fünf Monate später Karolina Augusta von Bayern.

Goethe, der ihre Handbibliothek ausgewählt hatte, die heute ein Teil der Nationalbibliothek ist, versuchte in mehreren Aufsätzen in den „Tages- und Jahresheften" ihren Tod zu bewältigen.

Ihr einstiger Gegner Clemens Lothar Metternich hatte schon 1809 an seine Frau geschrieben: *„Die Kaiserin ist sicherlich eines jener Wesen in der Welt, die am meisten Geist besitzen."* Und Joseph Freiherr von Gentz betätigte: *„Eine Persönlichkeit von überragendem Geiste, von hochgemuter Seele, die in ihrem Benehmen alles vereint, was nur immer Würde und Liebenswürdigkeit bewirken können."*

DER SARKOPHAG

Ludovikas einfacher Sarg steht in der Franzensgruft vor der rechten Nische der Ostwand. Er hat die Form eines großen Holzgestaltsarges und ist aus Kupfer. Der Entwurf stammt von Johann Aman.

Die Inschrift lautet:

AETERNAE MEMORIAE MARIAE. LUDOVICAE. AUGUSTAE FERDINANDI. ARCH. AVST. ET. MAR. BEATRICIS. ESTENS FILIAE. NAT. MEDIOLANI. XIV. DEC. A. MDCCLXXXVII. FRANCISCO. AVSTR. IMPERATORI. FELICI. CONNVBIO. IVNCTAE VINDOB. VI. IAN. A. MDCCCVIII. CORONATAE. REGINAE. HVNGARIAE. VII. SEPT. A. MDCCCVIII. OBIIT. VERONAE. VII. APRILIS. A. MDCCCXVI.

Zum ewigen Andenken an Maria Ludovika, die durchlauchtigste Tochter des Erzherzogs Ferdinand von Österreich und der Maria Beatrix von Este, geboren zu Mailand, den 14. Dezember im Jahre 1787, mit Franz, dem Kaiser von Österreich, glücklich vermählt zu Wien, den 6. Januar 1808, als Königin von Ungarn gekrönt den 7. September 1808. Sie starb zu Verona den 7. April 1816.

Sarkophag Maria Ludovikas, der 3. Gemahlin von Kaiser Franz II./I.

209

Sie war die zweite Tochter Max Josephs von Bayern und erhielt ursprünglich den Namen Charlotte. 1808 wurde sie auf Anordnung Napoleons mit dem würthembergischen Kronprinzen Wilhelm vermählt. Diese Scheinehe wurde 1815 aufgelöst. 1816 heiratete sie Kaiser Franz von Österreich und nahm den Namen Karolina Augusta an.

Sie war Gründerin der „Kinderbewahranstalten" in verschiedenen Stadtteilen Wiens. Für diese und zahlreiche andere soziale und kirchliche Institutionen stellte sie bedeutende Summen zur Verfügung. Allerdings ließ sie sich zuvor stets über die Verhältnisse und die Moral der zahlreichen Bittsteller unterrichten.[90]

1819 erhielt sie von Papst Pius VII. die goldene Rose – jene Tugendrose, die alljährlich am Sonntag Leatare, dem vierten Fastensonntag, im Rahmen der kirchlichen Liturgie an eine Persönlichkeit in Anerkennung ihrer christlichen Tugenden verschenkt wurde.[91]

Sie unterstützte Donizetti und übernahm 1833 das Protektorat des Salzburger Landesmuseums, das mit ihrer Erlaubnis den Namen Carolino Augusteum annahm. In ihrem Auftrag verfaßte der Maler und Kupferstecher Josef von Führich 1856 die „Denkblätter für unsere Zeit".

Karolina Augusta ließ an wichtigen Jahrestagen den Sarg ihres verstorbenen Gemahls mit Blumen und Lichtern umstellen. Als ihr das Gehen nicht mehr möglich war, brachten sie Lakaien in einer Sänfte zur Kaisergruft; sie wurde auf einer Handtrage – einem Bändergeflecht mit zwei Handhaben – über die steile schmale Stiege in die Gruft hinab getragen.

In ihrem Testament bestimmte der 1. Paragraph ein Kapital von 3000 fl., „*dessen Überschuß jedes Jahr auf Seelenmessen für Meinen unvergeßlichen Gemahl und mich*" verwendet werden solle. Nach einer langen Liste von Gewährungen, Gnaden, Hilfeleistungen und Unterstützungen hieß es weiter: „*Ich wünsche mit den Ringen, welche ich gewöhnlich am Finger trage, darunter meinem Ehering, begraben zu werden und daß, wenn es thunlich scheint, mein Gesicht, so lange mein Leichnam ausgesetzt sein wird, mit einem Flor bedeckt bleibe. Hinsichtlich meines Wunsches, daß mein Sarg in die Nähe desjenigen meines theuren, unvergeßlichen Herrn und Gemahls gestellt werde, habe ich nichts zu erinnern, da ich bereits in der Gruft den mir bestimmten Platz gesehen.*"

Sie wünschte ferner: „*Es sollen nach meinem Tode innerhalb eines oder zweier Jahre 5000 heilige Messen für mich gelesen werden, 1200 in der Wiener, 800 in der St. Pöltner, 800 in der Linzer, 1200 in der Salzburger und 1000 in der Brixner Diöcese. Unter die in der Diöcese Salzburg sind natürlich jene nicht begriffen, welche mir die Franciscaner aus Dankbarkeit versprochen haben. Ich bestimme zu jenen 5000 Messen 5000 fl. (…) Gleich nach meinem Tode soll eine Seelenmesse in der Pfarrkirche der Vorstadt Erdberg gestiftet werden, welcher alljährlich die Zöglinge der Carolinenstiftung an meinem Sterbetag beizuwohnen haben.*"[92]

Karolina wurde nach ihrem Tod in einem Holzsarg eingesegnet, der von den Kapuzinern unter Gebet in die Gruft hinabgetragen wurde. Er war mit schwarzem Samt und Goldstoff überzogen, mit vergoldeten Beschlägen verziert, mit zwei Vorhängeschlössern versehen, und wurde in den Metallsarg eingesetzt.

Kaiserin Karolina Augusta, geborene Prinzessin von Bayern, vierte Gemahlin Kaiser Franz I. An der Schulter trägt sie den Sternkreuz-Orden.

DER SARKOPHAG

Der nur leicht geschweifte Kupfersarg stammt von Beschorner und ist mit Bronzeornamenten verziert. Der Unterteil ist mit Löwenköpfen versehen, die von Bandornamentik und Lorbeerfestons umschlossen sind. Reichsadler und Kaiserkrone schmücken den vorderen Teil. Auf dem Deckel liegt ein Bronzekreuz ohne Korpus.

Die Inschrift lautet:

CAROLINA AVGVSTA MAXIMILIANI. JOSEPHI. BAVARIAE. REGIS AVGVSTAE. LANDGRAVIAE. HASSIAE – DARMSTADIENSIS REGINAE. FILIA IMPERATRIX. AVSTRIAE NATA. MANHEMII. DIE. VIII. FEBRVARII MDCCXCII NVPTA. FRANCISCO. I. AVSTRIAE. IMPERATORI VINDOBONAE. DIE X. NOVEMBRIS MDCCCXVI DENATA. IBIDEM. DIE. IX. FEBRVARII MDCCCLXXIII H. S. E.

Hier ruht Karolina Augusta, Tochter des Königs Maximilian von Bayern und der Königin Augusta, Landgräfin von Hessen-Darmstadt, Kaiserin von Österreich, geboren zu Mannheim, den 8. Februar 1792, mit Franz I. Kaiser von Österreich vermählt zu Wien, den 10. November 1816, gestorben ebendaselbst den 9. Februar 1873.

Sarkophag von Karolina Augusta von Bayern.

JOSEPH KARL FRANZ – HERZOG VON REICHSTADT

geboren 20. 3. 1811, gestorben 22. 7. 1832

Der Sohn von Napoleon und Maria Luise von Österreich, einer Tochter Kaiser Franz II./I., wurde in Paris als König von Rom und Napoleon II. geboren. Nachdem sein Vater auf St. Helena verbannt worden war, kam er in Begleitung seiner Mutter am 21. 3. 1815 nach Schönbrunn[93].
Die finanzielle Sicherheit erhielt der Kaiserenkel durch den Plan der Hofstellen, daß er nach dem Tod seiner Mutter die pfalz-bayrischen Güter in Böhmen erhalten sollte. Reichstadt, der Hauptort dieser Besitzungen, wurde zum Herzogtum erhoben.

Bildnis des Herzogs von Reichstadt von einem unbekannten Maler.

Am 13. Juli 1821 erfuhr er vom Tod seines Vaters.
Im Alter von 21 Jahren erkrankte er und wurde vom Hofarzt Malfatti statt auf (die damals unheilbare) Tuberkulose auf einen Leberschaden behandelt. Erschwerend auf den Krankheitsverlauf wirkte das Mißtrauen, welches der junge Prinz gegen seine Ärzte hegte. Der sterbende Napoleon hatte nämlich seinerzeit verfügt, man möge seinen Sohn über seine vermeintliche Todeskrankheit Magenkrebs unterrichten, da auch Carlo Bonaparte, sein Vater, an dieser Krankheit gestorben war.

Der Todkranke lag in jenen Zimmern in Schönbrunn, die Napoleon nach der siegreichen Schlacht bei Wagram 1809 bewohnt hatte.
Am 15. Dezember 1940 wurde der Sarg mit den sterblichen Überresten des Herzogs von Reichstadt auf Befehl von Adolf Hitler in den Invalidendom nach Paris gebracht. Diese Überführung war als Geschenk des Führers an den damaligen Präsidenten Frankreichs, Marschall Philipp Petain, anläßlich des hundertsten Jahrestages der Verlegung des Leichnams Napoleons von St. Helena nach Paris gedacht. Drei Tage zuvor hatte die Gestapo den Pater Provinzial des Kapuzinerklosters verhaften lassen, während Angehörige der SS, der SA und acht Männer der Bestattung in die Gruft eindrangen und den 800 Kilogramm schweren Sarkophag abbauten.
Abgesehen vom politischen Hintergrund wurde durch die Überführung nach Paris der Wunsch des Herzogs von Reichstadt erfüllt, im Tod an der Seite seines Vaters ruhen zu dürfen – dies war jedoch der damaligen deutschen Regierung unbekannt.
Von der Überführung nach Paris berichtete Professor Kurt Stümpfl (†): *„Mein Vater Heinrich Stümpfl war 1940 Generalleutnant und Stadtkommandant von Wien. Eines Nachts läutete in der Wohnung meiner Eltern das Telephon. Ein Offizier vom Dienst meldete den Befehl des Führerhauptquartiers in Berlin, den Sarkophag des Herzogs von Reichstadt unverzüglich mit militärischen Ehren nach Paris überführen zu lassen. Diese Aktion sollte anläßlich des hundertsten Jahrestages der Überführung der Gebeine Napoleons von St. Helena nach Paris die französische Regierung für Hitler günstig stimmen.*
Als meine Mutter, die den Anruf entgegengenommen hatte, schlaftrunken versuchte, Bruchstücke des Wortlautes des Befehls meinem Vater zu übermitteln, war das Ergebnis: er möge die Leiche des Reichsstatthalters nach Paris bringen lassen. Mein Vater wunderte sich über den plötzlichen Tod des Reichsstatthalters, Baldur von Schirach. Am folgenden Morgen klärte sich die Angelegenheit auf, und mein Vater machte sich an die Durchführung des Befehls, wofür nur wenige Stunden zur Verfügung standen.
Da er als Offizier begreiflicherweise über die komplizierten Begräbnisbräuche des ehe-

Dieses Aquarell des Herzogs von Reichstadt (1811–1832) wurde kurz vor seinem Tod von Moritz Michael Daffinger gemalt.

maligen Kaiserhauses nicht unterrichtet war, kam zwar der Leichnam mit dem Beglei-
toffizier Oberst Oskar Schlegelhofer pünktlich um 9 Uhr früh in Paris an, Herz- und
Eingeweideurne blieben jedoch in Wien.
In Paris waren die Nachkommen der Napoleoniden aufgefordert worden, dem Empfang
beizuwohnen. Es war ein regnerischer, nebliger Tag.“
In der Krypta des Invalidendomes der französischen Hauptstadt stand der Sarkophag zunächst neben dem Napoleons, wurde später jedoch in die Unterkirche
gebracht.

Die Inschrift auf dem Sarkophag lautet:

AETERNAE. MEMORIAE IOS. CAR. FRANCISCI. DUCIS. REICHSTADIEN-
SIS NAPOLEONIS. GALL. IMPERATORIS ET MAR. LVDOVICAE. ARCH.
AVSTR. FILII NATI. PARISIIS. XX. MART. MDCCCXI. IN. CVNABVLIS RE-
GIS. ROMAE. NOMINE. SALVTATI AETATE. OMNIBVS. INGENII. COR-
PORISQVE DOTIBVS. FLORENTEM PROCERA. STATVRA. VVLTV.
IVVENILITER. DECORO SINGVLARI. SERMONIS. COMITATE MILITA-
RIBVS. STVDIIS. ET. LABORIBVS MIRE. INTENTVM PHTISIS. TENTA-
VIT TRISTISSIMA. MORS. RAPVIT SVBVRBANO. AVGVSTORVM. AD.
PVLCHRVM FONTEM PROPE. VINDOBONAM XXII. IVLII. MDCCCXX-
XII.

Zum ewigen Andenken an Joseph Karl Franz, Herzog von Reichstadt, den Sohn
Napoleons, des Kaisers der Franzosen und der Erzherzogin Maria Louise von
Österreich, geboren zu Paris, den 20. März 1811, in der Wiege als König von
Rom begrüßt. Ihn, der durch sein Alter und alle Geistes und Körpergaben, die
schlanke Gestalt, das jugendlich schöne Antlitz, die einzigartige Freundlichkeit
der Rede hervorragte und mit allem Eifer dem Militärwesen ergeben war, befiel
die Auszehrung, und ein überaus trauriger Tod raffte ihn, nahe der Stadt, im
kaiserlichen Schloß Schönbrunn bei Wien, am 22. Juli 1832 hinweg.

Der Herzog von Reichstadt an der
Spitze seines Bataillons.

215

Abtransport des Sarkophages des Herzogs von Reichstadt im Dezember 1940.

Ehrenwache der Deutschen Wehrmacht anläßlich der Transferierung des Sarkophages nach Paris.

Alter Standort des Sarkophages des Herzogs von Reichstadt neben dem seines Großvaters Kaiser Franz II./I. in der Franzensgruft.

VI. DIE FERDINANDSGRUFT

1840 entstand die im Stil des späten Biedermeier von Johann Höhne errichtete Ferdinandsgruft.
Außer den beiden Prunksarkophagen des Kaisers und seiner Gemahlin sind hier noch weitere 37 Särge in den Gruftmauern untergebracht.

62 KAISER FERDINAND I.

geboren 19. 4. 1793, gestorben 29. 6. 1875

Ferdinand Carl Leopold Joseph Franz Cresezentius war der Sohn von Kaiser Franz I./II. aus dessen zweiter Ehe mit Maria Theresia Karoline von Bourbon-Parma und folgte seinem Vater 1835 auf den Thron.

Von seinen Zeitgenossen wurde Ferdinand als geistig zurückgebliebener und von schwerer Epilepsie gezeichneter Mensch eingestuft, er erhielt bereits während seiner Regierungszeit den Beinamen „der Gütige". Dennoch erreichte er, nicht zuletzt durch die Erziehung seiner Stiefmutter Maria Ludovica, ein der Zeit entsprechendes Bildungsniveau.

Er war jedoch den Anforderungen des Regierens nicht gewachsen, sodaß ein Kabinettsrat unter Erzherzog Ludwig, Staatskanzler Clemens Wenzel Lothar Fürst Metternich und Staatsminister Franz Anton Graf Kolowrat die Regierungsgeschäfte übernahm.

Seine Regierungszeit, der sogenannte Vormärz, bedeutete zwar für die Untertanen eine Periode äußerer Ruhe, dennoch führten liberale Bestrebungen, Forderungen nach nationaler und sozialer Gerechtigkeit schließlich zur Revolution von 1848 und zur Verzichtserklärung des Kaisers.

Bis zu seinem Tod lebte er als Privatmann entweder auf seinen Gütern, auf dem Hradschin in Prag sowie in Bad Ischl.[94]

DER SARKOPHAG

Der silberbronzierte Kupfersarg in Truhenform stammt von Beschorner und steht auf einem weißen Steinsockel mit schrägen Eckvoluten, die durch Pilaster und Felder für Blumenfestons und Rosetten in sich geteilt sind. Er unterscheidet sich von den bis dahin verwendeten einfachen Formen und steht auf sechs Löwenfüßen.

Die Seitenwände sind mit bebänderten Lorbeerkränzen versehen, die abwechselnd Löwenkopfhandhaben oder ein JHS-Monogramm umschließen. An den Schmalseiten befinden sich der österreichische Doppeladler und die österreichische Kaiserkrone.

Die Ecken und Ränder ziert reicher ornamentaler Schmuck wie Akanthus, Palmetten, Rosetten, Pfeifen und Rillen, Lorbeer-, Perl-, Eierstab- und Blütengehänge.

Der Deckel erhebt sich gewellt und stufenförmig und ist ebenfalls mit reicher Ornamentik und figürlichem Schmuck versehen. Auf einem Polster liegt die österreichische Kaiserkrone – silberbronziert. Darunter befindet sich ein Bronzekreuz mit Korpus und der Reichsadler.

Die gravierte Inschrift ist von reichen Lorbeerfestons umgeben.

Die Inschrift auf dem Sargdeckel zu Füßen lautet:

FERDINANDVS I. DIVI. FRANCISCI. I. AVSTRIAE. IMP. FILIVS AVSTRIAE. IMPERATOR NATVS. VINDOBONAE. DIE. XIX. APRILIS MDCCXCIII IMPERIO. SVSCEPTO DIE. II. MARTII. MDCCCXXXV SE. ABDICAVIT DIE. II. DECEMBRIS. MDCCCXLVIII DENATVS PRAGAE. DIE. XXIX. IVNII MDCCCLXXV. H. S. E.

Hier ruht Ferdinand I., Sohn des erhabenen Franz I., Kaisers von Österreich, geboren zu Wien, dem 19. April 1792. Er hat die Regierung übernommen am 2. März 1835, hat abgedankt am 2. Dezember 1848, ist gestorben zu Prag, den 29. Juni 1875.

Kaiser Ferdinand I. von Österreich (1793–1875).

Am Postament zu Füßen:

FERDINANDVS. I. AVSTRIAE. IMPERATOR. NATVS. VINDOBONAE. XIX. APRILIS MDCCXCIII. DENATVS. PRAGAE. XXIX. IVNII MDCCCLXXV.

Ferdinand I., Kaiser von Österreich, geboren zu Wien, den 19. April 1793, gestorben zu Prag, den 29. Juni 1875.

Am Postament zu Häupten:

RECTA. TVERI.

Das Recht(e) schützen.

Der Sarkophag Ferdinands I. im Beschorner-Stil.

63 MARIA ANNA KAROLINA PIA VON SARDINIEN-PIEMONT – GE-MAHLIN FERDINANDS I.

geboren 19. 9. 1803, gestorben 10. 1. 1884

Maria Anna war eine Zwillingstochter von Victor Emanuel I., König von Sardinien, und Maria Theresia, Erzherzogin von Österreich-Este.

Sie wurde von Staatskanzler Metternich und den Kanzleien von Wien und Turin zur Gemahlin des kranken Ferdinand bestimmt, damit, wie keine andere Frau innerhalb habsburgischer Heiratspolitik, zum Gegenstand politischer Spekulation gemacht und dadurch um ein möglicherweise erfülltes Leben gebracht.

Die Eheschließung erfolgte zuerst per procuratorem in Turin, in personam am 27. Februar 1831 in Wien und wurde in der Kammerkapelle durch Ehzg. Kardinal Rudolph, einen Sohn Kaiser Leopolds II., vollzogen.

Maria Anna war dem armen Ferdinand dennoch zugetan, erkannte die Zwangslage während der Revolution 1848 und brachte ihn dazu, auf die Regentschaft zu verzichten. Nach der Demission begab sich das Paar nach Prag, wo sie im Winter in der alten Königsburg, im Sommer auf der Herrschaft Reichstadt residierten.

Die Kaiserin schrieb und sprach mit ihrem Gemahl nur in italienischer und französischer Sprache und weigerte sich, obwohl sie fünfzig Jahre in Österreich lebte, die deutsche Sprache zu erlernen.

Fromm und wohltätig gegenüber den Notleidenden, erhielt sie das Prädikat „Mutter der Armen".

Die Inschrift auf ihrem Sarkophag lautet:

MARIA. ANNA IMPERATRIX. AUSTRIAE VICTORIS EMANUEL. I SARDINIAE. REGIS FILIA NATA. DIE. XIX. SEPTEMBRIS MDCCCIII NUPTA. FERDINANDO. TUNC. A. A. PRINCIPI. HEREDITARIO VINDOBONAE. DIE. XXVII. FEBR. MDCCCXXXI CORONATA. REGINA. BOHEMIAE DIE. XII. SEPTEMBRIS MDCCCXXXVI DENATA. PRAGAE. DIE. IV. MAII MDCCCLXXXIV. H. S. E.

Hier ruht Maria Anna, Kaiserin von Österreich, Tochter des Königs Viktor Emanuel I. von Sardinien, geboren den 19. September 1803, mit Ferdinand weiland Erzherzog von Österreich und Thronfolger vermählt zu Wien, den 27. Februar 1831, als Königin von Böhmen gekrönt den 12. September 1836, gestorben zu Prag am 4. Mai 1884.

Der Sarkophag Maria Anna Karolinas im Beschorner-Stil.

Sarkophage in der Toskaner-Gruft, von links nach rechts: Herzog Albert von Sachsen-Teschen (1738–1822), Christine, seine Gattin (1742–1798), Kaiser Leopold II. (1747–1792) und Kaiserin Ludovika (1745–1792).

VII. Die Toskaner-Gruft

Die Särge der Toskaner-Gruft entsprechen in ihrer anonymen Gleichförmigkeit dem josephinischen Rationalismus und den Auswirkungen der in dieser Zeit erlassenen Begräbnisverordnungen, die auch das Kaiserhaus nicht ausgeschlossen hatten. Sie sind aus Zinn oder Kupfer, glatt und zum Teil mit Nieten versehen. Nichts außer einer knapp gehaltenen Inschrift deutet darauf hin, welche Macht die hier Bestatteten einst umgeben hatte.

Es scheint, als ob hier jener mittelalterliche egalitäre Grundsatz der Totentänze, nach welchem vor dem Tod alle gleich sind, eine Variante erhalten hätte.

Herzog Albert von Sachsen-Teschen.
Bildnisminiatur von Jean-Baptiste
Isabey, datiert 1812.

111 ALBERT PRINZ VON SACHSEN, HERZOG ZU TESCHEN

geboren 11. 7. 1738, gestorben 10. 2. 1822

Er war der Sohn von Maria Josepha, der ältesten Tochter Kaiser Josephs I., und von Kurfürst Friedrich August II. von Sachsen, als August III. König von Polen[95].

Albert kam mit seinem jüngeren Bruder Clemens, der später Geistlicher und 1763 Bischof von Freising und Regensburg wurde, 1760 an den Wiener Hof. Mit seiner Ernsthaftigkeit und der Aufrichtigkeit seines Charakters erwarb er sich sehr rasch die Zuneigung des Kaiserpaares und vor allem die Liebe Maria Christines, deren vierter Tochter.

Er trat zunächst in die österreichische Armee ein und machte 1760 den Feldzug gegen die Preußen mit. Kaiserin Maria Theresia, die wußte, daß Albert kein Vermögen besaß, begann ihn zu unterstützen. Warnend schrieb sie an Christine: *„... Halt Dich also still und verdirb nichts durch zuviel Unrast. Sieh Dich vor bei Joseph, laß Dich auf kein Gespräch mehr ein und nenn nur ja nicht den Unsrigen ... (gemeint ist Albert). Suche Vaters Zärtlichkeit mit tausend Aufmerksamkeiten und gibt ihm keinerlei Anlaß, gegen Dich und mein Protogé zu sein, denn er ist hellhörig ..."*

1766 konnten Albert und Christine heiraten. Die Kaiserin hatte längst Vorkehrungen getroffen, das Paar sicher zu etablieren, indem sie Albert zum Feldmarschall sowie zum Generalkapitän und Statthalter von Ungarn ernannte. Die spätere Statthalterschaft in den österreichischen Niederlanden endete nach der Brabanter Revolution.

Alberts Interesse galt der Kunst, vornehmlich der Graphik. Auf diesem Gebiet eignete er sich im Laufe seines Lebens erstaunliche Kenntnisse an. Er entwickelte sich zu einem Kunstsammler von bedeutendem Format. Selbst Kritiker des Reichtums von Albert und Christine gaben zu, daß durch den Erwerb kostbarer Gemälde, Graphiken, Bücher und anderer Kunstwerke das Geld sinnvoll angelegt wurde.

Die Sammlung Alberts, die nach ihm benannte Wiener „Albertina", ist die derzeit größte graphische Sammlung der Welt mit ca. 1,8 Millionen Blättern aus allen Schulen und Ländern. Sie ist seit 1822 allgemein zugänglich und seit 1919 Eigentum der Republik Österreich.

Darüber hinaus stiftete Albert 1805 den Wienern die nach ihm benannte Albertinische Wasserleitung.

Auf seinen ausdrücklichen Wunsch wurde er neben seiner Gemahlin Maria Christine beigesetzt.

Albert Prinz von Sachsen, Herzog zu Teschen (1738–1822) mit seiner Gemahlin Maria Christine, Erzherzogin von Österreich (1742–1798).
Detail aus einem Gruppenporträt.

DER SARKOPHAG

Der Kupfersarg ist glatt, genietet und ruht auf sechs Füßen. Ein einfaches Kreuz und die Inschriftentafel zieren den Deckel.

Die Inschrift lautet:

ALBERTUS. AVG: MAVR. CAS. REGIUS. POL. ET. LITH. PRINCEPS. DUX. SAX. TESSIN. FRIDERICI. AVG. II. POL. REGIS. ET SAX. ET MARIAE. IOSEPHAE. ARCHID. AVSTRIAE FILIUS NATUS. D. XI. JVLII. MDCCXXXVIII. MARIAE. CHRISTINAE. ARCHID. AVSTRIAE CONNVBIO. IVNCTUS. D. VIII. APR. MDCCLXVI. MORTVVX. VINDOB. D. X. FEBR. MDCCCXXII.

Albert August Maurus Kassian, Königlicher Prinz von Polen und Lithauen, Herzog von Sachsen-Teschen, Sohn des Königs Friedrich August III. von Polen und Sachsen und der Maria Josepha, Erzherzogin von Österreich, geboren den 11. Juli 1738, mit Maria Christine, Erzherzogin von Österreich vermählt, den 8. April 1766, gestorben zu Wien, den 10. Feburar 1822.

112   MARIA CHRISTINE – GEMAHLIN ALBERTS VON SACHSEN-TESCHEN

geboren 13. 5. 1742, gestorben 24. 6. 1798

Maria Christina Josepha Johanna Antonia war die vierte Tochter Maria Theresias und Franz Stephans – ein Kind der „Heldenzeit", wie die erste Phase der Maria Theresianischen Regierungsjahre genannt wird. Das hübsche Kind wurde am Geburtstag der Mutter geboren und blieb zeitlebens deren Liebling.
Als einzige Tochter des Kaiserpaares schloß sie keine politisch bedeutsame Ehe. Eine geplante Verbindung mit dem Prinzen Ludwig von Württemberg zerschlug sich 1760, nachdem sich dieser als labiler Verführer erwiesen hatte und schließlich in Dresden eine unstandesgemäße Ehe eingegangen war.
Im Januar 1760 trafen zwei junge Prinzen des sächsischen Hauses in Wien ein. Christine verliebte sich sofort in den zweiundzwanzigjährigen Prinzen Albert (auch Albrecht genannt), der sich durch Zurückhaltung, gute Erziehung und Sprachkenntnisse Sympathien bei Hofe verschaffen konnte. Kaiserin Maria Theresia, als einzige Eingeweihte dieser heimlichen Liebe, wurde zur Beschützerin, denn Kaiser Franz Stephan wollte seine Tochter mit seinem Neffen, dem Herzog von Chablais, verheiraten.
Durch des Kaisers Tod in Innsbruck 1765 wurde der Weg zur Vermählung frei. Die Hochzeit fand 1766 in Schloßhof statt.
Maria Christine besaß ein beachtliches Zeichentalent und wurde anläßlich eines Aufenthaltes in Rom zum Mitglied der Academia di San Luca ernannt, ihr kunstsinniger Gemahl zum Ehrenmitglied.
Das Paar residierte in Preßburg. 1781 ernannte Joseph II. beide zu Statthaltern der österreichischen Niederlande. Wegen der Brabanter Revolution im Jahr 1789 mußten Christine und Albert jedoch aus Brüssel flüchten.

Maria Christine, Tochter Maria Theresias, Herzogin von Sachsen-Teschen, auf einem Gemälde des sogenannten Malers der Erzherzoginnen-Porträts.

Als ihre einzige Tochter bald nach der Geburt starb (Sarkophag Nr. 54), adoptierte sie den dritten Sohn ihres Bruders Leopold, Erzherzog Karl, und setzte ihn zum Universalerben ein[96].

Nachdem Maria Christine 1798 an den Folgen des Genusses von verseuchtem Wasser gestorben war, ließ Herzog Albert in der Wiener Augustinerkirche das berühmte Grabdenkmal von Antonio Canova errichten. Es trägt die Inschrift:

UXORI OPTIMAE ALBERTUS

Der besten Gattin, Albertus.

Der Sarkophag

Die Inschrift auf ihrem Sarkophag, der dem ihres Gemahls (111) völlig gleicht, lautet:

IN HAC TUMBA CONDITA EST MAR. CHRISTINA ARCHID. AUSTR. FRANC. I. ET M. THERESIAE AUGG. FILIA NATA III IDUUM MAII MDCCXLII CONNUBIO IUNCTA ALBERTO REG. PRINC. POLON. ET SAX. TESS. VI. ID. APRIL. MDCCLXVI MORTUA VINDOB. VIII CALEND. IULII MDCCXCVIII.

In diesem Sarg ruht Maria Christine, Erzherzogin von Österreich, Tochter ihrer Majestäten Franz I. und Maria Theresia, geboren den 13. Mai 1742, vermählt mit dem königlichen Prinzen Albert von Polen und Sachsen-Teschen den 8. April 1766, gestorben zu Wien den 24. Juni 1798.

Das Wandpyramiden-Grabmal von Antonio Canova für Maria Christine in der Augustinerkirche wurde von Albert von Sachsen-Teschen in Auftrag gegeben.

113 KAISER LEOPOLD II.

geboren 5. 5. 1747, gestorben 1. 3. 1792

Erzherzog Leopold im Kindesalter.

Leopold, Großherzog von Toskana, war das neunte Kind und der dritte Sohn von Maria Theresia und Franz Stephan. Über seine Taufe berichtete Obersthofmeister Khevenhüller: „... *Dem Ertzherzog wurden die Nahmen Petrus, zumahlen die russische Kaiserin aus Lieb und Veneration für ihren Herrn Vatern sich ein solches pro speciali favore ausgebetten, Leopoldus Josephus Joannes Antonius Joachim Pius Gotthardus zugelegt ...*"[96] Maria Theresia und Kaiser Franz Stephan bemühten sich offensichtlich, die russische Zarin Jelisaweta Petrowna (Elisabeth I.) für sich einzunehmen.

Es stand sehr bald fest, daß Leopold Generalkapitän der Lombardei und Herzog von Modena werden sollte, und der gesamte Erziehungsplan wurde darauf ausgerichtet.

Er war im Vergleich zu seinem Bruder Joseph bereits als Knabe gemäßigt, gefestigt und ernsthaft. Schon mit sechzehn Jahren wurde er aufgrund habsburgisch-spanischer Heiratsverträge per procuratorem mit der eineinhalb Jahre älteren Maria Ludovika (Luise), der Tochter König Karls III. von Spanien, verheiratet. Wie seinen Bruder Joseph II. erfüllten auch Leopold fortschrittliche Gedanken über die Staatsführung, und er begann ein umfassendes staatspolitisches Reformwerk, welches die Toskana zu dem damals wohl modernsten Staat in Europa machte. Er erzielte die steuerliche Gleichheit für alle Stände sowie die Aufhebung der Vergünstigungen für die Geistlichkeit, ordnete das Heer und Beamtenwesen, schuf Inquisition, Tortur und Todesstrafe ab, reformierte das Schul- und Universitätswesen, regelte die Armenpflege und modernisierte das Hospitalwesen. Außerdem erließ er neue Erbpachtgesetze, wonach den Bauern der Boden, den sie beackerten, wirklich gehörte.[97]

In seiner 25jährigen Regierungszeit als Großherzog von Toskana erwies sich Leopold als das Ideal eines aufgeklärten Fürsten. Er wurde von seinem Bruder Joseph II. als „*trefflicher Bevölkerer*" bezeichnet und sicherte durch eine große Kinderschar, vier Töchter und zwölf Söhne, den Fortbestand der Dynastie.

Auch delikate private Angelegenheiten regelte er überlegt und ohne ängstliches Bemühen um Geheimhaltung: Als er 1786 die Tänzerin Livia Raimondi kennengelernt hatte, richtete er ihr an der Piazza San Marco in Florenz an der Ecke der Via degli Arazzieri ein kleines Palais ein. Maria Ludovika scheint dieses Verhältnis mehr als nur geduldet zu haben, da sie bereits 1788 ihr sechzehntes Kind geboren hatte und ein Lungenleiden ihr zunehmend zu schaffen machte. Wahrscheinlich bildete sich zwischen den Frauen sogar eine freundschaftliche Beziehung, in die auch die Töchter des Großherzogs miteinbezogen wurden.[98]

Als Leopold 1790 nach dem Tod Josephs als Kaiser Leopold II. die Nachfolge im Reich und in den Erblanden übernahm, kam der Sohn Leopolds und Livias, Luigi oder Ludwig, gemeinsam mit seiner Mutter und deren Familie nach Wien. Er erhielt eine gute Erziehung, wohnte am Kohlmarkt und wurde als Ludwig von Grün Hofkammerbeamter. Er starb 1814 an einem Lungenleiden.[99]

Auch als Kaiser war Leopolds Regierungsstil geprägt vom Geist der Aufklärung, der Toleranz und zweifellos auch vom Freimaurertum, dem bereits sein Vater Franz Stephan große Sympathie entgegengebracht hatte. In den zwei Jahren, die ihm in Wien verblieben, bewies er bei der Bewältigung der verfahrenen politischen Situation, die sich ihm bei Übernahme des josephinischen Erbes bot, sein Charisma.

Der spätere Kaiser Joseph II. (rechts) und sein Bruder und Nachfolger Leopold II. auf dem 1769 entstandenen Gemälde von Pompeo Batoni.

Die Familie des Großherzogs Leopold von Toskana und seiner Gemahlin Maria Ludovika. Detail aus einem Gemälde von Johann Zoffany.

233

Leopold starb plötzlich. Gerüchte, daß er vergiftet worden sei, konnten nicht bewiesen werden. Autopsiebericht und andere Quellen lassen die Vermutung zu, daß es sich um eine Lungenentzündung und eine eitrige Rippenfellentzündung zugleich gehandelt haben muß, wobei ein viermaliger Aderlaß in zwei Tagen den Zustand des Kaisers verschlechtert hatte.

Ohne das Viaticum oder die letzte Ölung empfangen zu haben, starb er in den Armen von Kaiserin Maria Ludovika.

Mehr als in Österreich erfuhr Leopolds politisches Genie in Italien eine Würdigung. Bereits in der Zeit der italienischen Freiheitsbewegung 1832 stiftete die Toskana ein Denkmal in Pisa: *„Al Granduca Pietro Leopoldo."*

DER SARKOPHAG

Wie alle anderen Sarkophage in der Toskaner-Gruft, ist auch der von Leopold II. glatt, genietet und aus Kupfer. Der Deckel ist mit Kreuz und Inschrift versehen.

Die Inschrift lautet:

IN HOC SEPULCRO QUIESCIT LEOPOLDUS II. AUG. GERM. HUNG. BOH. REX ARCHIC. AUSTR. M. DUX. HETR. NATUS V. MAY MDCCXLVII. DECESSIT I. MARTY MDCCXCII.

In diesem Grabe ruht Kaiser Leopold II., König von Deutschland, Ungarn und Böhmen, Erzherzog von Österreich, Großherzog von Toskana, geboren den 5. Mai 1747, gestorben den 1. März 1792.

DER KENOTAPH KAISER LEOPOLDS II.

Das monumentale Grabdenkmal Kaiser Leopolds II. war zwar für die Kaisergruft geschaffen worden, fand aber dort keinen Platz. Frater Urban Roubal versuchte den Kenotaph von der Georgskapelle der Augustinerkirche in die Kreuzkapelle der Kapuzinerkirche zu transferieren, aber der vorgesehene Platz, wo nun der ehemalige Gruftaltar steht, erwies sich als zu klein.

Franz Anton Zauner (1746–1822) gehörte ursprünglich zur Schule des Georg Raffael Donner, wandte sich später jedoch dem Klassizismus zu. Von ihm stammt u. a. das Reiterstandbild Kaiser Josephs II. am Josephsplatz, wofür er 1807 von Kaiser Franz II./I. zum Edlen von Felpatan geadelt wurde.

Auch das Grabdenkmal für Leopold II. gestaltete er klassizistisch einfach. Die Vorbilder Zauners hinsichtlich seiner bildhauerischen Aussage sind die mittelalterlichen Hochgräber wie das Maximiliangrabmal in der Innsbrucker Hofkirche, das Friedrichsgrab in St. Stephan oder die Salmgrablege in der Votivkirche.

Der 1806 fertiggestellte Kenotaph steht auf einem zweistufigen Sockel. Ein trauernder Genius, in der rechten Hand das Kreuz haltend, stützt den linken Arm grübelnd auf den Sarkophagrand. Auf dem Tumbadeckel ruht die ganzfigurige Gestalt des Kaisers im Harnisch, ohne Helm und mit einem Lorbeerkranz bekrönt.

Die Seitenreliefs zeigen den Hafen Livorno in der Toskana und die gesetzgebende Gewalt (Justitia). Diese läßt das Schwert beiseite und öffnet das Buch – als Ausdruck der staatspolitischen, fortschrittlichen Ideen, die den Regierungsstil Leopolds auf der Basis der Humanität kennzeichneten.

Zu Häupten liegen auf dem einen Eckpfeiler der österreichische Erzherzogshut und die Kaiserkrone, auf dem Eckpfeiler an der Fußseite die Kronen Böhmens

Der Kenotaph Kaiser Leopolds II. in der Georgskapelle der Augustinerkirche in Wien.

Seitenansicht des Kenotaphs Leopolds II. von Franz Anton Zauner.

und Ungarns. Die kleinen Sockelreliefs verweisen auf Leopolds hervorragende Tugenden: Liebe, Gerechtigkeit, Großzügigkeit und Liebe zu den Wissenschaften.

Das Grau des Marmors und das Weiß der Figuren und Reliefs verstärken jene romantische Stimmung, die *„durch die stumme Zwiesprache der trauernden Frau mit dem im Tode schlafenden kaiserlichen Ritter"*[100] hervorgerufen wird.

geboren 24. 11. 1745, gestorben 15. 5. 1792

Maria Ludovika (auch Luise genannt) war die Tochter von König Karl IV. von Neapel-Sizilien (als Karl III. seit 1759 König von Spanien) und Maria Amalie von Sachsen. Ihr sieben Jahre jüngerer Bruder, der linkische Ferdinand IV., König von Neapel-Sizilien, war mit Maria Karoline, der Schwester ihres Gemahls Leopold verheiratet.

Ursprünglich sollte Ludovika, die eine gewisse Ähnlichkeit mit Isabella von Parma, der ersten Gemahlin Kaiser Josephs, aufwies, Karl Joseph, den zwei Jahre älteren Bruder Leopolds heiraten. Als dieser jedoch 1761 starb, wurde im Zuge der Bemühungen Maria Theresias, das Haus Bourbon mit Söhnen und Töchtern an Habsburg zu binden, 1762 der Ehevertrag mit Erzherzog Leopold formuliert.[101] 1765 wurden die beiden vermählt, und Leopold übernahm nach dem Tod Franz Stephans die Regierung der Toskana.

Der Ehe entstammten sechzehn Kinder, von den zwölf Söhnen überlebten neun die Eltern. Vier Hauptlinien des Hauses Habsburg, die sich nach dem Ende der Monarchie 1918 erhalten haben, gehen auf Ludovika und Leopold zurück, wobei Ludovika der habsburgischen Nachkommenschaft ihre Epilepsie vererbte.[102] Leopolds Untreue nahm sie mit Gelassenheit hin. Die Damen des florentinischen Adels hatten es dem sinnlichen Leopold nicht allzu schwer gemacht[103]. Zwei Favoritinnen sind quellenmäßig verbürgt: die englische Lady Anne Cowper und die römische Tänzerin Livia Raimondi, die 1788 Leopolds Sohn Ludwig gebar.[104] Als Maria Christine und Herzog Albert 1776 eine Reise nach Florenz unternahmen, mußte Albert seiner Schwiegermutter Maria Theresia täglich Bericht erstatten. Er schrieb über Ludovika: *„Die Großherzogin lebt nur für ihn und hat keinen anderen Ehrgeiz, als seine Liebe zu erhalten und zur guten Erziehung der Kinder beizutragen. Die vielen Geburten haben sie sehr abgemagert; von dem Glanz der Schönheit, den sie in ihrer Jugend besaß, ist wenig mehr zu bemerken; ihre Gesundheit hat aber nicht gelitten. Obwohl sie nicht mehr so lebhaft ist, wie früher, so besitzt sie doch eine naive Heiterkeit und gleiche Laune ...“*[105]. Kaiser Leopold starb in den Armen Ludovikas, die ihm zwei Monate später nachfolgte. In der Kaisergruft stehen ihre Särge nebeneinander.

Der Sarkophag

Auch Ludovikas Sarg ist glatt, genietet, aus Kupfer und trägt auf dem Deckel lediglich ein Kreuz und die Inschriftentafel. Das sogenannte „spanische Kreuz" mit doppeltem Querbalken deutet auf Jakobus den Älteren, den angeblich ersten Bischof von Spanien.

Die Inschrift lautet:

MARIA LVDOVICA AVG. CAROLI III. HISP. REGIS FILIA LEOPOLDI II. AVG. CONJVX. NATA XXIV. NOV. MDCCXLV. MORTUA XV. MAJI MDCCXCII. HIC SITA EST.

Hier ruht Maria Ludovika, Kaiserin, Tochter des Königs Karl III. von Spanien, Gemahlin des Kaisers Leopold II., geboren den 24. November 1745, gestorben den 15. Mai 1792.

Kaiserin Maria Ludovika, Gemahlin Kaiser Leopolds II., auf einem Gemälde von Joseph Grassi.

geboren 13. 8. 1752, gestorben 8. 9. 1814

Sie war das dreizehnte Kind von Kaiserin Maria Theresia und Franz Stephan von Lothringen und wurde, nachdem ihre Schwester Josepha kurz vor der Vermählung mit Ferdinand IV. von Neapel am 15. Oktober 1767 an den Blattern gestorben war, 1768 mit diesem vermählt. Der aus 57 Wagen bestehende Hochzeitszug setzte sich am 7. April 1768 von Wien nach Neapel in Bewegung. Neben Karolines sechsspänniger Karosse ritten vier junge Männer der Nobelgarde in Gala auf prächtigen Schimmeln. Sie wurden später vorausgeschickt, da der Gegensatz zu Karolines zukünftigem Mann nicht so kraß ausfallen sollte. Denn der kindische, ungebildete Ferdinand – von den Neapolitanern wegen seiner großen Nase „Il Re Nasone" genannt – war alles andere als ein attraktiver Mann.

Maria Karoline war eine leidenschaftliche Gegnerin Napoleons und leistete in Neapel den stärksten Widerstand gegen die Franzosen. Als Neapel jedoch 1799 erobert wurde, floh das Königspaar nach Sizilien. Nach blutigen Kämpfen kehrte es nach Neapel zurück, mußte jedoch nach dem Frieden von Preßburg erneut das Land verlassen. Der festländische Teil des Reiches wurde 1806 Joseph Bonaparte, 1810 Joachim Murat, dem Schwager Napoleons, übergeben.

Die Rückkehr Ferdinands IV. auf den neapolitanischen Thron erlebte Maria Karoline nicht mehr. Sie starb zu Beginn des Wiener Kongresses am 8. September 1814 in Schloß Hetzendorf in Wien.

Am Hof in Neapel weilten bedeutende Persönlichkeiten des damaligen kulturellen Lebens: Der russische Graf Andreas Razoumovski war liebenswürdig, geistreich, umfassend gebildet, mit weltmännischem Auftreten, und er gehörte zu den schillerndsten Gestalten der Diplomatie. Zum Kreis der Vertrauten um Karoline zählten auch Sir William Hamilton, der Gesandte des englischen Hofes, und seine erste Gemahlin sowie später seine zweite Ehefrau, eine Schöne unbestimmter Herkunft, die als Lady Hamilton und vor allem durch ihre Liebe zu Horatio Nelson, dem Sieger von Abukir, berühmt geworden ist. Auch Johann Wolfgang von Goethe, dessen Freund Jacob Philipp Hackert königlicher Hofmaler in Neapel war, lernte anläßlich einer „italienischen Reise" Sir William und Emma Hamilton kennen.

In ihrem Testament hatte Karoline angeordnet: *„Ich befehle, daß mein Körper in keiner Weise einbalsamiert oder eröffnet werden möge ... Ich wünsche in schwarzem Gewande, dem Ordenskleide der schmerzreichen Madonna, beerdigt zu werden. Im Leben wie im Tode habe ich allen Prunkaufwand gehaßt. Ein Sack mit einem Schleier darüber würde es auch tun. Das Gedenken und die Gebete meiner Freunde und eine möglichst wenig prunkhafte Aufmachung wird mir am liebsten sein."*

Sie war zeit ihres Lebens gezwungen gewesen, zu kämpfen und schwere Schicksalsschläge hinzunehmen. Der Historiker Egon Caesar Conte Corti, der sich anhand von Quellen intensiv mit ihrem Leben vertraut gemacht hatte, schrieb: *„Ja, weiß Gott, in der Art, wie diese Frau schrieb, handelte, ja selbst fehlte, in allem und jedem flammte stets etwas vom Geiste ihrer Mutter, der großen Kaiserin."*[106]

Sie erzog ihren Gatten Ferdinand vom ungehobelten, infantilen Halbwüchsigen zu einem Mann und König, den zu lieben ihr Pflicht und Gehorsam aufgetragen hatten und dessen Land sie passabel regierte, während er meistens auf der Jagd war oder seinen kindlichen Spielen nachging. Sie gebar ihm achtzehn Kinder. Nach dem Tod seiner Gattin ordnete er sechs Monate Hoftrauer an, heiratete

Erzherzogin Maria Karoline, Königin beider Sizilien, Tochter Maria Theresias. Das Gemälde stammt von J. G. Weikert, einem Schüler Martin van Meytens.

jedoch bereits zwei Monate später seine langjährige Geliebte, die Witwe Lucia Migliaccio e Borgia, in morganatischer Ehe.

Nicht weit vom Kronprinzengarten des Schlosses Schönbrunn befindet sich eine steinerne Statuengruppe von Thaler. Der Künstler verewigte an seinen Figuren die Gesichtszüge Maria Karolines und ihrer Kinder.[107]

DER SARKOPHAG

Der Kupfersarg ist einfach, glatt und genietet; er steht auf sechs Füßen. Ein Kreuz und eine Inschriftentafel sind der einzige Schmuck.

Die Inschrift lautet:

AETERNAE . MEMORIAE . MAR . CAROLINAE . LVD . FRANCISCI . I . ET . M . THE-RESIAE . AVGG . FILIAE SICIL . REGINAE . ARCH . AVST . NATA . VINDOB . XIII . AVG . MDCCLII . CONNVBIO . IVNCTA . FERDINANDO . IV . SICILIAE . REGI . IN . EO . RERVM . HVMANARVM . FASTIGIO . COLLOCATA . ITA . SE . GESSIT . VT . NESCIAS . REGIIS . AN . CHRISTIANIS . VIRTVTIBVS . MAIOR . FVERIT . ERAT . ENIM . ET . MATER . PIENTISSIMA. MIRO . INGENII . ATQVE . ANIMI. VIGORE . MVNIFICA . IN . SINGVLOS . LIBERALIS . IN . EGENOS . IN . VTRAQVE . FORTV-NA . SEMPER . SIBI . CONSTANS . POST . VARIA . DISCRIMINA . RERVM . PATRIO . TANDEM . SOLO . CVIVS . NVNQVAM . IMMEMOR . FVIT . REDDITA . CVM . OP-TATA . TRANQVILLITATE . ET . OTIO . MINIME . OTIOSO . VIX . PERFRVI . COEPISSET . REPENTINA . MORTE . VIVIS . ERIPITVR . IN . ARCE . CAES . HET-ZENDORF . VIII . SEPT . MDCCCXIV . PRAESENTIS . PIISSIMI . FILII . REGIIQVE . PRINCIPIS . LEOPOLDI . INGENTI . LVCTV . GRAVI . AVGVSTAE . FAMILIAE . ET . PATRIAE . MOERORE .

Zum ewigen Andenken an Maria Karolina Ludovika, die Tochter der durch-lauchtigsten Franz I. und Maria Theresias, Königin von Sizilien, Erzherzogin von Österreich, geboren in Wien, den 13. August 1752, vermählt mit Ferdinand IV., König von Sizilien. Zu dieser höchsten menschlichen Würde erhoben, han-delte sie so, daß man nicht weiß, ob sie mehr durch königliche als durch christli-che Tugenden hervorragte, denn sie war eine überaus liebevolle Mutter, von er-habener Geistes- und Seelenkraft, freigebig gegen alle, gütig gegen die Bedürfti-gen.

Im Glück und im Unglück blieb sie sich gleich und wurde nach mannigfachen Schicksalsschlägen schließlich der Heimat zurückgegeben, die sie nie vergessen hat. Nachdem sie die ersehnte Ruhe mit Muße, doch nicht müßig, kaum zu ge-nießen begonnen hatte, wurde sie durch einen plötzlichen Tod den Ihren entris-sen im kaiserlichen Schloß Hetzendorf, den 8. September 1814, zum unermeßli-chen Leid ihres frommen Sohnes, des königlichen Prinzen Leopold, der zugegen war, tief betrauert von der kaiserlichen Familie und dem Vaterland.

105 FERDINAND KARL ANTON – SOHN MARIA THERESIAS

geboren 1. 6. 1754, gestorben 24. 12. 1806

Ferdinand – Generalkapitän der Lombardei, Herzog von Modena – wurde gemeinsam mit seinem jüngeren Bruder Maximilian erzogen und verstand es bereits als Kind, sich die besondere Zuneigung seiner Mutter Kaiserin Maria Theresia zu erwerben. Er vertrat schon als vierzehn- und fünfzehnjähriger Knabe bei der Hochzeit seiner Schwestern Maria Karoline und Maria Amalie die abwesenden Bräutigame. Auch 1770, als die vierzehnjährige Marie-Antoinette per procuratorem mit dem Dauphin von Frankreich verheiratet wurde, fungierte Ferdinand als Stellvertreter.[108] Im folgenden Jahr heiratete er selbst Marie Beatrix von Este, die Tochter des Herzogs Ercole III. von Modena.
Mit Genehmigung des Reichstages zu Regensburg hatte Joseph II. für seinen Bruder die Investitur als Erbe des Herzogtums Modena im Fall des Ablebens des Herzogs von Modena, Ercole III., erreicht.

Erzherzog Ferdinand, Herzog von Modena.

In Maria Theresias Briefen an ihren Sohn nach Mailand wiederholen sich die beschwörenden Worte, er möge jederzeit Vorbild sein und in seiner Stellung als Sachverwalter der Kritik keinen Anlaß geben. Dennoch führte Ferdinand das unbeschwerte Leben eines Fürsten der damaligen Zeit und widmete sich vorwiegend seinen privaten Interessen wie Jagd, Musik und gutem Essen, ohne die Strömungen der Zeit zur Kenntnis zu nehmen.

Leopold, Großherzog der Toskana, machte in seiner streng geheimen Niederschrift *„Stato della famiglia"* aus seinem Groll und seiner Ablehnung gegenüber dem Bruder kein Hehl: *„Ferdinand in Mailand ist ein sehr schwacher Mann, von wenig Verstand und geringem Talent, aber der von sich eine sehr hohe Meinung hat, ein Wirr- und Querkopf ... Er ist hart in seinen Grundsätzen, geldgierig, vom ersten Eindruck bestimmt, roh, hört die Leute nicht an ..."*[109] In Mailand hatte das Haus Habsburg offenbar einen unwürdigen Vertreter.

Ferdinand wurde wie alle italienischen Fürsten seiner Zeit vom Sturm der Französischen Revolution erfaßt. Er mußte am 9. Mai 1796 aus Mailand flüchten. Die italienische Einigungsbewegung, das Risorgimento, vereinigte brillante Denker und Männer von redegewandter Überzeugungskraft, die ihn als Repräsentanten habsburgischer Macht kritisierten: *„Das habsburgische Imperium, das prächtige Resultat vieler geglückter Heiratskombinationen, fiel am Schluß nur der Auflösung anheim ... Die mehr oder weniger abgeschmackten und leichtfertigen leeren Dekorationen ihres Standes rechtfertigen die Entrüstung des Volkes, das darin (der Untätigkeit in entscheidenden Fragen) einen Verrat erblickte. Der Despotismus der Habsburger erschien im Laufe der wenigen Dezenien in der verschiedenartigsten Form; sowohl im Habit des Philosophen als auch im Habit des Geistlichen. Aber wie immer auch verkleidet, war das Ende lächerlich, ..."*[110]

In der Wiener Emigration führten Ferdinand und Marie Beatrix ein Dasein ohne materielle Einschränkungen. Sie hatten von Beatrix Vater die Landschaft Ortenau am Oberrhein mit 30 Ortschaften und die Verwaltung des Breisgaus erhalten. Nach dem Frieden von Preßburg (1805) lebte die Familie von den Erträgen des Aviticalfonds, den seinerzeit Franz I. begründet hatte[111].

Ferdinands Tochter Maria Beatrix Luigia wurde 1808 die dritte Gemahlin seines Neffen Kaiser Franz II./I.

Ferdinand starb am 24. Dezember 1806 um zwei Uhr nachmittags in seinem Palais auf dem Minoritenplatz an der Brustwassersucht[112].

DER SARKOPHAG

Der Kupfersarg ist glatt und genietet. Auf dem Deckel befinden sich lediglich ein einfaches Kreuz und die Inschriftentafel.

Die Inschrift lautet:

REQVIES. OPTIMORVM MERITORVM FERDINANDI. CAROLI. ANTONII ARCH. AVST. FRANCISCI. I. ET. M. THERESIAE. AVGG. FILII NATVS. KAL. IVN. MDCCLIV DECESSIT. VINDOB. IX. KAL. IAN. MDCCCVI PRINCEPS. MENTIS. LAVDANDAE. PRISCAE. FIDEI. IVSTI. RECTI. QVE TENAX VTRAQVE. FORTVNA. MAIOR LVGET. CONIVX. INCOMPARABILIS. MARITVM. ANIMAE. DIMIDIVM. SVAE CARA. MVSIS. MARTI. QVE. SOBOLES. PARENTEM. OPTIMVM EGENVS. PRINCIPEM. CVIVS. BENEFICAM. DEXTERAM NESCIEBAT. SINISTRA LVGET. AVSTRIA. ACERBO. FVNERE. SIBI. EREPTVM. ARCHIDVCEM AVITIS. PATERNIS. QVE VIRTVTIBVS. SIMILLIMVM SED BREVES DIES. HOMINIS. SVNT. ET. IVDICIA. DEI. ABYSSVS. MVLTA HAVE. ANIMA. SIDERIBVS. RECEPTA VBI. REGNANT. PAX. AETERNA ET. BEATA. TRANQVILLITAS.

Die wohlverdiente Ruhestätte des Erzherzogs von Österreich Ferdinand Karl Anton, des Sohnes ihrer Majestäten Franz I. und der Maria Theresia, geboren den 1. Juni 1754, gestorben zu Wien, den 23. Dezember 1806. Ein Fürst von lobenswertem Sinn, treu dem Glauben der Väter, der festhielt an Recht und Gerechtigkeit und über Glück und Unglück erhaben war. Die unvergleichliche Gattin betrauert den Gemahl, die Hälfte ihrer Seele, die den Musen und dem Mars treue Nachkommenschaft den besten Vater, der Bedürftige den Fürsten, dessen Linke die wohltätige Rechte nicht kannte. Es trauert Österreich um den durch einen herben Tod entrissenen Erzherzog, der den tugendhaften Ahnen sehr ähnlich war. Aber kurz sind des Menschen Tage und die Ratschlüsse Gottes ein tiefer Abgrund.

Lebe wohl, o Seele, die du in den Himmel aufgenommen worden bist, wo ewiger Friede herrscht und selige Stille.

In den Sarkophagen der hinteren Reihe sind von links nach rechts bestattet: Ferdinand Karl von Modena (1754–1806), Maria Beatrix von Este (1750–1829) und Maria Karoline, Königin von Neapel (1752–1814).

Maria Beatrix von Modena (1750–1829) mit Juwelen im Haar, vor sich die Krone. Stich von Cristoforo d'all Acqua.

106 Maria Beatrix Riccarda – Gemahlin Ferdinands von Modena

geboren 7. 4. 1750, gestorben 14. 11. 1829

1753 fielen im Herzogtum Modena alle Erbrechte auf Maria Beatrix, die Tochter von Herzog Herkules III. (ital. Ercole) und Marie Therese Cybò, einer Tochter des Herzogs Alberigo von Massa und Carrara. Maria Beatrix wurde von ihrem Großvater Franz III. von Modena in Mailand erzogen. Am 14. Mai 1753, Beatrix war drei Jahre alt, wurde die schriftliche „Verlobung" mit Leopold, dem dritten Sohn Maria Theresias, abgeschlossen[113].

Nachdem Erzherzog Karl 1761 plötzlich verstorben war, verschoben sich die Heiratsverträge insofern, als statt Karl Leopold Großherzog der Toskana wurde und Ferdinand anstelle Leopolds die Braut aus dem Hause Modena und das Gouvernement in Mailand erhielt.

Mit Ausnahme von Christine, der Lieblingstochter Maria Theresias, wurden die Kinder aus den damaligen Herrscherhäusern nicht nach ihren Wünschen bezüglich der Eheschließung gefragt. Sie wurden dazu erzogen, ihrem Rang und ihrer Stellung, die gottgewollt war, höchste Bedeutung zuzumessen. Die Gegebenheiten der europäischen Bündnispolitik bestimmten die Heiratswahl und nicht persönliches Glück oder gar Liebe.

Ab 1765 schrieb Maria Theresia, Ferdinand war elf Jahre alt, der damals fünfzehnjährigen Maria Beatrix viele Briefe, von denen 400 erhalten sind[114]. Auch nach der Hochzeit 1771 kümmerte sich Maria Theresia in ungewöhnlich fürsorglicher Weise um das Mailänder Paar und deren Nachkommen[115]. Maria Beatrix und Ferdinand hatten neun Kinder, von denen nur zwei jung starben. Beatrix starb am 14. November 1829 in ihrem Palais in der Beatrixgasse 29, welches sie 1806 gekauft hatte. Nach ihrer Willenserklärung durfte ihr Leichnam nicht geöffnet werden. Der kupferne, verlötete Sarg wurde in der Hofburgpfarrkirche auf das Schaugerüst gestellt.

Der Sarkophag

Der glatte, geschweifte Kupfersarg steht auf sechs Füßen. Ein einfaches Kreuz und die Inschriftentafel sind der einzige Schmuck des Oberteils. Acht Löwenköpfe mit Ringen als Handhaben zieren die Seitenwände.

Die Inschrift lautet:

AETERNAE. MEMORIAE M. BEATRICIS. ESTENSIS HERCULIS. III. MUTINAE. DUCIS FILIAE NATA. VII. APR. MDCCL. NUPTA. FERDINANDO. ARCH. AUSTR. XV. OCT. MDCCLXXI. DECESSIT. VINDOB. XIV. NOV. MDCCCXXIX.

Zum ewigen Andenken an Maria Beatrix von Este, Tochter des Herzogs Herkules III. von Modena, geboren den 7. April 1750, vermählt mit Erzherzog Ferdinand den 15. Oktober 1771, gestorben zu Wien den 14. November 1829.

101   FRANZ V. HERZOG VON MODENA, MASSA, CARRARA UND GUASTALLA

geboren 1. 6. 1819, gestorben 20. 11. 1875

Er war der Sohn von Franz IV. von Modena und Maria Beatrix von Sardinien. Um den Bemühungen der italienischen Patrioten um einen geeinten Staat auf der Apenninhalbinsel wirkungsvoll begegnen zu können, rief er, wie zuvor bereits sein Vater, österreichische Truppen in sein Land. Im März 1848 mußte er Modena verlassen, kehrte jedoch bereits im August mit Hilfe der Truppen Radetzkys zurück.

Nach der Niederlage Österreichs in der Schlacht von Magenta ging Franz V. mit seiner Familie erneut ins Exil und lebte zuletzt in Wien. Auch seine Gemahlin Adelgunde, eine Tochter König Ludwigs von Bayern, ist in der Kaisergruft bestattet (94 D).

Da das Herzogpaar kinderlos blieb (eine Tochter starb früh), vermachte es die wertvollen Estensischen Kunstsammlungen dem ältesten Sohn Erzherzog Karl Ludwigs, dem späteren Thronfolger Franz Ferdinand, der den Titel „Este" annahm.

Die Inschrift auf dem Sarkophag lautet:

FRANCISCVS. V ARCHIDVX. AVSTRIAE. ESTENSIS MVTINAE. MASSAE. CARRARAE. GVASTALLAE DVX NATVS . MYTINAE DIE . I. IVNII. MDCCCXIX DENATVS. VINDOBONAE DIE. XX. NOVEMBRIS. MDCCCLXXV. H . S . E

Hier ruht Franz V., Erzherzog von Österreich-Este, Herzog von Modena, Massa, Carrara und Guastalla, geboren zu Modena, den 1. Juni 1819, gestorben zu Wien, den 20. November 1875.

102   FERDINAND KARL D'ESTE

geboren 25. 4. 1781, gestorben 5. 11. 1850

Der zweite Sohn von Erzherzog Ferdinand Karl Anton und Maria Beatrix von Este wurde in Mailand geboren und war bereits mit zwölf Jahren Inhaber des dritten Husarenregiments. Nach Vertreibung seiner Familie durch Napoleon aus der Lombardei, besuchte Ferdinand die Militärakademie in Wiener Neustadt. Er nahm später an zahlreichen Feldzügen gegen die Franzosen teil, erhielt eine Vielzahl an militärischen Orden und war politisch u. a. in Galizien und Siebenbürgen tätig.

Die Inschrift auf seinem Sarkophag lautet:

PX FERDINANDVS. CAROLVS. IOSEPHVS ARCHIDVX. AVSTRIAE. DVX. ESTENSIS C. R. SVMMVS. BELLI. DVX NATVS. D. XXV. APRIL. MDCCLXXXI MORT. D. V. NOVEMBER. MDCCCL. H. S. E

Hier ruht Ferdinand Karl Josef, Erzherzog von Österreich, Herzog von Este, kaiserlich-königlich oberster Heerführer, geboren den 25. April 1781, gestorben den 5. November 1850.

103 ANTON VIKTOR – SOHN LEOPOLDS II.

geboren 31. 8. 1779, gestorben 2. 4. 1835

Der achte Sohn des späteren Kaisers Leopold II. und Maria Ludovikas von Bourbon wurde 1801 zum Fürstbischof von Münster und Kurfürsten von Köln gewählt. Er trat jedoch beide Reichsämter nicht an, da Säkularisation und französische Besetzung des linksrheinischen Gebietes dies verhinderten.

1803, nach Ablegung der drei Ordensgelübde, wurde er zum Deutschordensritter in Wien geschlagen und 1805 als letzter Hochmeister (Ordensmeister) inthronisiert. 1809 erlebte er die Aufhebung des Ordens in den Rheinbundstaaten durch Napoleon.

Neben politischen Aufgaben, er war u. a. Vizekönig des lombardo-venezianischen Königreiches, war er an Naturwissenschaften interessiert und auf sozialen und künstlerischen Gebieten tätig.

Die Inschrift auf seinem Sarkophag lautet:

ANTONIVS. VICTOR DIVI. LEOPOLDI. II. ET. MAR. LUDOVICAE FILIVS ARCHIDVX. AVSTRIAE MAGNVS ORDINIS. TEVTONICI. PER. IMPERIVM. AVSTRIACUM MAGISTER NAT. FLORENT. PRIDIE. CALEND. SEPTEMBER. MCDDLXXIX OBIIT. VINDOB. II. APRIL. ANTE. HORAM. X. VESPERTINAM MDCCCXXXV.

Anton Viktor, Sohn des erhabenen Leopold II. und der Maria Ludovika, Erzherzog von Österreich, Großmeister des Deutschritterordens im Kaiserreich Österreich, geboren zu Florenz, den 31. August 1779, gestorben zu Wien, den 2. April, vor der zehnten Abendstunde, 1835.

104 LUDWIG JOSEPH – SOHN LEOPOLDS II.

geboren 13. 12. 1784, gestorben 21. 12. 1864

Der Sohn Kaiser Leopolds II. und Maria Ludovikas von Bourbon wurde nach dem frühen Tod seiner Eltern (1792) unter Aufsicht seines älteren Bruders, des späteren Kaisers Franz II./I., vorwiegend militärisch erzogen.

Bereits mit siebzehn Jahren war er Oberstinhaber des Infanterieregimentes Nr. 8. Darüber hinaus galt sein Interesse kommerziellen, naturwissenschaftlichen und mathematischen Themenbereichen.

Er bereiste Frankreich und England, und seine Berichte darüber fanden ihren Niederschlag in diversen Fachzeitungen.

Als Mitglied des Staatsrates vertrat er den Kaiser oft in dessen Abwesenheit. Nach dem Tod Franz II./I. 1835 wurde er durch dessen Testament Vorsitzender der Staatskonferenz. Diese Institution sollte für den wegen seiner schwachen Gesundheit behinderten Ferdinand die Regierungsgeschäfte führen.

Im Revolutionsjahr 1848 zog sich Ludwig aus dem öffentlichen Leben zurück. Seine Verdienste um die Wissenschaften wurden mit der Ehrenmitgliedschaft der Österreichischen Akademie der Wissenschaften anerkannt.

Die Inschrift auf dem Sarkophag lautet:

LVDOVICVS. JOSEPHVS LEOPOLDI II. ET M. LVDOVICAE AVGG. FILIVS A. A. REI TORMENTARIAE ET DVARUM LEGIONVM PRAEFECTVS NATVS FLORENTIAE

DIE XIII. DECEMB. MDCCLXXXIV DENATVS VINDOBONAE DIE XXI. DECEMB. MDCCCLXIV. H. S. E.

Hier ruht Ludwig Josef, Sohn ihrer Majestäten Leopolds II. und Maria Ludovika, Erzherzog von Österreich, Befehlshaber der Artillerie und zweier Regimenter, geboren zu Florenz, den 13. Dezember 1784, gestorben zu Wien, den 21. Dezember 1854.

108   *FERDINAND IV.*

geboren 10. 6. 1835, gestorben 17. 1. 1908

Der Erbgroßherzog wuchs in Florenz auf und erlebte dort als Kind die Revolution des Jahres 1848/49. Während der zweiten Revolution 1859 verzichtete sein Vater Leopold zu seinen Gunsten. Ferdinand jedoch trat nie die Regierung an, die Nationalversammlung beschloß kurz darauf die Thronentsetzung der Habsburger in der Toskana, welche sich 1860 an das neugestaltete Königreich Italien anschloß.
Die Familie Habsburg-Toskana lebte im Exil in Salzburg, bis Ferdinand IV. auf Wunsch Kaiser Franz Josephs offiziell abdankte, um die österreichisch-italienischen Beziehungen zu verbessern.
Ferdinand war in erster Ehe mit Maria von Sachsen, in zweiter Ehe mit Alice von Parma verheiratet.

Ferdinand IV., Großherzog von Toskana, Erzherzog von Österreich.

Die Inschrift auf dem Sarkophag lautet:

FERDINANDVS IV. PRINC. IMP. ET ARCHID. AVSTR. PRINC. REG. HUNG. BOH. ETC. ETC. MAGNVS DVX HETRVRIAE NATVS FLORENTIAE DIE X. IVN. A. I. MDCCCXXXV DEFVNCTVS SALISBVRGI DIE XVII. IAN. A. I. MCMVIII. R. I. P.

Ferdinand IV., kaiserlicher Prinz und Erzherzog von Österreich, königlicher Prinz von Ungarn, Böhmen usw. usw., Großherzog von Toskana, geboren zu Florenz, den 10. Juni 1835, gestorben zu Salzburg, den 17. Januar 1908. Er ruhe in Frieden.

109   *LEOPOLD II.*

geboren 3. 10. 1797, gestorben 29. 1. 1870

Leopold, von deutschen und italienischen Lehrern erzogen, wurde nach dem frühen Tod seines Vaters Ferdinand III. 1824 Großherzog von Toskana.
Sein wirtschaftliches und soziales Engagement wurde jedoch durch die Aufstände von 1830 unterbrochen. Als Gegner des Liberalismus und des italienischen Nationalismus wurde er 1847/48 gezwungen, Pressefreiheit, Bürgerwehr und eine parlamentarische Verfassung zu gewähren. Die Besetzung des Landes durch österreichische Truppen und die Abschaffung der Verfassung brachte ihn schließlich um alle Sympathien.
1859 dankte er zugunsten seines Sohnes Ferdinand IV. ab und lebte fortan in Salzburg und Böhmen, wo er Bürgermeister von Schlackenwerth wurde.
In erster Ehe war Leopold mit Maria Anna von Sachsen, in zweiter mit Maria Antonia von Neapel-Sizilien verheiratet.

Die Inschrift auf dem Sarkophag lautet:

LEOPOLDVS II PRINCEPS CAESAREVS ET ARCHIDVX AVSTRIAE PRINCEPS. REGIV . HUNGARIAE BOHEMIAE ETC. ETC. MAGNVS DVX ETRVRIAE NATVS FLORENTIAE D. III. OCT. MDCCXCVII DEFVNCTVS ROMAE D. XXIX. JAN. MDCCCLXX. H. S. E.

Hier ruht Leopold II. kaiserlicher Prinz und Erzherzog von Österreich, königlicher Prinz von Ungarn, Böhmen usw. usw., Großherzog von Toskana, geboren zu Florenz, den 3. Oktober 1797, gestorben zu Rom, den 29. Januar 1870.

110   RAINER FERDINAND

geboren 11. 1. 1827, gestorben 27. 1. 1913

Der Sohn des Vizekönigs von Lombardo-Venezien Rainer Joseph und von Maria Elisabeth von Savoyen kam mit siebzehn Jahren nach Wien, wo er eine traditionelle Militärkarriere absolvierte.

Er war ein Liberaler in einer Zeit des Übergangs zum Verfassungsstaat (Kabinett Schmerling) und genoß wegen verschiedener Funktionen große Popularität. 1857 wurde er Präsident des ständigen Reichsrates, 1860 des verstärkten Reichsrates. 1861 war er der Kompromißkandidat für den ersten konstitutionellen Ministerpräsidenten Österreichs.

Seine besonderen Interessen galten den Wissenschaften und Künsten. In beiden Bereichen war er Inhaber hoher ehrenvoller Ämter. Als Sammler von Büchern (40.000!), Handschriften und vor allem Papyrii (die Sammlung El Fayum oder Sammlung Rainer umfaßte 100.000 Stück), machte er sich in der Ägyptologie einen Namen.

Erzherzog Rainer besaß aus dem Erbe seines Vaters und seiner kinderlosen Brüder Güter in Italien und Österreich. Er war mit seiner Cousine Maria Karoline verheiratet.

Der Sarkophag trägt die Inschrift:

RAINERIVS ARCHIDVX AUSTRIAE RAINERII, ET MARIAE ELISABETHAE ARCHIDVCVM FILIVS NATVS MEDIOLANI DIE XI. MENSIS JANVARII MDCCCXXVII. OBIIT VINDOBONAE DIE XXVII. MENSIS JANVARII MCMXIII. H. S. E.

Hier ruht Rainer, Erzherzog von Österreich, Sohn der Erzherzoge Rainer und Maria Elisabeth, geboren zu Mailand, den 11. Januar 1827, gestorben zu Wien den 27. Januar 1913.

Erzherzog Rainer Ferdinand

VIII. Die Neue Gruft

In der Neuen Gruft, die im realistischen Stil der sechziger Jahre erbaut wurde, befinden sich Sarkophage aus drei Jahrhunderten. An der westlichen Schmalseite wurden die Särge der aus der Habsburger Dynastie stammenden geistlichen Würdenträger untergebracht, an der östlichen Schmalseite die Eltern und Verwandten von Kaiser Franz Joseph.

Leopold Wilhelm, nach einem Gemälde von Jan van den Hoeke.

115 LEOPOLD WILHELM – SOHN FERDINANDS II.

geboren 6. 1. 1614, gestorben 20. 11. 1662

Der jüngste Sohn Ferdinands II. und Maria Annas von Bayern war für den geistlichen Stand bestimmt und wurde bereits mit elf Jahren Bischof von Passau und Straßburg, mit zwölf Jahren Titularbischof von Halberstadt, mit dreiundzwanzig von Olmütz und mit neununddreißig Jahren (1655) von Breslau. 1642 war er Hochmeister des Deutschen Ritterordens, 1645 Oberbefehlshaber über die Wiener Stadtbesatzung aus Bürgern, Studenten und Soldaten gegen die Truppen des schwedischen Generals Torstenson und von 1647 bis 1656 spanischer Statthalter in den Niederlanden. 1657, nach dem Tod seines Bruders Ferdinand III., favorisierte ihn eine Gruppe deutscher Fürsten als Nachfolger im Reich.

Es dürfte wenige Feldherren gegeben haben, „*die so oft geschlagen und die so oft gewonnen und wieder verloren haben, wie er*".[116]

In seinen letzten Lebensjahren war der Erzherzog in Wien Ratgeber seines Neffen Leopold I. In seinem Testament setzte er seinen Neffen Karl Joseph zum Universalerben ein, vermachte seinen unschätzbaren Kunstbesitz jedoch dem Kaiser.

Leopold Wilhelms Bedeutung für die Nachwelt besteht nicht in seinen militärischen Erfolgen, sondern in seiner Tätigkeit als Kunstmäzen und Sammler. Während seiner Statthalterschaft in den spanischen Niederlanden hatte er den flämischen Künstlern Aufträge erteilt. Durch ihn gelangten einige Werke von Pieter Brueghel dem Älteren wie „Der düstere Tag", „Kinderspiele" und „Der Turm zu Babel" nach Wien.

Außer der niederländischen und flämischen Malerei des 16. und 17. Jhs. erwarb er auch große Teile der königlich-englischen Sammlungen bei deren Verkauf durch Oliver Cromwell[117].

Er selbst hatte unter dem Pseudonym „Crescente" 1656 eine Sammlung italienischer Gedichte, „Diporte del Crescente", herausgegeben.

DER SARKOPHAG

Auf dem Deckel liegt ein Kruzifix mit der Mater Dolorosa, darunter befindet sich das Monogramm L. G. für Leopoldus Guilielmus, welches mit der Erzherzogskrone bekrönt ist.

Das Wappenschild ist durch das Kreuz des Deutschen Ritterordens in vier Teile und Unterabteilungen geteilt: Diese enthalten links oben das ungarische, darunter das kastilische, daneben das leonische und das neue österreichische Wappen mit Querbalken; rechts oben das böhmische, darunter das burgundische, kärntnerische, elsässische, kyburgische und das Tiroler Wappen; im unteren Teil die Wappen von Görz, Pfirt, Krain, Habsburg, der windischen Mark, der Grafschaft Cilli, Portenau und die alten österreichischen Wappen mit den fünf Adlern.

Zu Füßen des Deckels befindet sich ein Totenkopf mit gekreuzten Knochen und die Inschriftentafel.

An den beiden Längsseiten des Deckels sind die Wappen der Bistümer Straßburg, Passau, Olmütz, Halberstadt, Breslau und der gefürsteten Abtei Mauerbach, eingesäumt von den Symbolen des geistlichen Standes, angebracht.

Am unteren Teil des Sarges befindet sich als Mittelstück das Kreuz des deutschen Ritterordens. Dieses wird vom Erzherzogshut überhöht und ist von militärischen Emblemen sowie den zwei Löwenkopfhandhaben umgeben.

Der Sarkophag, eine Arbeit von Lothar Som, ruht auf sechs Löwen als Füße.

Detail von den abgeschrägten Längsseiten des Sarkophages von Leopold Wilhelm. Erkennbar sind die Insignien geistlicher Macht wie der chapeau ecclésiastique, eine Mitra, das Kreuz des Deutschen Ritterordens, ein Kelch, die Bibel, Rauchfaß, Aspergill, Stola, Pastorale, Cingulum u. s. w.

Die Inschrift lautet:

TIMORE DOMINI.
HAC VRNA CONDITVR LEOPOLDVS GVILIELMVS ARCHIDVX IMPERATORUM
FERDINANDI II FILIVS, FERDINANDI III FRATER, LEOPOLDI PATRVVS. AVGUS-
TISSIMAE DOMVS FIDELISSIMVS PRINCEPS. ORDINIS TEVTONICORVM MAG-
NVS MAGISTER. PLVRIVM ECCLESIARVM PYSSIMVS ANTISTES. CAESARIAN-
ORVM EXERCITVVM FORTISSIMVS DVX. BOHEMIAE ET BELGICAE SAPIENTIS-
SIMVS GVBERNATOR QVI NATVS NEOSTADIJ IN AUSTRIA A° MDCXIV IANVARY
DIE VI, VIENNAE DIE XX NOVEMBRIS COMPLEVIT DIES SVOS.

In der Furcht des Herrn. In diesem Sarg ist verschlossen Leopold Wilhelm, Erzherzog, Sohn des Kaisers Ferdinand II., Bruder Ferdinands III. und Onkel Leopolds, ein gegen das durchlauchtigste Erzhaus überaus treuer Fürst, Großmeister des Deutschritterordens, tugendhafter Vorsteher mehrerer Kirchen, sehr
tapferer Anführer der kaiserlichen Heere, weiser Statthalter von Böhmen und
den Niederlanden, der zu Neustadt in Österreich im Jahre 1614, den 6. Januar,
geboren wurde und in Wien am 20. November 1662 seine Tage vollendete.

116 KARL JOSEPH – SOHN FERDINANDS III.

geboren 7. 8. 1649, gestorben 27. 1. 1664

Karl Joseph, Ehzg. von Österreich, Bischof von Olmütz, Hochmeister des Deutschen Ritterordens, Erbe seines Onkels Leopold Wilhelm auf einem Stich von Matthäus Kusel, nach einem nicht erhaltenen Gemälde von Joannes Udalricus Mayr.

Der einzige Sohn aus der zweiten Ehe Kaiser Ferdinands mit Erzherzogin Maria Leopoldine, ein Halbbruder Leopolds I., wurde für den geistlichen Stand bestimmt und trat 1662 im Alter von dreizehn Jahren die Nachfolge Ehzg. Leopold Wilhelms als Bischof von Olmütz an. Sein Onkel hatte ihn schon 1661 als dessen Universalerbe mit Ausnahme der Kunstsammlungen eingesetzt und ihm auch die Würde des Hochmeisters des Deutschen Ritterordens abgetreten.

Karl Joseph verstarb jedoch bereits 1664 in Linz. Sein Leichnam wurde mit dem Schiff nach Wien überführt.

DER SARKOPHAG

Der Zinnsarkophag, eine Arbeit von Lothar Som, ist reich ornamentiert.

Auf dem Deckel liegt ein Kreuz mit Korpus, darunter befinden sich das Monogramm C. J. und das Wappen. An den beiden Längsseiten zeigen die Mittelstücke noch einmal die Monogramme C. J., daran anschließend sind rechts und links die Insignien der geistlichen Würde angebracht.

Am unteren Teil des Sarges befinden sich die Wappenschilder der Bistümer Passau, Olmütz und Breslau. Geflügelte Engelköpfe zieren die Ecken und dienen auch als Ornament für die Löwenkopfhandhaben.

Die Inschrift lautet:

HAC URNA CLAUDITUR MAGNA MUNDI SPES CAROLUS IOSEPHUS ARCHIDUX AUSTRIAE FERDINANDI III CAESARIS ET LEOPOLDINAE AUGUSTAE FILIUS NATUS VIENNAE MDCXLIX 7 AUGUSTI DENATUS LINZI MDCLXIV 27 IANUARI HUMATUS VIENNAE EODEM ANNO 21 FEBRUARI CUIUS ANIMAE QUISQUIS ES BENE PRECARE.

In diesem Sarg ist eingeschlossen die große Hoffnung der Welt, Karl Joseph, der Sohn des Kaisers Ferdinand III. und der Kaiserin Leopoldine, geboren zu Wien 1649, am 7. August, gestorben zu Linz 1664, am 27. Januar, beigesetzt zu Wien im nämlichen Jahr, am 21. Februar. Wer immer du bist, erbitte seiner Seele das Heil.

Sarkophage von Erzherzog Leopold Wilhelm (links) und Erzherzog Karl Joseph (rechts).

117 KARL JOSEPH VON LOTHRINGEN – ENKEL FERDINANDS III.

geboren 24. 11. 1680, gestorben 4. 12. 1715

Karl Joseph von Lothringen, Bischof von Osnabrück, Erzbischof und Kurfürst von Trier, war der Sohn von Eleonora Maria Josepha (1653–1697), einer Tochter Ferdinands III., und von Herzog Karl Leopold von Lothringen, dem Oberbefehlshaber der kaiserlichen Truppen im Türkenkrieg von 1683–1688).
Er verstarb fünfunddreißigjährig in Wien an den Blattern. Mit Einwilligung von Kaiser Karl VI. wurde er nach der Aufbahrung in der Wiener Minoritenkirche in der Kaisergruft bestattet. Diese Ehre bringt eine Inschrift zum Ausdruck: *„Tantis cineribus et merita et paternis maternisque Atavis Impp. editus sanguis sepulturae locum in Augustorum Mausoleo Imp Car. VI. adsignarunt.“*

Karl Joseph von Lothringen, Bischof von Osnabrück, Erzbischof und Kurfürst von Trier.

DER SARKOPHAG

Der 36 Zentner schwere Prunksarkophag von Lukas von Hildebrandt trägt die herrscherlichen und geistlichen Insignien. Die geschweifte Truhe ruht auf sechs Akanthusvoluten. An den vier Ecken halten bekrönte Adler die Wappenschilder. Der Mittelfuß an der Längsseite stellt einen Totenkopf mit gekreuzten Knochen dar, darüber befinden sich das große Wappenschild und die Inschriftenkartuschen. Die Längsseite schmückt ein reich ziselierter Adler mit gekreuztem Schwert und Krummstab.

Der Deckel ist mit Laub-, Pfeifen- und Bandornamentik reich verziert. Auf einem Polster liegen Erzherzogshut, Mitra, Krummstab und Brustkreuz.
Zu Füßen des großen Kruzifixes mit Korpus steht der Herzbecher. Die Eingeweideurne befindet sich in der Toskaner-Gruft.

Die Inschrift auf dem Sarkophag lautet:

PIETATI ET MEMORIAE HIC SITUS EST CAROLUS DUX LOTH CAROLI ET ELEON. AUSTR. FIL. QUEM VINDOBINA ACCEPIT XXIV. NOV. MDCLXXX.

In Liebe und zur Erinnerung. Hier ruht Karl, Herzog von Lothringen, ein Sohn des Karl und der Eleonore von Österreich, den Wien erhielt am 24. November 1680.

Die Inschrift auf dem Herzbecher lautet:

COR CAROLI IOSEPHI LOTHARINGIAE ET BARRI DUCIS QUI NATUS VIENNAE AO MDCLXXX. DIE XXIV NOVEMBRIS FACTUS EPISCOPUS OSNABRUGENSIS AO MDCLXXXVIII. DIE XIV APRILIS ET ARCHI EPISCOPUS ELECTOR TREVIRENSIS AO MDCCX. DIE VI IANUARII DENATUS EST VIENNAE EX VARIOLIS AO MDCCXV. DIE IV DECEMBRIS R. I. S. P.

Der Sarkophag des Erzbischofs in der Neuen Gruft.

Das Herz Karl Josefs, des Herzogs von Lothringen und Baar, der in Wien geboren, im Jahre 1680, den 24. November, Bischof von Osnabrück wurde im Jahre 1698, den 14. April und Erzbischof sowie Kurfürst von Trier im Jahre 1710, den 6. Januar. Er starb in Wien an den Pocken, im Jahre 1715, den 4. Dezember. Er ruhe im heiligen Frieden.

118 MAXIMILIAN FRANZ – SOHN MARIA THERESIAS

geboren 8. 12. 1756, gestorben 27. 7. 1801

Maximilian Franz, Erzherzog von Österreich, Kurfürst von Köln, Bischof von Münster. Stich von Wilhelm Friedrich Gmelin.

Der fünfte Sohn von Maria Theresia erhielt den Namen Maximilianus Xaverius Josephus Joannes Antonius Wenceslaus. Am 3. Oktober 1769 wurde er einstimmig zum Coadjutor gewählt und empfing am 9. Juli 1770 mit vierzehneinhalb Jahren in der Augustinerhofkirche den Ritterschlag des Deutschen Ordens. 1776 begann seine militärische Ausbildung, die er infolge eines Beinleidens aber bald beenden mußte.

Auf Betreiben seiner Mutter wurde er Kleriker, letzter Kurfürst von Köln und Bischof von Münster. Er schickte 1792 Beethoven zu Haydn nach Wien, bezahlte dessen Gehalt als Musiker und Organist der kurkölnischen Hofkapelle weiter und erstattete die Reisekosten. 1800 kehrte er selbst nach Wien zurück.[118]

„Er starb in der Nacht vom 26. auf 27. Juli 1801 um $^1/_2$12 Uhr zu Hetzendorf in dem gräflich seilerschen Garten im Alter von 45 Jahren.“[119]

Wegen der fortgeschrittenen Verwesung des Leichnams wurde der Holzsarg in der Nacht auf den 1. August in jene Nische eingemauert, wo sich zuvor der Sarkophag der Gräfin Fuchs befunden hatte.

Die Inschrift lautet:

HIC. SITUS. EST MAXIMILIANUS. FRANCISCUS ARCHIEP. ET. ELECT. COLONIENSIS EPISC. ET. PRINC. MONASTERIENSIS ARCH. AUST. ORD. TEUT. M. MAG. GRAVI. AUGUSTAE. FAMILIAE. ET. BONORUM. OMNIUM. LUCTU DEFUNCTUS. MDCCCI.

Hier ruht Maximilian Franz, Erzbischof und Kurfürst von Köln, Fürstbischof von Münster, Erzherzog von Österreich, Großmeister des Deutschritterordens, zum großen Leid der durchlauchtigsten Familie und aller Guten gestorben 1801.

119 RUDOLPH JOHANN JOSEPH RAINER – SOHN LEOPOLDS II.

geboren 8. 1. 1788, gestorben 23. 7. 1831

Der jüngste Sohn von Kaiser Leopold II. und Maria Ludovika von Bourbon wurde im Alter von vier Jahren Waise und von seinem älteren Bruder, dem späteren Kaiser Franz II./I. aufgezogen. Da seine schwache Gesundheit – er litt an Epilepsie und Rheumatismus – keine militärische Ausbildung zuließ, war er für den geistlichen Stand vorgesehen.

Rudolph war musikalisch begabt und förderte später Ludwig van Beethoven, der ihm zahlreiche Werke, u. a. die Missa solemnis, widmete. Darüber hinaus unterstützte er wirtschaftliche und industrielle Unternehmungen.

Sein geistliches Amt praktizierte er volksnahe und förderte u. a. arme Priesterstudenten aus ländlichen Gebieten. 1805 wurde er Koadjutor des Erzbischofs von Olmütz, 1819 Kardinal und 1820 Erzbischof von Olmütz.

Rudolph, Erzherzog von Österreich,
Kardinal, Fürstbischof und Gönner
Beethovens auf einem Gemälde von
Friedrich von Amerling.

DER SARKOPHAG

Die Inschrift lautet:

AETERNAE. MEMORIAE I. I. RAIN. RVDOLPHI. ARCHID. AUSTRIAE S. R. E. TIT. S.
PETRI. IN. MONT. AVR!
CARDINALIS. ARCHIEPISC. OLOMVCENSIS LEOPOLDI. II. ROM. IMP. FILII NATI.
FLOR. VIII. IAN. MDCCLXXXVIII. QUI. DIVTINA. NERVORUM. VALETUDINE.
LANGVIDUS. APOPLEXI ARREPTUS DECESSIT. AQUIS. PANN. XXIII. IVLII
MDCCCXXXI. AVE ANIMA.
DVLCIS ET. INNOCENTISSIMA QUORUM. APPETENS. SEMPER. FVISTI AD.
OMNIS. BONI. ET. PVLCHRI AETERNUM. FONTEM. REVERTENS.

Zum ewigen Andenken an den erhabensten Rainer Rudolph, Erzherzog von
Österreich, Kardinal der Heiligen Römischen Kirche mit dem Titel des heiligen
Petrus in Montorio, Erzbischof von Olmütz, Sohn des römischen Kaisers Leopold II., geboren zu Florenz den 8. Januar 1788. Von langjährigem Nervenleiden
gequält, starb er an einem Schlaganfall zu Baden bei Wien den 23. Juli 1831.
Lebe wohl, zarte und unschuldige Seele, die du zur ewigen Quelle alles Guten
und Schönen zurückkehrst, das du immer ersehnt hast.

Sein Herz ruht in der Krypta des Olmützer Doms.

*Sarkophage von Maximilian Franz
(links) und Rudolph Johann (rechts).*

120 WILHELM – SOHN KARL LUDWIGS

geboren 21. 4. 1827, gestorben 29. 7. 1894

Der fünfte Sohn von Ehzg. Karl (Sieger von Aspern) und Henriette von Nassau-Weilburg verlor im Alter von zwei Jahren seine Mutter. 1842 begann er seine militärische Karriere und 1846 legte er die drei Ordensgelübde ab.
1848 wurde er auf dem italienischen Kriegsschauplatz eingesetzt und 1866 bei Königgrätz am Kopf verwundet.
Er erhielt hohe in- und ausländische Orden verliehen und war Inhaber berühmter Regimenter, u. a. des 4. Infanterieregiments der Deutschmeister.
Das nach Plänen Theophil Hansens am Wiener Parkring erbaute Deutschmeister-Palais erfolgt im Auftrag des kunstliebenden Wilhelm.

DER SARKOPHAG

Der Sarkophag wurde im Beschorner-Stil gearbeitet.

Die Inschrift lautet:

GVGLIELMVS CAROLI ET HENRICAE PRINCIPIS. NASSAV WEILBVRGENSIS ARCHIDVCVM. AVSTRIAE FILIVS MAGNVS. ORDINIS. TEVTONICI MAGISTER NATVS. VINDOBONAE DIE. XXI. MENSIS. APRILIS MDCCCXXVII DENATVS. AQVIS. PANNONIAE IN. VILLA. WEILBVRG DIE. XXIX. MENSIS. IVLII MDCCCLXXXXIV. H. S. E

Hier ruht Wilhelm, Erzherzog von Österreich, Sohn der Erzherzoge von Österreich Karl und Henriette, Prinzessin von Nassau-Weilburg, Großmeister des Deutschritterordens, geboren zu Wien, den 21. April 1827, gestorben zu Baden bei Wien, auf dem Schloß Weilburg, den 29. Juli 1894.

121 KARL FERDINAND – SOHN KARL LUDWIGS

geboren 29. 7. 1818, gestorben 20. 11. 1874

Der zweite Sohn Erzherzog Karls und Henriettes von Nassau-Weilburg kommandierte eine Brigade in Italien und bekämpfte als Truppendivisionär den Aufstand in Prag von 1848. Ab 1859 war er kommandierender General in Mähren und Schlesien. Karl Ferdinand heiratete 1854 Elisabeth, die Tochter des Palatin Josef Anton, mit der er fünf Kinder hatte. Er war der Großvater des spanischen Königs Alfonso XIII. und starb an einem Leberleiden in Groß-Selowitz.

DER SARKOPHAG

Die Inschrift lautet:

CAROLVS FERDINANDVS CAROLI LVDOVICI ET HENRICAE A. A. FILIVS A. A. EQVITVM ET LEGIONIS PRAEFECTVS NATVS VINDOBONAE DIE XXIX. JVL MDCCCXVIII DENATVS IN CASTRO SELOWITZ DIE XX. NOV. MDCCCLXXIV. H. S. E.

Hier ruht Karl Ferdinand, Sohn der Erzherzoge Karl Ludwig und Henriette, Erzherzog von Österreich, Schwadrons- und Regiments-Kommandant, geboren zu Wien, den 29. Juli 1818, gestorben auf dem Schloß Selowitz, den 20. November 1874.

122   KARL LUDWIG – DER „SIEGER VON ASPERN"

geboren 5. 9. 1771, gestorben 30. 4. 1847

Der dritte Sohn des späteren Kaisers Leopold II. wurde von seiner Tante Maria Christine und deren Gemahl, dem Herzog von Sachsen-Teschen, adoptiert.
Von 1793 bis 1794 war Karl Ludwig Generalgouverneur der Niederlande und führte 1796 bis 1800 mit wechselndem Erfolg die Rheinarmee.

1801 wurde er Feldmarschall und Marineminister und 1806 Präsident des Hofkriegsrates und Generalissimus. 1809 schlug er bei Aspern den bis dahin unbesiegten Napoleon, was den Korsen zu der anerkennenden Bemerkung veranlaßte: „... *wir Sieger wissen jetzt, daß wir sterblich sind.*" Nach seiner Niederlage bei Wagram schloß Karl Ludwig gegen den Willen des Kaisers mit Napoleon den Waffenstillstand von Znaim und wurde deshalb des Kommandos enthoben.
Karl scheint gelegentlich nicht frei von heimlicher Bewunderung für seinen Feind gewesen zu sein.

1810 vertrat er Napoleon bei dessen Heirat mit Maria Luise, der Tochter Kaiser Franz I., bei der procuratorischen Vermählung. Das Motto „Tu felix Austria nube – du, glückliches Österreich, heirate" wurde wieder einmal Wirklichkeit; durch diese Ehe wurde das für die Monarchie gefährliche Bündnis von Frankreich und Rußland aufgelöst.

Karl Ludwigs prächtiges Schloß, die Weilburg bei Baden, im Empirestil gebaut, brannte im Zweiten Weltkrieg ab. Der Sieger von Aspern wurde mit einem Denkmal auf dem Wiener Heldenplatz geehrt.

Erzherzog Karl im Kreise seiner Familie auf der Weilburg bei Baden. Das Gemälde stammt von Johann Ender.

Der Sarkophag

Die Inschrift lautet:

CAROLVS. LVDOVICVS ARCHIDVX. AVSTRIAE GVBERNATOR. ET. CAPI-
TANEVS. GENERALIS REGNI. BOHEMIAE CAESAREORVM. EXERCITUUM
SVMMVS. BELLI. DUX TOT. TANTISQVE. PROELIIS. VICTOR NAT. FLORENT. V.
SEPT. MDCCLXXI MORT. VINDOB. XXX. APRIL MDCCCXXXXVII. H. S. E.

Hier ruht Karl Ludwig, Erzherzog von Österreich, Regent und Generalkapitän
des Königreichs Böhmen, höchster Kriegsherr der kaiserlichen Heere, Sieger in
so vielen und so großen Schlachten, geboren zu Florenz, den 5. September 1771,
gestorben zu Wien, den 30. April 1847.

Erzherzog Karl, der Sieger von Aspern.

123 HENRIETTE VON NASSAU-WEILBURG –
GEMAHLIN KARL LUDWIGS

geboren 30. 10. 1797, gestorben 29. 12. 1829

Die Gattin von Erzherzog Karl Ludwig blieb auch nach ihrer Heirat mit einem Angehörigen des katholischen Erzhauses Protestantin. Zu ihrer Zeit gehörte für diese Haltung ein unvergleichlicher Mut. Henriette führte den Brauch des Christbaumes in Wien ein. Georg Waldmüllers „Christbescherung" aus dem Jahre 1842 zeigt, wie der Weihnachtsbaum auch beim Volk zur Sitte geworden war.

Erzherzog Karl, der Sieger von Aspern, der schließlich von Napoleon bei Wagram geschlagen wurde, hatte seiner geliebten Gattin in Baden bei Wien unterhalb der Ruine Rauheneck von Kornhäusel ein Schloß bauen lassen. Dieses entstand nach dem Vorbild des Elternhauses von Henriette von Nassau-Weilburg. Sie verstarb mit 32 Jahren und wurde als einzige Protestantin in der Kaisergruft bestattet. Das Protokoll berichtet: *„Am 31. Dezember um 3 Uhr fand sich der österreichische Superintendent der evangelischen Gemeinde helvetischen Bekenntnisses Justus Hausknecht nebst einen anderen Prediger helvetischer Confession in einem Hofwagen in der Burg ein und wurde von dem Hof- und Burgpfarrer in die Ritterstube geleitet. Dort nahm der Superintendent Stellung auf der zweiten Stufe des Katafalks zu Füßen der Leiche und hielt eine rührende Leichenrede. Sodann nahm er die Einsegnung vor. Vor vier Uhr fuhr die Kaiserin und der Hofstaat zur Kapuziner Kirche. Als der Hofleichenwagen beim Thore ankam, stimmte die im Presbyterium versammelte Hofmusikkapelle das Miserere an, unter dessen Absingung der Zug in die Gruft hinabging; voraus die Kapuziner mit Wachsfackeln, dann der Sarg und die offiziellen Persönlichkeiten mit Wachslichtern. Der Superintendent und ein Prediger wohnten der Beisetzung bei."*[120]

Dieses Gemälde Henriettes von Nassau-Weilburg wurde wahrscheinlich von Thomas Lawrance begonnen und von Friedrich von Amerling vollendet.

Die Inschrift auf Henriettes Sarkophag lautet:

AETERNAE. MEMORIAE HENRICAE. NASSOVIENSIS FRIDERICI. PRINCIPIS. NASS. WEILB. FILIAE. NATAE. XXX. OCT. MDCCXCVII. NUPTAE. CAROLO. ARCH. AUST. XVII. SEPT. MDCCCXV. QUAE. MORTE. PRAEMATURA. DECESSIT XXIX. DEC. MDCCCXXIX. FORMA. ET. AETATE. FLORENS IMMORTALE. SUIS. DESIDERIUM.

Zum ewigen Andenken an Henriette von Nassau, Tochter des Prinzen Friedrich von Nassau-Weilburg, geboren den 30. Oktobrer 1797, vermählt mit Erzherzog Karl von Österreich, den 17. September 1815, die eines frühzeitigen Todes starb, am 29. Dezember 1829. Blühend an Gestalt und Alter, unsterbliche Sehnsucht der Ihren.

Sarkophage von Erzherzog Karl Ludwig (dritter von links) und seiner Gemahlin Erzherzogin Henriette (vierter von links) sowie Henriettes Urne mit den inneren Organen (rechts daneben).

261

125 RUDOLPH FRANZ – SOHN KARL LUDWIGS

geboren 25. 9. 1822, gestorben 11. 10. 1822

Henriette von Nassau-Weilburg gebar den kleinen Prinzen um ein Uhr morgens im erzherzoglichen Palais, wo dieser am folgenden Nachmittag getauft wurde. Kaiser Franz II./I. selbst hatte die Patenstelle übernommen.

Das Kind verschied wenige Wochen später an Krämpfen. Nach Exenterierung des kleinen Leichnams, Einkleidung, Einsegnung und Paradierung in der Ritterstube der Hofburg wurde das Herz in der Loretokapelle, die inneren Organe in der Gruft zu St. Stephan und der Leichnam in der Kapuzinergruft beigesetzt.

DER SARKOPHAG

Der einfache Kupfersarg ist glatt, genietet und mit Kreuz und Inschriftentafel versehen.

Die Inschrift lautet:

AETERNAE MEMORIAE RUDOLPHI FRANCISCI CAROLI. LUD. ET. HENRICAE. ALEX. ARCHIDD. AUST. FILII NATI. VIND. XXIV. SEPT. MORT. XI. OCT. MDCCCXXII. HAVE. ANIMA. DULCIS

Zum ewigen Andenken an Rudolf Franz, Sohn der Erzherzoge Karl Ludwig und Henriette Alexandra, geboren zu Wien, den 24. September[121], gestorben den 11. Oktober 1822. Lebe wohl, zarte Seele.

126 MAXIMILIAN VON MEXIKO – BRUDER FRANZ JOSEPHS I.

geboren 6. 7. 1832, gestorben 19. 6. 1867

Der Sohn von Erzherzog Franz Karl und der Wittelsbacherin Sophie Friedericke war ein Bruder Kaiser Franz Josephs. Er wurde Konteradmiral der österreichischen Marine und von 1857 bis 1859 Generalgouverneur des lombardo-venezianischen Königreiches.

Aufgrund französischer Interessen in Übersee wurde er, unterstützt von Napoleon III. und bestärkt durch konservative Kreise in Mexiko, 1864 Kaiser von Mexiko. Schlecht beraten, ohne Unterstützung und von Frankreich verlassen, gelang es dem liberal denkenden, an Naturwissenschaften interessierten Maximilian nicht, der Unruhen im Land Herr zu werden. Revolutionäre unter dem Befehl des mexikanischen Rechtsanwaltes indianischer Abstammung Benito Juarez belagerten ihn zunächst in der Festung Querétaro im Hochland Mexikos und nahmen ihn schließlich gefangen. Am 19. Juni 1867 wurde Maximilian gemeinsam mit seinen Getreuen, den Generälen Miguel Miramon und Thomas Mejia als Symbol für den Sieg der mexikanischen Unabhängigkeitsbewegung über die Interessen des europäischen Imperialismus erschossen[122].

Kurz vor seiner Hinrichtung am Cerro de las Campañas ließ sich Maximilian angeblich die alte mexikanische Weise La Paloma vorspielen. Er schenkte den Soldaten des Exekutivkommandos je eine Unze Gold und bat sie, auf seine Brust zu

Maximilian I., Kaiser von Mexiko, mit seiner Gattin, Charlotta von Belgien.

zielen, damit schon die erste Salve ihn töte. *„Es lebe Mexiko, es lebe die Unabhängigkeit"*, rief er, bevor er nach der dritten Salve verschied.

Sein Leichnam wurde mit der Novara, seinem 1. Kommandoschiff, mit der er 1864 in Vera Cruz an Land gegangen war, durch Vizeadmiral Wilhelm von Tegetthoff nach Triest gebracht, und am 18. Januar 1868, nachdem ihm posthum der Titel Erzherzog von Österreich erneut verliehen worden war, in der Kaisergruft bestattet.

Wolfsgruber berichtete als Augenzeuge des Begräbnisses, daß auf schwarzen Samtpolstern Kränze ausgelegt waren. Zu Häupten befand sich ein silberner Lorbeerkranz – gewidmet von Charlotta, der unglücklichen Gemahlin. Auf einem silbernen Lorbeerkranz mit Silberband, gewidmet von Kaiser Franz Joseph, waren drei Bänder mit den Inschriften befestigt: *„Dem echten Christen"* – *„Dem unvergeßlichen Bruder"* – *„Dem edlen Helden"*.

Kaiser Maximilian von Mexiko in Admiralsuniform, mit dem Orden vom Goldenen Vlies und den Sternen zu den Großkreuzen der österreichischen Hausorden.

Auch ein silberner Lorbeerkranz mit dem Widmungsverzeichnis mexikanischer Edelmänner lag beim Sarg Maximilians:

A LA MEMORIA AUGUSTA
DE S. M. EL EMPERADOR MAXIMILIANO
MUERTO POR MEXICO EL 19 DE IUNIO DE 1867
CONSAGRAN
REVERENTES, ACRADECIDOS
DOÑA MA ANA PEON DE REGIL
DOÑA LOVETO PEON Y PEON
DOÑA JOAQUINA PEON Y PEON
DON PEDRO DE REGIL Y PEON
DON ALONSO L. PEON DE REGIL
DON PEDRO M. PEON DE REGIL
DON ALVARO PEON DE REGIL
DON AUGUSTO PEON Y PEON
DON JOSÉ MA PEON Y LOZA
DON RAFAEL PEON Y LOZA
DE YUCATAN

In einem von Maximilian verfaßten Gedicht heißt es:

„Ich möchte nicht im Thal verderben,
Den letzten Blick beengt von Zwang:
Auf einem Berge möcht ich sterben,
Bei gold'nem Sonnenuntergang."

Sarkophag von Kaiser Maximilian von Mexiko, Erzherzog von Österreich.

Während seines Gefängnisaufenthaltes war Maximilian überzeugt, seine Gattin Charlotta sei inzwischen verstorben. Er verfügte in seinem Testament, daß seine Gattin in der Kaisergruft neben ihm bestattet werden möge.
Charlotta, wahnsinnig geworden, starb erst 1927 auf Schloß Bouchout und wurde in der Kirche von Laeken bestattet.

DER SARKOPHAG

Der schlichte Kupfersarg ist ein wenig geschweift, steht auf sechs Füßen und hat vergoldete Ornamente. Auf dem Deckel liegt ein Kreuz mit Korpus, Bronze vergoldet. Darunter befindet sich das Wappen Mexikos mit Krone und die Inschriftentafel. Der Sarkophag stammt vom k. k. Kupferschmied Oberst.

Die Inschrift auf dem Sarkophag lautet:

FERDINANDVS. MAXIMILIANVS. ARCHIDUX. AUSTRIAE. NATVS. IN. SCHOEN-
BRVNN. VI. IVLII. MDCCCXXXII. QVI. IMPERATOR. MEXICANORVM. ANNO.
MDCCCLXV. ELECTVS. DIRA. ET. CRVENTA. NECE. QVERETARI. XIX. IVNII.
MDCCCLXVII. FIDEM. AVITAM. RELIGIOSISSIME. CONFESSVS. HEROICA. CUM
VIRTVTE. INTERIIT. H. S. E.

Hier ruht Ferdinand Maximilian, Erzherzog von Österreich, geboren in Schönbrunn, am 6. Juli 1832, der im Jahre 1865 zum Kaiser von Mexiko erwählt, zu Queretaro, den 19. Juni 1867, nachdem er den angestammten Glauben fromm und mit Heldenmut bekannt hatte, einem grausamen und blutigen Mord zum Opfer fiel.

Die Heimkehr des toten Kaisers Maximilian. Die Fregatte Novara im Hintergrund hatte von 1857 bis 1959 als 1. Schiff der k. k. Flotte die Welt in einem Forschungsauftrag umsegelt. Maximilian führte als Konteradmiral sein erstes Kommando auf diesem Schiff. Es brachte ihn 1864

als Kaiser von Mexiko nach Vera Cruz und führte seinen Leichnam 1868 zurück nach Europa in den Hafen von Triest. Im Hintergrund rechts auf der Mole wartet der bereitstehende Galaleichenwagen. Das Gemälde stammt von Tito Agujari.

267

Aus dem Text des von Maximilian in der Todeszelle verfaßten Testamentes geht hervor, daß er irrtümlich im Glauben war, seine Gemahlin Charlotta sei gestorben. Sein Wunsch war, man möge seine Gemahlin in der Kaisergruft von Wien an seiner Seite bestatten. Tatsächlich starb sie erst 1927 in der Burg von Bouchoute in Belgien, wo sie seit Jahrzehnten in geistiger Umnachtung lebte.

127 MARIA LUDOVICA (LOUISE) – GEMAHLIN NAPOLEONS I.

geboren 12. 12. 1791, gestorben 17. 12. 1847

Obgleich ihre Liebe dem Bruder ihrer Stiefmutter, Franz von Modena, galt, wurde sie am 11. März 1810 mit Napoleon per procuratorem verheiratet, wobei Erzherzog Karl, der einstige Sieger von Aspern, Napoleon vertrat. Am 11. April wurde die Ehe in der Kapelle im Louvre in Paris mit größter Pracht eingesegnet. Im März 1811 gebar sie einen Sohn, der den Titel König von Rom erhielt. Napoleons Herrschaft schien für alle Zeiten gefestigt. Nach seinem Sturz verließ Maria Luise Frankreich. Sie reiste am 25. April 1814 mit ihrem Sohn durch die Schweiz nach Österreich zurück und wohnte zunächst in Schönbrunn.

Am 17. März 1816 übernahm Maria Luise die Regierung der Herzogtümer Parma, Piacenza und Guastalla, jener Gebiete, die ihr im Vertrag von Fontainebleau zugesichert worden waren. Der kleine Herzog von Reichstadt blieb in Schönbrunn.

Am 8. August 1821 heiratete sie in morganatischer Ehe Adam Albrecht Graf von Neipperg, ihren Obersthofmeister, nachdem dieser Verbindung bereits 1817 und 1819 die Kinder Albertine und Albrecht entsprossen waren. Diese wurden beim Hofarzt Dr. Rossi aufgezogen und nannten ihre Mutter „La Signora“. Sie erhielten durch ihren Großvater, Kaiser Franz II./I., den Namen Montenuovo und 1864 durch Kaiser Franz Joseph den Fürstentitel. 1834 heiratete Maria Luise in dritter Ehe den Grafen Karl von Bombelles.

1847 befand sie sich in Bad Ischl, als es in ihrem Herzogtum zu antiösterreichischen Kundgebungen kam. Sie kehrte am 16. November nach Parma zurück und starb dort am 17. Dezember.

Die Einbalsamierung erfolgte durch Injizieren von zehn Liter Alkohol und ein Kilogramm Arseniksäure durch die Halsschlagader. Sechs Tage wurde der Leichnam im Palazzo Ducale auf einem Paradebett aufgebahrt. Dann wurde die Tote in einen mit violettem Samt ausgeschlagenen Holzsarg gelegt, der in einen bleiernen und einen hölzernen Sarg verschlossen wurde.

Marschall Radetzky, Chef der in Italien stationierten österreichischen Truppen, sandte als Ehreneskorte eine Schwadron Husaren nach Parma. Unter dem Schutz dieser 150 Reiter trat Maria Louise ihre letzte Reise nach Wien an. In der Kaisergruft wurde sie zu Füßen ihres Vaters und neben ihrem Sohn, dem Herzog von Reichstadt, beigesetzt.

Die Parmesaner sähen es gern, wenn „la buona duchessa“ in der Stadt, in der sie über 31 Jahre gelebt und gewirkt hatte, auch bestattet wäre.[123]

Als Graf Dietrichstein den Sarg dem Pater Guardian übergab, sagte er: *„Es ist die entseelte Hülle einer Fürstin, die während ihrer 32jährigen, durch Gerechtigkeit und Milde ausgezeichneten Regierung im Erschaffen und beharrlichen Fortführen großartiger, nützlicher Unternehmungen, in steter Übung unzählige Wohltaten ihre Freude fand.“*[124]

Kaiserin Maria Louise (1791–1847), die zweite Gemahlin Napoleons I., auf einem Gemälde von Jean-Baptist Isabey.

Der Sarkophag

Der Truhensarkophag im Stil des zweiten Rokoko steht auf sechs runden Füßen, hat eine gewellte Decke, Löwenkopfhandhaben, seitliche Rahmenfelder und ist mit Efeukränzen verziert.

Die Inschrift lautet:

MARIA LVDOVICA A. A. PARMAE. PLACENTIAE. VASTALLAE. DVX NAT. VINDO-
BINAE. D. XII. DECEMBRIS. MDCCXCI NAPOLEONI. TVNC. GALL. IMPERATORI
CONNVBIO. IVNCTA. D. XI. MARTII. MDCCCX. VIDVA. A. D. V. MAII. MDCCCXXI
MORTVA. PARMAE. D. XVII. DECEMBRIS. MDCCCXLVII. HIC. REQVIESCIT

Hier ruht Maria Louise, Erzherzogin von Österreich, Herzogin von Parma, Piacenza und Guastella, geboren zu Wien, den 12. Dezember, mit Napoleon, dem damaligen Kaiser der Franzosen, vermählt den 11. März 1810, Witwe seit dem 5. Mai 1821, gestorben in Parma, den 17. Dezember 1847.

Sarkophag von Kaiserin Maria Louise, Herzogin von Parma.

128 Albrecht – Sieger von Custoza

geboren 3. 8. 1817, gestorben 18. 2. 1895

Der älteste Sohn von Erzherzog Karl und Henriette von Nassau-Weilburg erhielt eine systematisch-militärische Ausbildung. In den verschiedenen Phasen seiner Laufbahn war er Inhaber zahlreicher Regimenter und Oberkommandierender auf verschiedenen Kriegsschauplätzen in Österreich und in Italien.
Während der Revolution von 1848 spielte Albrecht eine maßgebliche Rolle, wobei seine Haltung auf den Einsatz von Gewalt ausgerichtet war.
Er wurde mit den höchsten Orden der Monarchie ausgezeichnet und war einer der mächtigsten Vertreter der habsburgischen konservativen Politik des 19. Jhs. Als er, seit 1863 Feldmarschall, mit der österreichischen Südarmee 1866 im Krieg gegen Italien bei Custoza siegte, stand er auf dem Höhepunkt seines Ruhms.
Albrecht, ein einflußreicher Verfechter des Absolutismus, hatte ein gespanntes Verhältnis zu Kronprinz Rudolph, der für seine liberale Haltung bekannt war. Im Zusammenhang mit der Tragödie von Mayerling entstand neben vielen Theorien auch jene, Erzherzog Albrecht habe Rudolph ermorden lassen.
Albrecht war mit Hildegard, der dritten Tochter König Ludwigs I. von Bayern verheiratet. Seine Gattin starb 1864, sein einziger Sohn im Kindesalter und seine Tochter Mathilde kam 1867 bei einem Brandunfall ums Leben. Deshalb adoptierte er seine Neffen Karl Ferdinand, Friedrich, Karl Stephan und Eugen, denen er eine militärische Ausbildung zukommen ließ.
Albrecht war Erbe der Kunstsammlung Albertina, der größten Graphischen Sammlung der Welt, die sich in einem 1862 umgebauten Palais befindet. Vor diesem Gebäude wurde auf der Albrechtsrampe 1898 von Kaspar von Zumbusch ein Denkmal für Albrecht errichtet.

Der Sarkophag

Die Inschrift lautet:

ALBERTVS. ARCHIDVX. AVSTRIAE. DVX. TESSINENSIS. CAROLI. ET. HEN-

RICAE. PRINCIPIS. DE. NASSAV. WEIBVRG. ARCHIDVCVM. AVSTRIAE. FILIVS. PATRI. HEROI. BELLICA. VIRTVTE. ET. GLORIA. COMPAR. NATVS. VINDOBONAE. DIE. III. MENSIS. AVGVSTI. A. D. MDCCCXVII. DENATVS. IN. VILLA. ARCO. DIE. XVIII. MENSIS. FEBRVARII. A. D. MDCCCXCV. H. S. E

Hier ruht Albert (Albrecht), Erzherzog von Österreich, Herzog von Teschen, Sohn der Erzherzoge von Österreich Karl und Henriette, Prinzessin von Nassau-Weilburg, dem heldenhaften Vater an Tapferkeit und Kriegsruhm gleich, geboren zu Wien, den 3. August, im Jahre des Herrn 1817, gestorben auf dem Schloß Arco, den 18. Februar, im Jahre des Herrn 1895.

Erzherzog Albrecht (1817–1895).

129   HILDEGARD – GEMAHLIN ALBRECHTS

geboren 10. 6. 1825, gestorben 2. 4. 1864

Die Tochter von König Ludwig I. von Bayern und Prinzessin Therese von Sachsen-Altenburg wurde 1844 in München mit Erzherzog Albrecht vermählt. Der Ehe entstammten Maria Theresia (geboren 1845), Karl Albrecht (1847–1848) und Mathilde (1849–1867).
Hildegard war eine Cousine von Kaiserin Elisabeth, die ihr sehr zugetan war. Anläßlich des Begräbnisses ihres Bruders, König Maximilian II. von Bayern, erkältete sich die Erzherzogin und verstarb nach ihrer Rückkehr aus München in Wien an den Folgen einer Rippenfellentzündung.[125]

DER SARKOPHAG

Die Inschrift auf dem einfachen Kupfersarg lautet:
HILDEGARDIS LVDOVICI I. REGIS BAVARIAE ET THERESIAE REGINAE FILIA A. A. NATA DIE X. IVN. MDCCCXXV. NVPTA ALBERTO ARCHIDVCI AVSTRIAE MONACHII DIE I. MAII MDCCCXLIV. DENATA VINDOBONAE DIE II. APRIL. MDCCCLXIV. H. S. E.
Hier ruht Hildegard, Tochter des Königs Ludwig I. von Bayern und der Königin Theresia, Erzherzogin von Österreich, vermählt mit Erzherzog Albrecht von Österreich, zu München, den 1. Mai 1854, gestorben zu Wien, den 2. April 1864.

130   MATHILDE – ENKELIN KARL LUDWIGS

geboren 25. 1. 1849, gestorben 6. 6. 1867

Sie war die Enkelin des Siegers der Schlacht bei Aspern, Erzherzog Karl Ludwig, und Henriettes von Nassau-Weilburg. Ihr Vater Erzherzog Albrecht, dessen Denkmal sich auf der Albertina-Rampe in Wien befindet, wurde 1847 Herzog von Teschen.
Mathilde war Umberto, dem Kronprinzen von Sardinien-Piemont versprochen, doch gehörte ihre Sympathie dem begabten und unkonventionellen Ludwig Salvator (1847–1915).[126]
Sie zündete sich auf Schloß Weilburg bei Baden eine Zigarette an und verbarg diese, als sich Schritte auf dem Gang näherten, hinter ihrem Kleid. Ihr bauschiger Rock, nach der Mode der Zeit aus indischem Musselin, der mit leicht entflammbarem Glyzerin imprägniert war, fing Feuer. In kurzer Zeit stand das Mädchen in Flammen und erlitt Verbrennungen dritten Grades am ganzen Körper. Sie wurde schwerverletzt nach Schloß Hetzendorf gebracht und verstarb dort am 6. Juni 1867 im Alter von achtzehn Jahren.

DER SARKOPHAG

Der Kupfersarg zeigt einfache Rahmenverzierungen an den Seitenwänden sowie Wappen und gekreuzte Fackeln auf dem Deckel.
Die Inschrift lautet:
MATHILDIS. ALBERTI. ET. HILDEGARDIS. ARCHIDVCUM. AVSTRIAE. FILIA. A. A. NATA. DIE. XXV. JANVARII. MDCCCIL. DENATA. DIE. VI. JVNII. MDCCCLXVII. H. S. E.
Hier ruht Mathilde, Tochter der Erzherzoge von Österreich Albert und Hildegard, geboren den 25. Januar 1849, gestorben den 6. Juni 1867.

131 KARL ALBERT

geboren 3. 1. 1847, gestorben 19. 7. 1848

Der Sohn von Erzherzog Albrecht und Erzherzogin Hildegard erhielt die Namen Karl Albert Ludwig und verstarb im Alter von einem Jahr in Prag an den Blattern.

Am 24. Juli 1848 kam der mit der Post geführte kleine Leichnam bei der Taborlinie an und wurde in einem gewöhnlichen Leibwagen zur Kapuzinerkirche geführt, wo die Einsegnung und Beisetzung ohne jegliches Zeremoniell vorgenommen wurde.[127]

DER SARKOPHAG

Der einfache Kupfersarg mit ornamentierter Stab- und Eckverzierung zeigt auf dem Mittelstück ein Wappenschild mit österreichischem Hauswappen, ein Kreuz mit Christus auf dem Deckel, und die Inschriftentafel. Er ist mit sechs Füßen ausgestattet. Die Verzierungen wurden 1864 auf Wunsch Erzherzog Albrechts angebracht.

Die Inschrift lautet:

CAROLVS. ALBERTVS. LVDOVICVS. A. A. ALBERTI. A. A. ET. HILDEGARDIS. BAV. A. A. FILIVS. NATVS. VINDOBONAE. D. III. IANVARII. MDCCCXXXXVII. MORTVVS. PRAGAE. D. XIX. IVLII. MDCCCXXXXVIII. HIC. REQVIESCIT.

Hier ruht Karl Albert Ludwig, Erzherzog von Österreich, Sohn des Erzherzogs Albert von Österreich und der Erzherzogin von Österreich Hildegard von Bayern, geboren zu Wien, den 3. Januar 1847, gestorben zu Prag, den 19. Juli 1848.

132 LEOPOLD SALVATOR

geboren 15. 10. 1863, gestorben 4. 9. 1931

Leopold Salvator wurde als ältester Sohn von Erzherzog Karl Salvator und Maria Immakulata, Prinzessin von Bourbon-Sizilien, in Altblunzlau (Böhmen) geboren.

Er betätigte sich als Reorganisator und Generaloberst der österreichischen Artillerie an der Entwicklung des modernen Militärwesens in den Bereichen Luftschiffahrt und Automobil und war darüber hinaus Mitglied verschiedener akademischer Institutionen in Wien und Prag.

In der Öffentlichkeit wurde er im Ersten Weltkrieg durch gigantische Geschäfte mit der Lieferung von Dörrgemüsen an Militär und Zivilbevölkerung bekannt. 1918 verließ er Österreich in Richtung Barcelona, um erst 1930 kurz vor seinem Tod zurückzukehren.

Seiner Ehe mit Blanka von Bourbon-Kastilien entstammen zehn Kinder.

DER SARKOPHAG

Der Sarkophag wurde im Beschorner-Stil gearbeitet.

Erzherzog Leopold Salvator in der Galauniform eines österreichischen Feldmarschalleutnants, mit dem Orden vom Goldenen Vlies, dem Militär-Verdienstkreuz, der bronzenen Jubiläums-Erinnerungs-Medaille und dem Militär-Dienstzeichen 3. Klasse.

Die Inschrift lautet:

ARCHIDUX LEOPOLDUS SALVATOR A. A. CAROLI SALVATORIS ET MARIAE IM-MACULATAE FILIUS NATUS DIE XV. M. OCTOBRIS MDCCCLXIII OBIIT VINDO-BONAE DIE IV. M. SEPTEMBRIS MCMXXXI. H. S. E.

Hier ruht Erzherzog Leopold Salvator, Erzherzog von Österreich, Sohn des Karl Salvator und der Maria Immakulata, geboren den 15. Oktober 1863, gestorben zu Wien, den 4. September 1931.

133 RAINER KARL

geboren 21. 11. 1895, gestorben 25. 5. 1930

Der vierte Sohn von Erzherzog Leopold Salvator und Blanka von Bourbon-Kastilien wurde in Agram (Zagreb) geboren. Im Ersten Weltkrieg diente er als Oberleutnant an der italienischen Front. Er blieb unverheiratet.

DER SARKOPHAG

Der Sarkophag wurde im Beschorner-Stil gearbeitet.

Die Inschrift lautet:

ARCHIDUX RAINERIUS CAROLUS A. A. LEOPOLDI SALVATORIS ET BLANCAE FILIUS NATUS DIE XXI NOVEMBRIS MDCCCXCV OBIIT VINDOBONAE DIE XXV MAII MCMXXX H. S. E.

Hier ruht Erzherzog Rainer Karl, Erzherzog von Österreich, Sohn des Leopold Salvator und der Blanka, geboren den 21. November 1895, gestorben zu Wien, den 25. Mai 1930.

Erzherzog Rainer Karl

134 MARGARETHE KAROLINE

geboren 24. 5. 1840, gestorben 15. 9. 1858

Sie wurde in Dresden als Tochter von König Johann von Sachsen und Prinzessin Amalie von Bayern geboren und 1856 mit ihrem Vetter ersten Grades (die Mütter waren Schwestern), dem Bruder Kaiser Franz Josephs, Karl Ludwig verheiratet. Die Ehe blieb kinderlos. Auf einer Italienreise erkrankte die Prinzessin an Typhus und starb. Auf ihren Wunsch wurde ihr Herz in der Hofkapelle in Innsbruck beigesetzt.

DER SARKOPHAG

Der einfache Kupfersarg ist auf den Seiten mit Wappen und auf dem Deckel mit einem Kreuz ausgestattet.

Die Inschrift lautet:

MARGARETHA . CAROLINA . IOANNIS . REGIS . SAXONIAE . FILIA . CAROLI . LV-DOVICI . A . A . PER . COMITATVM . TIROLENSEM . VICE . SACRA . REGENTIS . VXOR . A . A . NATA . DIE . XXIV . MAII . MDCCCXL . IMMATVRA . MORTE . AB-REPTA . MODOETIAE . DIE . XV . SEPTEMBRIS . MDCCCLVIII . H . S . E.

Hier ruht Margaretha Karoline, Tochter des Königs Johann von Sachsen, Gattin des Erzherzogs Karl Ludwig von Österreich, Vize-Statthalters der Grafschaft Tyrol, Erzherzogin von Österreich, geboren den 24. Mai 1840, durch einen frühzeitigen Tod hinweggerafft zu Monza, den 15. September 1858.

135 FRANZ KARL – VATER FRANZ JOSEPHS I.

geboren 7. 12. 1802, gestorben 8. 3. 1878

Er war der dritte Sohn von Kaiser Franz II./I. und Prinzessin Maria Theresia von Neapel-Sizilien. Der einfache und bescheidene Erzherzog wurde zeit seines Lebens von seinen Familienangehörigen dominiert. Nach der Abdankung Ferdinands im Jahre 1848 veranlaßte ihn seine Gemahlin Sophie von Bayern zum Verzicht auf die Thronfolge zugunsten seines achtzehnjährigen Sohnes Franz Joseph. Franz Karl starb an Darmkrebs.

DER SARKOPHAG

Der Sarkophag wurde im Beschorner-Stil gearbeitet.

Die Inschrift lautet:

FRANCISCVS . CAROLVS . A . A . DIVI . FRANCISCI . I . IMP . AVSTRIAE . ET . MA-RIAE . THERESIAE . IMPERATRICIS . FILIVS . NATVS . VINDOBONAE . DIE . VII . DECEMBRIS . MDCCCII . POST . FRATRIS . FERNANDI . I . IMP . ABDICATIONEM . IMPERIO . RENVNCIAVIT . DIE . II . DECEMBRIS . MDCCCIIL . DENATVS . VIN-DOBONAE . DIE . VIII . MARTII . MDCCCLXXVIII . H . S . E.

Hier ruht Franz Karl, Erzherzog von Österreich, Sohn des erhabenen Franz I., Kaisers von Österreich, und der Kaiserin Maria Theresia, geboren zu Wien, den 7. Dezember 1802. Nach der Abdankung seines Bruders, des Kaisers Ferdinand I. verzichtete er auf die Kaiserwürde, am 2. Dezember 1848. Er ist gestorben am 8. März 1878.

136   UNBENANNTER PRINZ – SOHN FRANZ KARLS

geboren/gestorben 24. 10. 1840

Der totgeborene Sohn von Erzherzog Franz Karl und seiner Gattin Sophie wurde bereits am folgenden Tag um 7 Uhr abends beigesetzt.
Der Sarg wurde von der Bellaria in einem zweispännigen Hofwagen zur Kapuzinerkirche überführt und dort vom Konvent in die Gruft geleitet.

DER SARKOPHAG

Der einfache Kupfersarg steht auf vier Füßen, ist glatt genietet und hat ein einfaches Kreuz und die Inschriftentafel.

Die Inschrift lautet:

HAEC THECA. CONDIT. FILIUM. FRANCISCI. CAROLI. IOS. ARCHIDUCIS. AUSTRIAE. ET. SOPHIAE. FRID. DOROTH. ARCHIDUCIS. AUSTRIAE. ANTE. IPSUM. LUCIS. EXORDIUM. EXTINCTUM. D. XXIV. OCTOBRIS. MDCCCXXXX.

Dieser Sarg birgt einen Sohn des Erzherzogs Karl von Österreich und der Erzherzogin Sophie Friedrike Dorothea von Österreich. Schon vor dem Sonnenaufgang erloschen den 24. Oktober 1840.

137   SOPHIE FRIEDERIKE – MUTTER FRANZ JOSEPHS I.

geboren 27. 1. 1805, gestorben 28. 5. 1872

Sophie von Bayern mit ihren Söhnen Franz Joseph (1830–1916) und dem jüngeren Maximilian, Kaiser von Mexiko (1832–1867). Lithographie von Josef Kriehuber nach einem Gemälde von Johann Ender.

Sie war die Tochter von Maximilian I. von Bayern und Prinzessin Karoline von Baden. Im Alter von neunzehn Jahren heiratete Sophie ohne Liebe, aber mit dem festen Vorsatz, eine gute Ehefrau und vor allem die Mutter des künftigen Kaisers zu werden, Erzherzog Franz Karl, den dritten Sohn Kaiser Franz II./I. Denn es war nicht zu erwarten, daß ihr kranker Schwager Ferdinand jemals Nachkommen haben würde. Die Ehe war von Karoline, der vierten Gemahlin Kaiser Franz I., einer Halbschwester Sophies, gestiftet worden.
Sophie war intelligent, ehrgeizig, willensstark und paßte sich rasch den Ideen Metternichs an, denenzufolge alle liberalen und nationalen Bewegungen als staatsgefährdend abzulehnen und zu bekämpfen seien. Im Sinne dieses politischen Weltbildes erfolgte unter ihrer nie erlahmenden Aufsicht auch die Erziehung des 1830 geborenen ersten Sohnes Franz Joseph. Mit dessen Geburt hatte Sophie die in sie gesetzten Erwartungen erfüllt. 1832 kam ihr zweiter Sohn Ferdinand Maximilian, 1833 Karl Ludwig und 1842 Ludwig Viktor zur Welt.
Besonders im Revolutionsjahr 1848, welches den offenen Aufruhr, Metternichs

Sturz und die Flucht des Hofes nach Olmütz brachte, wurde sie ihrem Ruf, „der einzige Mann bei Hofe" zu sein, gerecht. Die Aufstände wurden niedergeschlagen, es kam zu Todesurteilen und Erschießungen und Ferdinand dankte ab. Sophie hatte ihr Ziel erreicht, als der achtzehnjährige Franz Joseph den Thron bestieg und die Monarchie „von Gottes Gnaden" sich noch einmal gefestigt hatte. Später bestimmten schwere Konflikte das Verhältnis zu ihrer Schwiegertochter Elisabeth (Sisi), die zugleich ihre Nichte war. Ihre Rolle in der von Krisen und Problemen heimgesuchten Ehe zwischen Franz Joseph und Elisabeth wurde gründlich von Literaten und Historikern untersucht und beschrieben.

1867 durchlitt sie die ärgsten Ängste und Qualen einer Mutter, als ihr Sohn Maximilian als Kaiser von Mexiko hingerichtet wurde.

Erzherzog Franz Karl mit seiner Gattin Sophie von Bayern, die Eltern von Kaiser Franz Joseph.

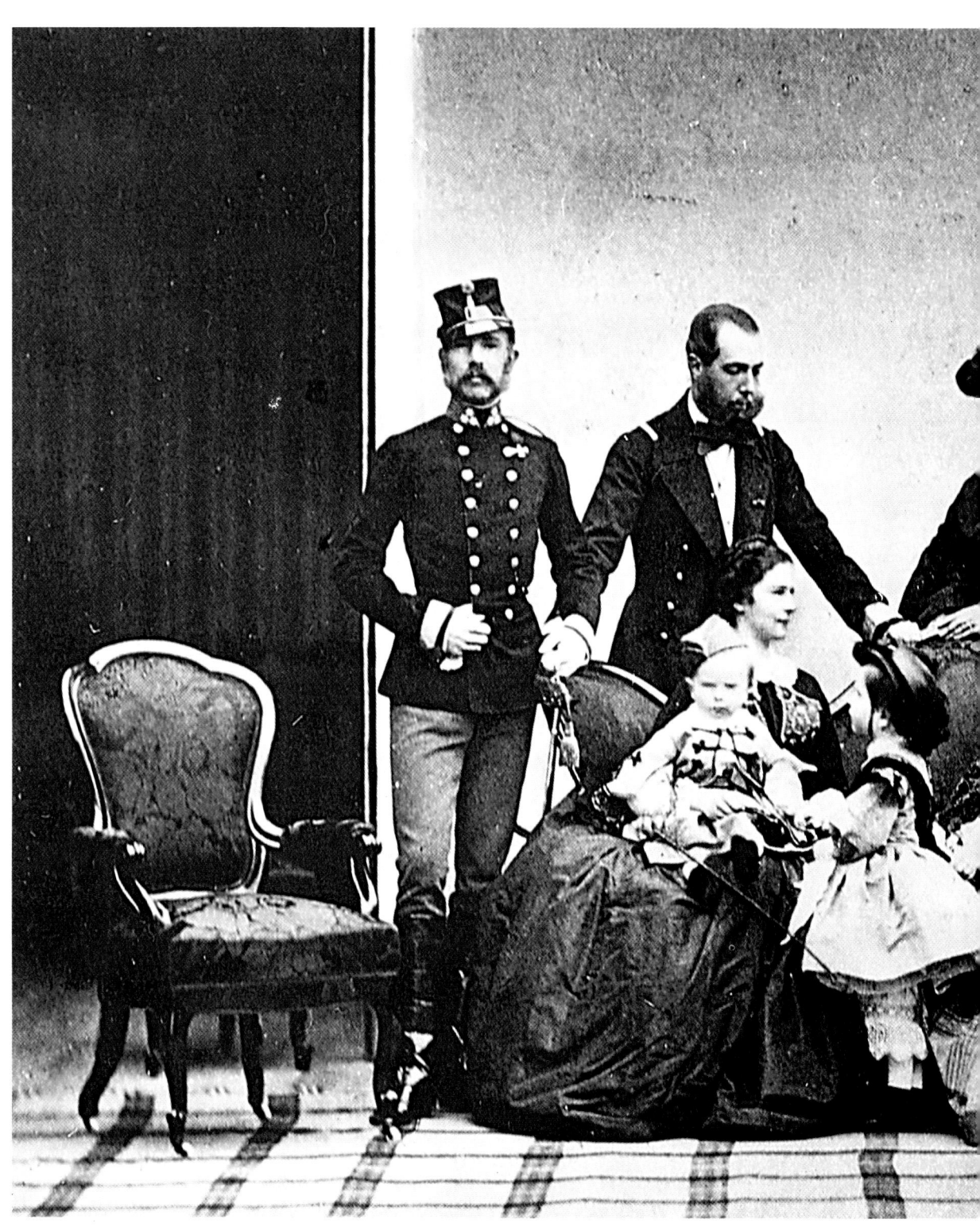

Kaiser Franz Joseph I. (links) und seine Brüder, Ferdinand Maximilian (zweiter von links) mit Gattin Charlotta von Belgien, Ludwig Viktor (zweiter von rechts) und Karl Ludwig (rechts), Kaiserin Elisabeth mit den Kindern Rudolph und Gisela (sitzend links) und ihren Schwiegereltern Sophie von Bayern und Erzherzog Franz Karl. Das Photo wurde in Schloß Miramare bei Triest aufgenommen.

DER SARKOPHAG

Der Sarg im Beschorner-Stil wurde Vorbild für alle späteren Sargformen der Kaisergruft.

Die Inschrift lautet:

SOPHIA. FRIDERICA. DOROTHEA. MAXIMILIANI. IOSEPHI. BAVARIAE. REGIS ET. CAROLINAE. REGINAE. FILIA. A. A. NATA. MONACHII. DIE. XXVII. IANVARII MDCCCV. NUPTA. FRANCISCO. CAROLO. ARCHIDUCI. AUSTRIAE. VINDOBONAE. DIE. IIII. NOVEMBRIS. MDCCCXXIIII. DENATA. IBIDEM. DIE. XXVIII. MAII. MDCCCLXXII. H. S. E.

Hier ruht Sophie Friederike Dorothea, Tochter des Königs Maximilian Joseph von Bayern und der Königin Karoline, Erzherzogin von Österreich, geboren zu München, den 27. Januar 1805, vermählt mit dem Erzherzog Franz Karl von Österreich zu Wien, den 4. November 1824, gestorben, ebendaselbst, den 28. Mai 1872.

Sarkophag von Sophie Friederike

138 KARL LUDWIG – VATER DES IN SARAJEWO ERMORDETEN THRONFOLGERS FRANZ FERDINAND

geboren 30. 7. 1833, gestorben 19. 5. 1896

Der dritte Sohn von Erzherzog Franz Karl und Sophie von Bayern war Statthalter von Tirol und Vorarlberg. Er gehörte dem konservativ-klerikalen Lager an und brachte es in seiner militärischen Laufbahn trotz Desinteresse traditionsgemäß bis zum General der Kavallerie.
1889, nach dem Tod von Kronprinz Rudolph, nahm Karl Ludwig zwar die erste Stelle der Thronfolge ein, wurde jedoch nie offiziell zum Nachfolger seines Bruders Kaiser Franz Joseph ernannt.
Er infizierte sich 1896 auf einer Pilgerreise ins Heilige Land und starb bald darauf in Wien.

DER SARKOPHAG

Der Sarkophag ist im Beschorner-Stil.

Die Inschrift lautet:

CAROLVS. LVDOVICVS. ARCHIDCX. AVSTRIAE. FRANCISCI. CAROLI. ET. SOPHIAE. REGIAE. PRINCIPISSAE. BAVARIAE. ARCHIDVCVM. AVSTRIAE. FILIVS. NATVS. IN. SCHOENBRVNN. DIE. XXX. MENSIS. IVLII. A. D. MDCCCXXXIII. DENATVS. VINDOBONAE . DIE . XIX . MENSIS . MAII . A . D . MDCCCXCVI. H. S. E.

Hier ruht Karl Ludwig, Erzherzog von Österreich, Sohn der Erzherzoge von Österreich Franz Karl und Sophie, königlicher Prinzessin von Bayern, geboren in Schönbrunn, den 30. Juli, im Jahre des Herrn 1833, gestorben zu Wien, den 19. Mai, im Jahre des Herrn 1896.

Erzherzog Karl Ludwig (zweiter von rechts) in der Uniform des Oberstinhabers des 7. Ulanen-Regimentes. Kaiser Franz Joseph (zweiter von links) und Erzherzog Ludwig Viktor tragen Infanterieuniform. Erzherzog Ferdinand Maximilian (rechts) ist in Marineuniform adjustiert.

geboren 24. 3. 1843, gestorben 4. 5. 1871

Sie wurde in Neapel als Tochter von Ferdinand II., König beider Sizilien, geboren und 1862 mit dem verwitweten jüngeren Bruder Kaiser Franz Josephs, Karl Ludwig, zunächst per procurationem in Rom, dann tatsächlich in Venedig verheiratet.
Trotz Epilepsie und anderer gesundheitlicher Anfälligkeiten gebar sie vier gesunde Kinder: Franz Ferdinand (geboren 1863), Otto (Vater des Thronfolgers Karl, geboren 1865), Ferdinand Karl (geboren 1868) und Margarethe Sophie (geboren 1870).

DER SARKOPHAG

Der einfache Kupfersarg trägt auf jeder Seite ein Kreuz und Wappen.
Die Inschrift lautet:

MARIA. ANNVNCIATA. FERDINANDI. II. VTRIVSQUE. SICILIAE. REGIS. ET. MARIAE. THERESIAE. REGINAE. FILIA. A. A. NATA. NEAPOLI. DIE. XXIIII. MARTII. MDCCCXXXXIII. NVPTA. CAROLO. LVDOVICO. ARCHIDVCI. AVSTRIAE. VENETIIS. DIE. XXI. OCTOBRIS. MDCCCLXII. DENATA. VINDOBONAE. DIE. IIII. MAII. MDCCCLXXI. H. S. E.

Hier ruht Maria Annunziata, Tochter Ferdinands II., König beider Sizilien, und der Maria Theresia, Erzherzogin von Österreich, geboren zu Neapel, den 24. März 1843, vermählt mit Erzherzog Karl Ludwig von Österreich zu Venedig, den 21. Oktober 1862, gestorben zu Wien, den 4. Mai 1871.

140 OTTO FRANZ JOSEF (BOLLA) – VATER KAISER KARLS I.

geboren 21. 4. 1865, gestorben 1. 11. 1906

Erzherzog Otto

Dem zweiten Sohn von Erzherzog Karl Ludwig und Maria Annunziata von Bourbon-Sizilien fehlten politische Interessen, und er durchlief vom Leutnant im Ulanenregiment Nr. 7 bis zum Feldmarschalleutnant ohne Begeisterung eine militärische Laufbahn.

Das leichtlebige Verhalten des „schönen Erzherzogs" lieferte häufig den Stoff für Tratsch und Empörung.

Seiner Ehe mit der frommen, sächsischen Königstochter Maria Josepha entstammten zwei Söhne: Karl, der letzte Kaiser Österreichs, und Maximilian.

1904 wurde Otto Franz Josef wegen der schweren Folgen einer venerischen Erkrankung seiner militärischen Posten enthoben. Bevor er starb, wurde er von seiner Gefährtin in einer Wiener Villa gepflegt.

DER SARKOPHAG

Der Sarkophag im Beschorner-Stil trägt die Inschrift:

OTTO. FRANCISCVS. IOSEPHUS. CAROLVS. LVDOVICVS. MARIA. ARCHIDVX. AVSTRIAE. CAROLI. LVDOVICI. A. A. ET. MAR. ANNVNCIATAE. PRINC. BORB. SICILIAE. FILIVS. NATVS. GRAETZII. D. XXI. M. APR. A. MDCCCLXV. DEFVNCTVS. VINDOBONAE. D. I. M. NOV. A. MDCCCCVI. H. S. E.

Hier ruht Otto Franz Josef Karl Ludwig Maria, Erzherzog von Österreich, Sohn des Erzherzogs Karl Ludwig von Österreich, und der Maria Annunziata, Prinzessin von Bourbon-Sizilien, geboren zu Graz, den 21. April 1865, gestorben zu Wien, den 1. November 1906.

141 MARIA JOSEPHA – MUTTER KAISER KARLS I.

geboren 31. 5. 1867, gestorben 28. 5. 1944

Maria Josepha mit ihrem Sohn, dem späteren Kaiser Karl I.

Die Tochter von König Georg von Sachsen aus dem Haus Wettin heiratete am 2. Oktober 1886 Erzherzog Otto, einen Neffen Kaiser Franz Josephs. Am 17. August 1887 brachte sie auf Schloß Persenbeug in Niederösterreich ihren ersten Sohn Karl, den letzten österreichischen Kaiser, zur Welt.

Während des Ersten Weltkrieges war sie aktiv als Krankenschwester und in der Betreuung verwundeter Soldaten tätig.

Sie starb auf Schloß Willenword in Bayern. Die Einsegnung in der Kaisergruft erfolgte durch Kardinal Innitzer.

DER SARKOPHAG

Die Inschrift lautet:

MARIA JOSEPHA ARCHIDUCISSA PRINCESSA NATU SACONIAE ARCHIDUCIS OTTONIS FRANCISCI JOSEPHI UXOR NATA 31. MAII 1867, DEFUNCTA 28. MAII 1944.

Maria Josepha, Erzherzogin, geborene Prinzessin von Sachsen, Gemahlin des Erzherzogs Otto Franz Joseph, geboren den 31. Mai 1867, gestorben den 28. Mai 1944.

Nachdem am 28. Juni 1914 die Schüsse von Sarajewo den Thronfolger Franz Ferdinand und seine Gemahlin, die Herzogin von Hohenberg, einstige Gräfin Sophie Chotek von Chotkowa und Wognin niedergestreckt und damit den Ersten Weltkrieg ausgelöst hatten, erwies sich die Sorge Franz Ferdinands um seinen letzten Ruheort als nicht verfrüht.

Die morganatische Ehe des Thronfolgers hatte das Verhältnis zu Kaiser Franz Joseph oft bis zur Unerträglichkeit belastet.

Wie sehr Ferdinand, trotz aller Widerstände gegen ihre Person, zu seiner späteren Frau stand, beweist ein Brief, den er in dieser Angelegenheit an Kaiser Franz Joseph geschrieben hatte: „... *daß der Wunsch, die Gräfin zu heiraten, nicht die Frucht einer Laune ist, sondern der Ausfluß der tiefsten Zuneigung, jahrelanger Prüfungen und Leiden ... Die Ehe mit der Gräfin ist aber das Mittel, mich für die ganze Zeit meines Lebens zu dem zu stempelm, was ich sein will und soll: zu einem berufstreuen Mann und zu einem glücklichen Menschen. Ohne diese Ehe werde ich ein qualvolles Dasein führen, welches ich ja schon jetzt durchmache und das mich vorzeitig aufzehren muß ... Und eine andere Heirat kann und werde ich nie mehr eingehen, denn es widerstrebt mir und ich vermag es nicht, mich ohne Liebe mit einer anderen zu verbinden und sie und mich unglücklich zu machen, während mein Herz der Gräfin gehört und für ewig gehören muß ...*“

Ferdinands Beharren, seine Liebe zu Sophie zu legitimieren und dennoch nicht auf die Thronfolge zu verzichten, führte am 28. Juni 1900 zum Renunziationseid, mit dem die Kinder aus seiner Ehe mit Sophie von der Thronfolge ausgeschlossen wurden. Der Anspruch ging damit auf Erzherzog Otto (1865–1906) bzw. dessen Sohn Karl (1887–1922) über.

Franz Ferdinand war sehr vermögend gewesen. Er hatte bereits zu Lebzeiten die Gruft seines Schlosses Artstetten, welches sich über dem nördlichen Stromufer der niederösterreichischen Donaulandschaft in der Nähe des Wallfahrtsortes Maria Taferl befindet, für sich und seine geliebte Gemahlin ausbauen lassen. Da ihr die Kaisergruft in jedem Fall verschlossen geblieben wäre, wollte er dort gemeinsam mit Sophie begraben werden. In dieser Gruft sind auch die Söhne des Thronfolgerpaares, Ernst, gestorben 1954, und Maximilian, gestorben 1962, sowie die Tochter Sophie, gestorben 1990, beigesetzt.

ZUM GEDENKEN
AN DIE ERSTEN OPFER DES WELTKRIEGES 1914 – 1918
ERZHERZOG FRANZ FERDINAND VON ÖSTERREICH-ESTE
* GRAZ 18.12.1863 † SARAJEVO 28.6.1914
UND SOPHIE HERZOGIN VON HOHENBERG
* STUTTGART 1.3.1868 † SARAJEVO 28.6.1914
BEGRABEN IN DER GRUFT ZU SCHLOSS ARTSTETTEN

Erzherzog Franz Ferdinand zusammen mit seiner Gattin Herzogin Sophie von Hohenberg und seinen drei Kindern in einem Salon im Belvedere. Aufnahme 1910.

Wegen der politisch unruhigen Atmosphäre wurde vor der Reise des Thronfolgerpaares zu den bosnischen Manövern im Sommer 1914 von vielen Seiten abgeraten. Eine militärische Demonstration der österreichisch-ungarischen Monarchie an einem nationalen Trauertag der Serben konnte nur als Provokation aufgenommen werden. An der Ecke Franz Joseph- und Kronprinz Rudolph-Straße in Sarajewo fielen die tödlichen Schüsse des jugendlichen Mörders Gavrilo Prinčip, und Franz Ferdinand *„blieb mit der Frau, die er liebte und die er erkämpfte, vereint im Leben und im Tod".*

Am 25. Juni 1986 wurde fast auf den Tag nach 72 Jahren an der Südwand der Neuen Gruft eine Gedenktafel mit folgender Inschrift enthüllt: *„Zum Gedenken an die ersten Opfer des Weltkrieges 1914–1918 Erzherzog Franz Ferdinand von Österreich-Este und Sophie Herzogin von Hohenberg. Begraben in der Gruft zu Schloß Artstetten."* Dies sei *„eine Tafel, die auch für die Zukunft Bedeutung haben wird"*, sagte der Gesandte Dr. Georg Hohenberg, Familienoberhaupt der Nachkommen der Ermordeten. Der Alterzbischof von Wien, Kardinal Dr. Franz König, segnete die Tafel und empfahl, alle Toten des Ersten Weltkrieges in das Gedenken miteinzubeziehen.

Zwei junge Gardisten in der Uniform des Dragonerregiments Nr. 4, dessen Inhaber der Thronfolger einst war, hielten die Ehrenwache.

Zu den Anwesenden zählten u. a. das regierende Fürstenpaar von Liechtenstein, der deutsche Botschafter Dietrich Graf von Brühl, der luxemburgische Botschafter Dr. Eduard von Molitor, der Botschafter des Souveränen Malteser-Ordens Baron Gioacchino Malfatti di Montretretto, Vertreter der Nuntiatur, der Botschaftsrat der belgischen Botschaft, die Witwe des Herzogs Franz Hohenberg, Schwester des Großherzogs von Luxemburg, sowie Mitglieder der Familie Hohenberg.

„Aber die Zeiten vergehen, es vernarben die Wunden und arglos
Über die Stätten des Mords wandelt ein junges Geschlecht."
Emanuel Geibel, 4. Elegie

Das Thronfolgerpaar Erzherzog Franz Ferdinand (1863–1914) und Herzogin Sophie von Hohenberg (1868–1914).

IX. DIE FRANZ-JOSEPHS-GRUFT

Kaiser Franz Joseph ließ 1908/09 durch Cajo Perisič zwei Räume östlich der bestehenden Anlage errichten. Die kühle Eleganz der Ausstattung entspricht in ihrer Nüchternheit der künstlerischen Stilperiode dieser Zeit, dem Sezessionismus.

Später wurden die ursprünglichen Beleuchtungskörper (Kapuzinerhände) entfernt und für den Sarg Kaiser Franz Josephs ein Sockel hinzugefügt.

Ursprünglich befand sich in der Franz-Josephs-Gruft auch der Kindersarkophag der ersten Tochter des Kaiserpaares, Erzherzogin Sophie, der heute in der Ferdinandsgruft eingemauert ist.

142 KAISER FRANZ JOSEPH I.

geboren 18. 8. 1830, gestorben 21. 11. 1916

Der älteste Sohn von Erzherzog Franz Karl, des zweiten Sohnes Kaiser Franz II./I., und der Erzherzogin Sophie, der Tochter des Bayernkönigs Max I., wurde in Schönbrunn geboren.

Nachdem am 2. Dezember 1848 Kaiser Ferdinand I. in Kremsier abgedankt und dessen Bruder, Erzherzog Franz Karl, zugunsten seines Sohnes auf die Nachfolge verzichtet hatte, bestieg Franz Joseph im Alter von achtzehn Jahren den Thron.

Die Rückkehr zur absolutistischen Herrschaft dokumentierte der junge Kaiser u. a. durch das Blutgericht in Arad, wo 14 ungarische Führer und 114 weitere Revolutionäre hingerichtet und 2000 Magyaren zu langen Haftstrafen verurteilt wurden. Ebenso erfolgte eine Einengung der Pressefreiheit.

Eiserne Pflichterfüllung, eine zwanghafte Pedanterie und die Fixierung auf Bestehendes kennzeichneten seine 68jährige Regierungszeit. In einem ausgeprägten Herrschaftsbewußtsein stützte er sich auf Beamtenschaft, Heer und Kirche und übernahm mit seiner Politik des *quieta non movere*[128] die von Franz II./I. und Metternich geübte Regierungsform mit all ihrer politischen Unbeweglichkeit.[129]

Die Habsburgermonarchie fand in Franz Joseph noch einmal eine beeindruckende Personifizierung. Er war zu einem Symbol geworden. Von ihm hieß es, er habe nach der Aufhebung der Verfassung 1851, nach Königgrätz 1866 und 1914, beim Ausbruch des Ersten Weltkrieges, den Ausspruch getan: *„Sich wehren so lange als es geht, seine Pflicht bis zuletzt tun und wenn es sein muß, mit Ehre zugrunde gehen!"*

Durch sein Leben zieht sich wie ein roter Faden eine Vielzahl menschlicher Tragödien im Kreise seiner engsten Familie: 1867 die Erschießung seines Bruders Maximilian in Mexiko, 1889 der Freitod seines einzigen Sohnes Rudolph mit der Baronin Mary Vetsera in Mayerling, 1898 die Ermordung seiner Frau Elisabeth durch den anarchistischen Attentäter Luigi Luccheni in Genf, und schließlich wurden am 28. Juni 1914 in Sarajewo sein Neffe, Thronfolger Franz Ferdinand, und dessen Frau getötet.

Am 28. Juli 1914 genehmigte Kaiser Franz Joseph in Bad Ischl die Kriegserklärung an Serbien; ab nun konnte die Mobilisierungsmaschinerie der verschiedenen Bündnismächte nicht mehr aufgehalten werden. Ein Krieg, der begonnen hatte, um Österreich als Großmacht zu erhalten, endete mit der Zerstörung vieler Staaten.

Im Spätherbst 1916 erkrankte der Kaiser. Er saß fiebernd an seinem Schreibtisch und erledigte wie immer die Akten. Am 21. November abends – die Familienangehörigen hatten sich bereits in Schönbrunn versammelt – verabschiedete er sich von seinem Kammerdiener Ketterl: *„Morgen früh wie immer um halb vier wecken, ich bin nicht fertig geworden."* Bald darauf, zwischen 21.05 und 21.20 Uhr verstarb der 86jährige.

DER SARKOPHAG

Der Sarkophag steht auf einem weißen Marmorsockel. Er überragt die Särge von Franz Josephs Sohn Rudolph und seiner Gemahlin Elisabeth und wirkt als Symbol menschlicher Einsamkeit und Unantastbarkeit[130].

Die Inschrift lautet:

FRANCISCVS JOSEPHVS IMPERATOR AVSTRIAE ET REX HVNGARIAE NATVS VINDOBONAE DIE XVIII MENSIS AVGVSTI ANNI MDCCCXXX IMPERATOR AVSTRIAE FACTVS OLOMVCII DIE II. DECEMBRIS CORONATVS REX HVNGARIAE BVDAE DIE VIII. MENSIS JVNII ANNI MDCCCLXVII DENATVS VINDOBONAE DIE XXI. MENSIS NOVEMBRIS ANNI MCMXVI. H. S. E.

Hier ruht Franz Joseph, Kaiser von Österreich und König von Ungarn, geboren zu Wien, den 18. August 1830, Kaiser von Österreich geworden zu Olmütz, den 2. Dezember des Jahres 1848, als König von Ungarn gekrönt zu Buda, den 8. Juni 1867, gestorben zu Wien, den 21. November des Jahres 1916.

Kaiser Franz Joseph I.

Trauerzug anläßlich des Begräbnisses von Kaiser Franz Joseph I. am 30. November 1916. Der Leichenkondukt begibt sich vom Burgtor zum Ring.

Die Aufbahrung der sterblichen Hülle Kaiser Franz Josephs I. in der Hofburgkapelle.

Trauerfeier für Kaiser Franz Joseph I. am 30. November 1916. Der Leichenwagen befindet sich vor der Kapuzinerkirche.

Blick in die Franz-Josephs-Gruft, die im Stil des Sezessionismus von Cajo Peresič 1908 errichtet wurde.

Kaiserin Elisabeth

143 ELISABETH – GEMAHLIN FRANZ JOSEPHS I.

geboren 24. 12. 1837, gestorben 10. 9. 1898

Elisabeth, eine vielbewunderte Schönheit ihrer Zeit, war die Tochter von Herzog Max in Bayern und Ludovika, der Tochter des Bayernkönigs Max I. Ihr Leben hatte romantisch und bohèmehaft auf Schloß Possenhofen begonnen, es änderte sich 1854 jedoch durch die Hochzeit mit dem sieben Jahre älteren Franz Joseph grundlegend.

Sie war nicht bereit, sich dem strengen Hofprotokoll zu unterwerfen. Den Repräsentationspflichten und auch der Erfüllung mütterlicher Obsorge entzog sie sich zunächst durch Reisen, Flucht in Krankheit, durch Ausübung extremer Reitsportarten, einem fanatischen Schönheitskult und durch die Literatur. Heinrich Heine, William Shakespeare und Lord Byron zählten zu ihren Lieblingsdichtern, und auch sie selbst verfaßte heimlich Verse:

„In meiner großen Einsamkeit
Mach ich die kleinen Lieder;
Das Herz voll Gram und Traurigkeit,
Drückt mir den Geist darnieder.“

Elisabeths Leben läßt sich heute mit Hilfe der Psychoanalyse unschwer als Versuch der Selbstfindung, der Flucht, aber auch der Verweigerung deuten. Ihre liberale Denkweise, ihre Freigeistigkeit, aber auch Unsicherheit, Bindungslosigkeit und Rastlosigkeit sind Hinweise auf ihre Identitätskrise, entsprechen aber darüber hinaus auch dem Zeitgeist – den Nachklängen der Spätromantik und des Fin de siècle.

Ein Bedürfnis nach Einsamkeit, Vorliebe für Volkstümliches und zunehmende Menschenscheu kennzeichneten ihr Verhalten. Eine hereditär bedingte Neigung zu Depressionen und der Freitod ihres einzigen Sohnes Rudolph überschatteten ihre letzten Lebensjahre.

Ihre einzige politische Aktivität hatte sie bei der Versöhnung des Kaisers mit den Magyaren gesetzt.

Am 9. September 1898 quartierte sich Elisabeth, unter dem Pseudonym Gräfin von Hohenems, im Hotel Beau Rivage in Genf ein. Am nächsten Tag wollte sie um 13.38 Uhr mit ihrer Hofdame, der Gräfin Irma Sztáray, wenige Schritte vom Hotel entfernt, das Linienschiff nach Montreux besteigen, als der 24jährige Anarchist Luigi Luccheni der Kaiserin mit einer spitzen Feile in die Brust stach. Sie sank zu Boden, ging dann noch bis zum Schiff, wo sie ein zweites Mal zusammenbrach und schließlich das Bewußtsein verlor.

Am 15. September kam ihr Leichnam am heutigen Westbahnhof – dem damaligen Kaiserin Elisabeth-Bahnhof – an. Der Trauerzug bewegte sich durch die schwarz beflaggte Mariahilfer Straße zur Hofburg.

Elisabeths Wunsch, rasch, schmerzlos und ohne lange Sorgentage für die Familie sterben zu können, war in Erfüllung gegangen, nicht aber der Wunsch, *„am Meer, am liebsten auf Korfu“*[131], begraben zu werden.

„Und wenn ich einmal sterben muß, so legt mich an das Meer“, hatte einer ihrer Verse gelautet, und wiederholt hatte sie der Gräfin Szatáray erklärt, daß der Genfer See *„ganz die Farbe vom Meer, ganz wie das Meer“* habe.

Von ihrem Begräbnis heißt es, *„... die Kapuzinerkirche sei nicht imstande gewesen, all die Menschen zu fassen, die sich drängten, um der edlen Frau die letzte Ehre zu erweisen.“*[132]

Kaiserin Elisabeth nach einem Porträt von Franz Xaver Winterhalther.

Sarg und Leichenwagen von Kaiserin Elisabeth vor dem Hotel Beau Rivage in Genf.

Leichenbegängnis in Wien am 17. September 1898. Der Trauerzug passiert die Augustinerbastei/Ecke Philippshof.

Der Leichenzug vor der Kapuziner-kirche.

DER SARKOPHAG

Der Sarkophag stammt von Beschorner und zeigt den Wittelsbacherschen Rabenschild.

Die Inschrift lautet:

ELISABETH. AMALIA. EVGENIA. IMPERATRIX. AUSTRIAE. ET. REGINA. HUNGA-RIAE. MAXIMILIANI. IOSEPHI. ET. LVDOVICAE. DVCVM. IN. BAVARIA. FILIA. NATA. MONACHII. DIE. XXIV. MENSIS. DECEMBRIS. ANNI. MDCCCXXXVII. NUPTA. FRANCISCO. IOSEPHO I. IMPERATORI. VINDOBONAE. DIE. XXIV. M. APRILIS. A. MDCCCLIV. CORONATA. REGINA. HUNGARIAE. BUDAE. DIE. VIII. M. IVNII. A. MDCCCLXVII. DENATA. GENEVAE. DIE. X. M. SEPTEMBRIS A. MDCCCIIC. H. S. E.

Hier ruht Elisabeth Amalia Eugenia, Kaiserin von Österreich und Königin von Ungarn, Tochter der Herzöge in Bayern Maximilian Joseph und Ludovika, geboren zu München, den 24. Dezember des Jahres 1837, vermählt mit Kaiser Franz Joseph I. zu Wien, den 24. April 1854, als Königin von Ungarn gekrönt zu Buda, den 8. Juni 1967, gestorben zu Genf, den 10. September 1898.

144 Kronprinz Rudolph

geboren 21. 8. 1858, gestorben 30. 1. 1889

Der Sohn von Kaiser Franz Joseph und Kaiserin Elisabeth war hochintelligent und verfaßte bereits im Alter von vierzehn Jahren Aufsätze über philosophische, historische und staatsrechtliche Fragen. Bald wurde er wegen seiner liberalen, antiklerikalen, prosemitischen und proungarischen Gesinnung zum Gegner konservativer Kreise des Hofes, vor allem des Ministerpräsidenten Taaffe – was schließlich auch das Verhältnis zu seinem Vater stark belastete.

Rudolph war schriftstellerisch tätig. Zunächst schrieb er Volkskundliches und Naturwissenschaftliches und erhielt 1884 das Ehrendoktorat der Universität Wien für Ornithologie. Später verfaßte er politische, anonym erscheinende Artikel im „Neuen Wiener Tagblatt", dessen Herausgeber damals Moritz Szeps, ein liberaler Oppositioneller, war.

Die Gedankenwelt des genialen Zweiflers Rudolph war nicht die des Hofes. Zu seinem Freundeskreis gehörten radikale Journalisten, Freimaurer und atheistische Intellektuelle, seine Sympathie schenkte er Fiakerkutschern und Heurigensängern sowie den Damen der demi-monde.

Letztlich zerbrach Rudolph an der Unvereinbarkeit seiner Ansichten mit den Erwartungen, die an ihn gestellt wurden und denen er nicht gerecht werden konnte, sowie an seiner übersensiblen, psychischen Verfassung. Eine zerrüttete Gesundheit, eine gescheiterte Ehe, Lebensüberdruß, Sinnkrisen, vielleicht auch Zwangsvorstellungen ließen ihn in jene Bedrängnis geraten, aus der er keinen anderen Ausweg als den Freitod sah.

Kronprinz Rudolph mit Kronprinzessin Stephanie. Aufnahme 1882.

Kronprinz Rudolph

Die Fakten um den Tod des Kronprinzen und seiner siebzehnjährigen Begleiterin scheinen, kriminalistisch gesehen, geklärt zu sein. Dennoch wird die Aufmerksamkeit historisch Interessierter immer wieder durch andere mögliche Variationen der „Tragödie von Mayerling" erregt, und der auslösende Faktor für den gemeinsamen Freitod mit der schwärmerischen und verliebten Komtesse Mary Vetsera wird wohl immer im Dunkel bleiben.[133]

Die Abschiedsbriefe hatte er zum Teil bereits am 28. Jänner 1889 vor 12 Uhr mittags in Wien geschrieben. Erst nach einem Bulletin der Hofärzte, die posthum eine Sinnesverwirrung des Kronprinzen aufgrund pathologischer Anlagen konstatierten – König Ludwig II. von Bayern, ein Cousin der Kaiserin Elisabeth, hatte am 13. Juni 1886 im Starnberger See Selbstmord begangen –, wurde ein kirchliches Begräbnis möglich. Dies fand allerdings nicht wie von den Verstorbenen gewünscht, gemeinsam auf dem Dorffriedhof von Alland, nicht weit von Mayerling, statt. Rudolph, als Erbe einer der ehrwürdigsten Kronen des Abendlandes, wurde im Kreise seiner Vorfahren in der Kaisergruft bestattet, Mary auf dem Friedhof in Heiligenkreuz.

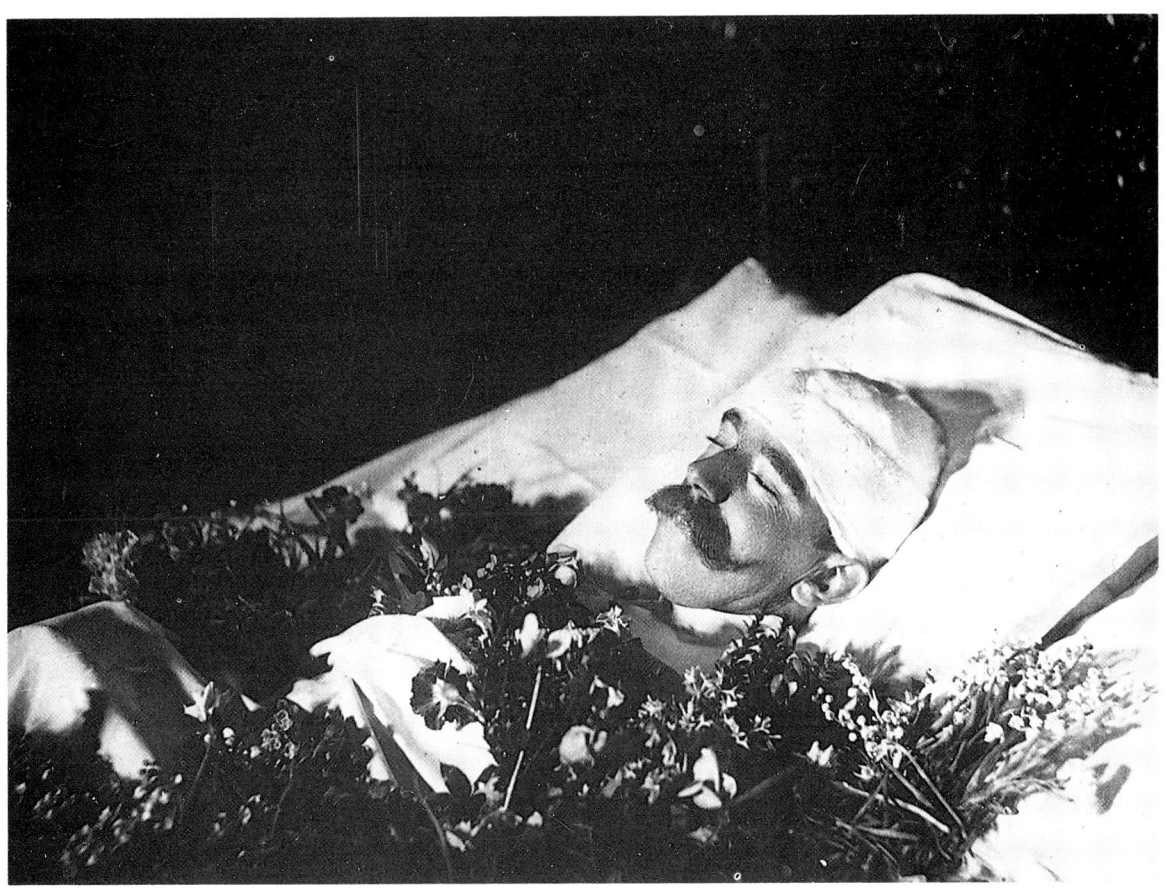

Kronprinz Rudolph am Totenbett.

Begräbnis des Kronprinzen Rudolph in Wien am 5. Februar 1889. Der sechsspännige, von Schimmeln gezogene Leichenwagen befindet sich vor der Kapuzinerkirche.

DER SARKOPHAG

Die heraldische Ornamentik des Sarkophags im Beschorner-Stil zeigt einen Herzogsmantel mit reichem Faltenwurf.

Die Inschrift lautet:

RVDOLFVS. PRINCEPS. HEREDITARIVS. IMPERII. AVSTRIAE. REGNI HVNGA-RIAE. A. A. FRANCISCI. IOSEPHI. I. IMPERATORIS. AVSTRIAE. REGIS. HVNGA-RIAE ET ELISABETHAE. IMPERATRICIS. REGINAE FILIVS. NATVS. LAXEMBUR-GI. DIE. XXI. MENSIS. AVGVSTI. MDCCCLVIII. DENATVS. IN. VILLA. MAYER-LING. DIE. XXX. MENSIS. IANVARII. MDCCCLXXXIX. H. S. E.

Hier ruht Rudolf, Kronprinz des Kaiserreichs Österreich und des Königreichs Ungarn, Erzherzog von Österreich, Sohn des Kaisers von Österreich und Königs von Ungarn Franz Joseph I. und der Kaiserin und Königin Elisabeth, geboren zu Laxenburg, den 21. August 1858, gestorben im Schloß Mayerling, den 30. Januar 1889.

X. GEDENKRAUM / KAPELLE / ZITA-GRABSTÄTTE

Der Gedenkraum wurde gemeinsam mit der Franz-Josephs-Gruft im sezessionistischen Stil errichtet. Das Stukkorelief des Plafonds zeigt einen von Engeln umrahmten Christuskopf.

Sollte der Sarg von Kaiser Karl von Madeira in die Wiener Kaisergruft überführt werden, würde Österreichs letzter Monarch neben seiner Gemahlin Zita bestattet.

145 KAISER KARL I. – GEDENKBÜSTE

geboren 17. 8. 1887, gestorben 1. 4. 1922

Der Großneffe Kaiser Franz Josephs versuchte 1916, nach dem Tod des alten Kaisers, die um Selbständigkeit ringenden Völker der Donaumonarchie zusammenzuhalten. Sein Wahlspruch *„indivisibiliter et inseparabiliter – unteilbar und untrennbar"* – erwies sich jedoch als Illusion.

Gemäß seinem Vorsatz: *„Mit dem Volk für das Vaterland"* war er zunächst um einen Ausgleich, später um einen österreichischen Bundesstaat bemüht.

Selbst führende Sozialdemokraten der Ersten Republik wie Karl Seitz und Viktor Adler bescheinigten seine Integrität. Am 11. November 1918 unterzeichnete er in Schönbrunn ein Dokument, in dem er auf seine Anteilnahme an den Regierungsgeschäften verzichtete. Am Abend des gleichen Tages brachten zwei Mietautos die kaiserliche Familie in das Jagdschloß Eckartsau im Marchfeld. Dieses ist in jener Ebene vor den Toren Wiens gelegen, in der einst Karls Ahnherr, Rudolph I. von Habsburg, im 13. Jhdt. nach einem Kampf gegen König Ottokar seine Hausmacht begründet hatte.

Die Familie emigrierte zunächst in die Schweiz. Als Karl 1921 zum zweiten Mal versuchte, durch eine überraschende Rückkehr nach Budapest wenigstens die ungarische Krone zu retten, griffen die Siegermächte ein. Auf dem britischen Panzerschiff „Glowworm" wurden Karl und Zita ans Schwarze Meer gebracht, und von dort mit dem Kreuzer „Cardiff" nach Madeira transportiert, wo sie am 19. November 1921 ankamen.

Die Insel war mit Zustimmung der portugiesischen Regierung als Zwangsaufenthalt für die kaiserliche Familie ausgesucht worden. Diese wohnte zunächst in der Villa Victoria, einer Dependance des berühmten Reids Palace Hotels, und siedelte im Februar 1922, nachdem das Geld knapp geworden war, in die feuchte Villa des Bankiers Rocha-Machado nach Monte.

Seelisch und körperlich geschwächt, erlag Kaiser Karl am 1. April 1922 einer Grippeinfektion, die mit einer Lungenentzündung verbunden war. Noch im Delirium sprach er von seinen gefallenen Soldaten. Der Epitaph des letzten österreichischen Kaisers in der Wiener Michaelerkirche zeigt die Inschrift: *„Er suchte den Frieden und fand ihn in Gott."*

1971 wurde im Kloster Muri in der Schweiz, welches einst als Sühne für den Mord an König Albrecht I. gestiftet worden war, eine neue Familiengruft für die Angehörigen des Hauses Habsburg errichtet. Dorthin wurde 1974 das Herz Kaiser Karls gebracht. Sein Leichnam ist in der Kirche „Nossa Señhora do Monte" (Muttergottes vom Berge), die seit dem 17. Jh. als Schutzpatronin der Insel verehrt wird, etwa 1000 Seemeilen von Lissabon entfernt, bestattet.

Eine Überführung in die Wiener Kaisergruft ist seit langem geplant.

Kaiser Karl I. in Admiralsuniform

Sterbehaus Kaiser Karls I. in Funchal/Quinta do Monte auf Madeira.

DIE BÜSTE

Die Inschrift auf dem Sockel der Büste lautet:

CAROLUS AUSTRIAE IMPERATOR ET HUNGARIAE REX APOSTOLICUS, NATUS
IN CASTELLO PERSENBEUG 1887 DEFUNCTUS IN EXILIO 1922 NON CORPORE
QUIDEM SED SUFFRAGIIS SUIS PATRIAE SEMPER PRAESENS

Karl, Kaiser von Österreich und Apostolischer König von Ungarn, geboren im
Schloß Persenbeug 1887. Gestorben in der Verbannung 1922. Zwar nicht dem
Leibe nach, wohl aber durch seine Fürbitten dem Vaterland stets gegenwärtig.

147 ZITA VON BOURBON-PARMA – LETZTE ÖSTERREICHISCHE KAISERIN

geboren 9. 5. 1892, gestorben 14. 3. 1989

Am 1. April 1989 wurde die letzte österreichische Kaiserin in der Kaisergruft bestattet. Ihr Begräbnis fand zur Todesstunde ihres Gatten (am 1. April 1992) um 15 Uhr statt.

Zum Requiem in St. Stephan waren Ehrengäste aus dem In- und Ausland eingetroffen. Die Fürbitten wurden in deutscher, ungarischer, slowenischer, kroatischer, polnischer, tschechischer und italienischer Sprache gesprochen. Dies entsprach der Mehrsprachigkeit des alten Völkerreiches, dessen letzte Repräsentantin zur letzten Ruhe getragen wurde.

Zitas ereignisreiches Leben ist zugleich die Geschichte eines Jahrhunderts. Sie wurde als siebzehntes von vierundzwanzig Kindern des Herzogs Robert von Bourbon-Parma und seiner zweiten Gattin Maria Antonia von Braganza in der Villa delle Pianore nahe Viareggio geboren und heiratete 1911 auf Schloß Schwarzau in Niederösterreich, dem Sommersitz der Parmas, Karl, den Großneffen Kaiser Franz Josephs.

Ihr politisches Engagement und ihr Einfluß auf die Entscheidungen ihres Mannes machten sie zu dessen unentbehrlicher Ratgeberin. Die Friedensbemühungen des Kaiserpaares, bei denen Zitas Bruder Sixtus als Vermittler fungierte und die hinter dem Rücken der deutschen Verbündeten erfolgten, gingen als Sixtus-Affäre in die Geschichte ein. Zita wurde des Verrats bezichtigt.

Als am 4. November 1918 die Mitglieder des neuen Staatspräsidiums in Schönbrunn eintrafen, stand für Zita fest, daß Karl niemals auf die Krone verzichten dürfe, denn *„Niemals kann ein Herrscher abdanken!"* Karls Unterschrift vom 11. November 1918 empfanden beide als einen vorläufigen Verzicht auf die Ausübung der Staatsgeschäfte, niemals aber auf die Krone.

Zitas politische Hoffnung galt unverändert der Restauration, und in den folgenden Jahrzehnten wechselhafter politischer Strömungen in Österreich verkörperte sie unbeirrt das dynastische Prinzip. Noch in Amerika, auf der Flucht vor dem Nationalsozialismus, war sie überzeugt, daß eine andere Zeit anbrechen werde, die ihrer und ihres Sohnes Otto bedürfe.

Die Lebensstationen der gemeinsam mit ihren acht Kindern aus Österreich ausgewiesenen Kaiserin waren: Schloß Eckartsau in Niederösterreich, Schloß Wartegg (Schweiz), Prangins am Genfer See, die Villa Quinta del Monte bei Funchal auf Madeira (wo Karl starb), Schloß El Pardo bei Madrid, Palacio Uribarren in Lequeito (Nordspanien), San Sebastian, Brüssel, Steenokkerzel in Belgien, New York, Quebec in Kanada, Tuxedo im Staat New York (von hier aus widmete sich Kaiserin Zita vor Kriegsende bis 1948 einer großangelegten karitativen Tätigkeit, um die Not der österreichischen Bevölkerung und jener der anderen Donauländer zu mildern), Schloß Berg Colmar in Luxemburg, Pöcking am Starnbergersee und Sankt Johannesstift in Zizers (Schweiz).[134]

Zita blieb zeitlebens ein politisch denkender Mensch mit unverrückbaren Wertvorstellungen, einem Sinn für die Realität und zugleich tiefem Gottvertrauen.

Als ihr 1982 die Einreise nach Österreich gestattet wurde, wählte sie als offizielles Datum bewußt den 17. August, jenen Tag, an dem Kaiser Karl, dessen Erbe sie noch immer hütete, fünfundneunzig Jahre alt geworden wäre.

Sie starb mit fast siebenundneunzig Jahren im Johannesstift in Zizers in der Schweiz, wo sie ihre letzten Lebensjahre verbracht hatte. Für sie selbst war ihre Bestattung in der Kapuzinergruft, jenem Ort, an dem seit 1633 die österreichi-

König Karl IV. und Königin Zita von Ungarn am Tage der Krönung in Budapest. Der König trägt die Stephanskrone, Szepter und den Krönungsmantel (12. Jh.) über der Gala-Uniform eines österreichischen Feldmarschalls in ungarischer Adjustierung. Die Königin trägt das Krönungskleid, die Diamantenkrone der österreichischen Kaiserin und das Band des Elisabeth-Ordens.

schen Kaiser und ihre Angehörigen ruhen, die logische Konsequenz ihres Lebens, ihres Selbstverständnisses und nicht zuletzt ihrer Liebe zu Österreich.

Auf ihren Wunsch wurde ihr Herz in einem Silbergefäß verschlossen und am 17. Dezember 1989, neun Monate nach ihrem Ableben, in Anwesenheit der habsburgischen Familie, in der Loretokapelle des Klosters Muri in der Schweiz neben dem Herzen Kaiser Karls in einer Steinstele beigesetzt.

Der schlichte Holzsarg wurde am 8. Mai 1991 in einen Sarkophag aus Kupfer gehüllt und erhielt seinen endgültigen Platz im Gedenkraum für Kaiser Karl.

Im gleichen Gedenkraum befinden sich an der Südseite der Gruftaltar und an der Ostseite jene Madonna von Georg Zala, welche 1899 zum Andenken an die ermordete Kaiserin Elisabeth von den Frauen Ungarns gestiftet wurde.

Die letzte österreichische Kaiserin, Zita von Bourbon-Parma (1892–1989).

311

Begräbniszug der Kaiserin Zita von Österreich am 1. Juni 1989: Der Gala-Leichenwagen des Wiener Hofes befindet sich am Graben, auf dem Weg vom Stephansdom zur Kapuzinergruft.

Der Gala-Leichenwagen, gezogen von sechs Rappen aus dem österreichischen Bundeshengstendepot Stadl-Paura, vor der Kapuzinerkirche.

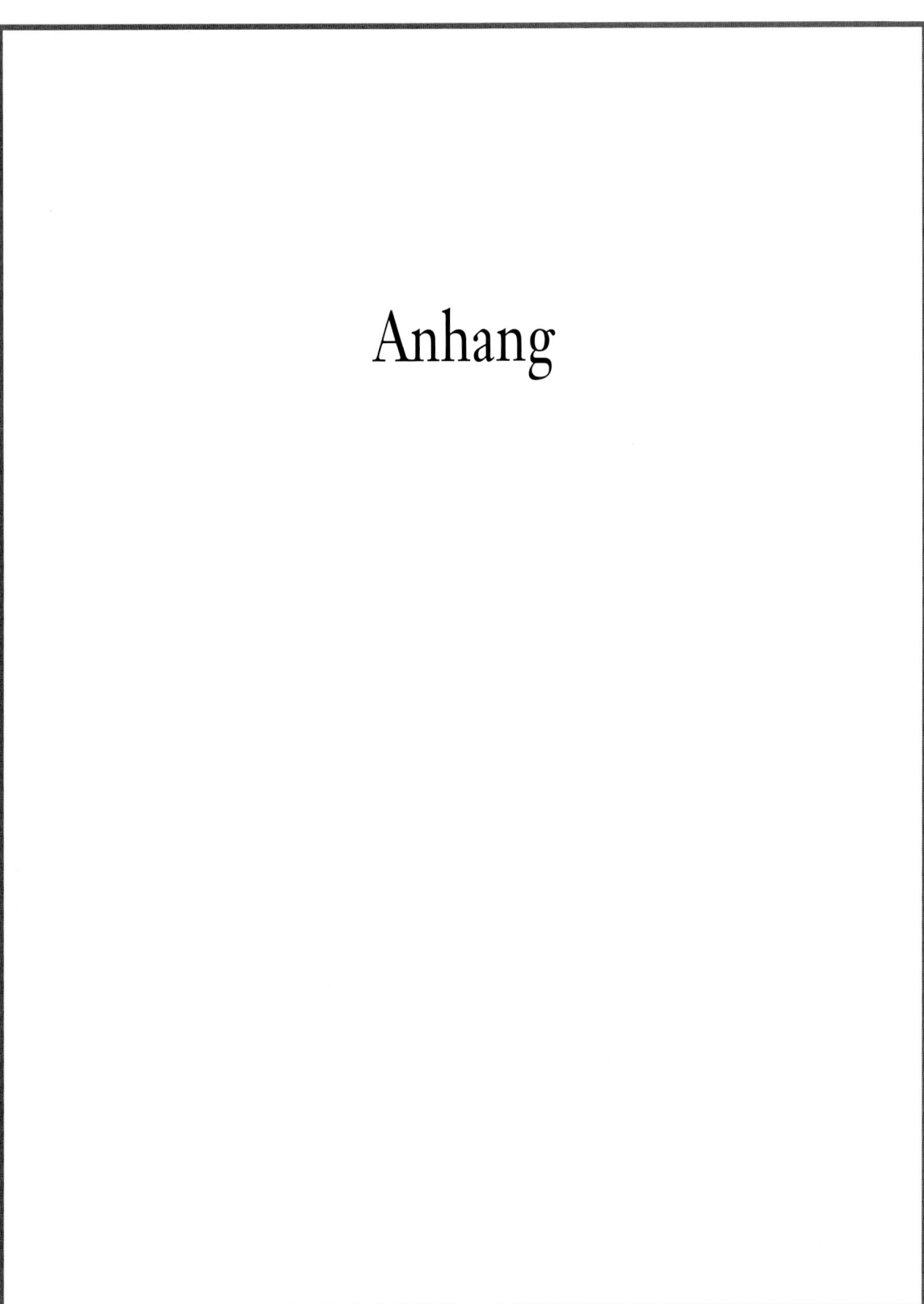

Anhang

Der Mythos, der die Kaisergruft umgibt, ist ein Teil der österreichischen Geschichte mit ihren Triumphen und Niederlagen, mit Glorie und Verzweiflung. Wie in einem Handspiegel wird in dieser Nekropole ein Spektrum menschlicher Schicksale reflektiert.

In der Kaisergruft bleiben sie gegenwärtig, jene Gestalten und Charaktere – strahlende Helden und Kunstmäzene, Freidenker, religiöse Eiferer, machtausübende Kleriker, der einfältige Biedermeierpatriarch, der Revolutionär auf dem Thron und der von Sendungsbewußtsein und Gottesgnadentum durchdrungene Beamtenkaiser, Herrschergenies und Versager, Menschen von grotesker Häßlichkeit und bewunderter Schönheit, von bigotter Frömmigkeit und abgrundtiefer Traurigkeit.

Dazwischen liegen die kurzen Leben der Habsburgerfrauen, die auf den Heiratsmärkten der Fürstenhäuser Europas gehandelt wurden. Sie waren die Opfer einer politischen Vernunft, der sie sich ungefragt unterzuordnen hatten. Sie wurden in prunkvollen Särgen bestattet, deren Embleme und Symbole den Ruhm und die Größe der Casa d'Austria verkündeten.

Unfreiheit und Vereinsamung waren der Preis für ein privilegiertes Leben. Das Antlitz des Todes zeigte sich jedem auf seine Weise. Die Flucht ins Reisen endete für die apolitische Märchenkaiserin Sisi mit ihrer sinnlosen Ermordung. Napoleons Sohn, der junge Herzog von Reichstadt, spürte die Verlegenheit, welche seine Existenz dem Hof bereitete. Seine Wiege, so sagte er, würde das einzige sein, was einst von ihm übrigbliebe. Maximilian starb, von allen verlassen, auf einem Sandhügel von Querètaro. Und Kronprinz Rudolph erfaßten Zweifel an der bestehenden Ordnung. Er distanzierte sich vom Dogma der habsburgischen Machtvollkommenheit und beendete mit einunddreißig Jahren sein für ihn gescheitertes Leben.

Die komplizierten Details des Begräbniszeremoniells mit den dazugehörenden Kleidervorschriften für Lakaien, Räte, Kämmerer, Hofchargen, das Militär und Damen und Herren des Hofstaates, die Ausstattung der Wagen und Trauerpferde, die Hof- und Kammertrauer, die Exequien (Trauerfeiern ohne Leiche) im In- und Ausland, die Castra doloris (Trauergerüste), die streng geregelte Abfolge der Rangordnung derer, die im Trauerkondukt mitgingen, die geistlichen und weltlichen Stände, der Ablauf des Sterberituals und nicht zuletzt die Kostenfrage der „Klagkleidung", der Hauben, Spitzen, Manschetten, die Art der Knöpfe, Schnallen und Schuhschnallen, die verschiedenen Arten wie beim Trauerzeremoniell der Degen getragen wurde, welche Funktion der Trauerflor (Fleckh) zur Unterstreichung oder zum Verbergen der Körpersprache besaß – das alles, was zum Ausdruck der Verehrung für den Verstorbenen und zum Verhaltenskodex der Gala des Todes gehörte, also Teil der „Choreographie des Trauerballetts" war, wurde in „Der Schöne Tod" (Verlag Herder, 1989) behandelt.

In Josef Roths Roman „Die Kapuzinergruft" begibt sich Baron Trotta, nach seiner Heimkehr aus dem Ersten Weltkrieg, in einem Gefühl tiefster Depression und Einsamkeit in die Kapuzinergruft. Er empfindet sich als ein vom Tod auf unbestimmte Zeit Beurlaubter und als ein zu Unrecht Lebender. Später, als die Gewalt des Hitlerregimes das Schicksal Österreichs bestimmt, besucht er ein letztes Mal den Sarkophag Kaiser Franz Josephs.

In Roths Roman steht die Kapuzinergruft für die verschollene Welt der Donaumonarchie, deren Lebensordnung an die Tradition und das Gefüge einer monarchischen Staatsform gebunden war.

Als Gesamtkunstwerk läßt sich die Kaisergruft beinahe wörtlich im Sinne Theodor Adornos definieren, wonach *„Kunst Schein dessen ist, woran der Tod nicht heranragt"*.

Ein Besucher mit historischer Empfänglichkeit vermag 370 Jahre österreichischer Geistes- und Kulturgeschichte abzulesen. Diese folgt dem Stilwandel der Kunst von der Renaissance bis zum Funktionalismus der sechziger Jahre dieses Jahrhunderts.

Die Architektur des Bauwerks, die Gestaltung der Sarkophage sowie die Symbolsprache ihrer Attribute und nicht zuletzt der poetische Gehalt der Inschriften geben Auskunft über den Wandel der geistigen Strömungen und die Veränderungen des politischen und sozialen Lebens.

Auf seltsame Weise entzieht sich die Kapuzinergruft den Betrachtungsweisen politischer Ideologien. Es sind die menschlichen Konflikte und Lebenssituationen, es sind, um es mit einer Kurzformel zu umschreiben, die ewigen Motive der Weltliteratur, welche wie auf Abruf präsent sind.

Doch trotz der Tragik, mit der das Leben vieler in der Gruft Bestatteten häufig überschattet war – wie die in jugendlichem Alter verstorbenen Kaiserinnen mit ihren unerfüllten, nicht Wirklichkeit gewordenen Träumen nach einem ersehnten Lebensglück (wovon Briefe Zeugnis ablegen) oder das Sterben der Kinder, wo Begabungen verlorengingen und Talente verwelkten –, trotz der Schicksale, die berühren, ist nichts Elegisches um die Kaisergruft. Es fehlt, abgesehen von der Rhetorik der Inschriften, alles Klagende, Schwermütige, es fehlt die Wehmut, die der Elegie anhaftet.

Die frühbarocken, naturalistischen Symbole von Tod und Vergänglichkeit verschwanden bald zugunsten kriegerischer und machtbedeutender Sinnbilder. Die Reliefs der Prunksarkophage zeigen die siegreichen Schlachten des österreichischen Erbfolgekrieges. Die Requisiten fürstlicher Macht und kaiserlicher Grandeur machten den hochbarocken Sarkophag zu einem Medium der Repräsentation. Darauf folgte die spielerische Heiterkeit des Rokoko im Ovalkuppelraum der Maria-Theresien-Gruft, die ebenfalls keine Trauer aufkommen läßt. Die zwei Biedermeier-Räume vermitteln eine geradezu familiäre Atmosphäre. Diese wird abgelöst von der kühlen Eleganz des Sezessionismus und den abstrakten Elementen der Neuen Gruft.

Untrennbar mit der Geschichte der Kaisergruft verbunden ist die Ordensgemeinschaft der Kapuziner auf dem Neuen Markt, die in den historischen Quellen stets als „familia intra urbem" von jener unterschieden wird, die vor den Stadtmauern bei St. Ulrich siedelte.

Der Ursprung des Ordens des Heiligen Franz von Assisi wurzelt in einem Ideal mystischen Einheitserlebens mit der Natur und einer optimistischen Weltbetrachtung. Die Ideale der Franziskaner – ökologisches Bewußtsein, Frieden zwischen Mensch und Natur, Gelassenheit in bezug auf den Tod und auch die Ein-

sicht, daß ein sinnvolles Leben ohne die Einbeziehung des Todes undenkbar ist
– sind von besonderer Aktualität. Der Sonnengesang des hl. Franz von Assisi
schließt Mutter Erde, Schwester Sonne und die Freude, aber auch den Schmerz
am Leben und den Bruder Tod mit ein.

Im 17. Jahrhundert gewann der Reformorden der Franziskaner, die Kapuziner,
großen Einfluß auf Adelige und fürstliche Höfe. Es scheint, daß die sprichwört-
liche Freundlichkeit und Liebenswürdigkeit der Kapuziner, diesen insbesondere
die Sympathien der Habsburger Frauen verschaffte.

Die Annalen und Protokolle im Archiv des Klosters auf dem Neuen Markt vermitteln ein faszinierendes Bild dieser ehrwürdigen Gemeinschaft und zugleich
der Geschichte dieser wichtigsten kaiserlichen Begräbnisstätte in Österreich.

Möge zu dieser historischen Stätte, wo, um mit Ernst Jünger zu reden, *„die
dunkle Strahlung des gelebten Lebens"* uns erreicht, dieses Buch ein erklärender
Begleiter sein.

Andere habsburgische Begräbnisstätten

Nicht alle Angehörigen des Hauses Habsburg wurden in Laufe der Jahrhunderte in der Kaisergruft bestattet. Einige dieser weiteren Grablegen sind im folgenden angegeben. Die Aufzählung erhebt jedoch keinen Anspruch auf Vollständigkeit.

Wien/St. Stephan

Abgesehen von der *Tumba Kaiser Friedrichs III.*, dem *Kenotaph Rudolphs IV.* und seiner Gemahlin Katharina sowie den bereits erwähnten *Urnen mit den Intestina*, sind in den Katakomben bestattet:

König Friedrich I. (III.), der Schöne, gest. 1330 (seit 1789, urspr. Kartause Mauerbach)

Herzog Friedrich, Bruder Rudolphs IV., gest. 1362

Herzog Rudolph IV., der Stifter, gest. 1365

Herzogin Katharina, Gemahlin Rudolphs IV., gest. 1395 (wahrscheinlich ruht aber an ihrer Stelle in der Grablege Johanna von Bayern, Gemahlin Herzog Albrechts IV., gest. 1410)

Herzog Albrecht III. mit dem Zopf, gest. 1395

Herzog Albrecht IV., gest. 1404

Herzog Wilhelm, gest. 1406

Herzog Leopold IV., der Dicke, gest. 1411

Herzog Georg (vierjähriger Sohn Albrechts V.), gest. 1435

Herzog Albrecht VI., gest. 1462

Frühverstorbene Kinder Kaiser Maximilians II.

Königin Elisabeth, Witwe nach Karl IX. von Frankreich, Tochter Kaiser Maximilians II., Gründerin des Königinnenklosters nahe der Burg, gest. 1592

Eleonora von Mantua, Gemahlin Kaiser Ferdinands II., Gründerin des Klosters der Siebenbüchnerinnen in der Sterngasse, gest. 1655

Kenotaph Rudolphs IV., des Stifters, in St. Stephan, Wien.

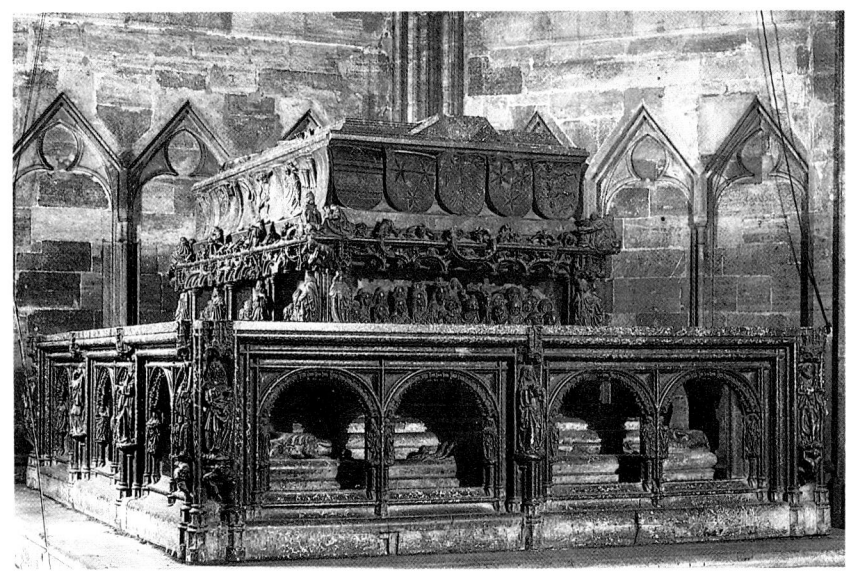

Tumba Kaiser Friedrichs III. in St. Stephan, Wien.

Wien/Minoritenkirche

Blanche von Valois, 1. Gemahlin Herzog Rudolphs III., Tochter Philipps III.
Isabella von Aragon, Gemahlin Friedrichs I. (III.) des Schönen;
Beide Grabstätten in der Krypta der Kirche sowie der Porphyrsarkophag Blanches im Ludwigschor gingen durch den Umbau Hetzendorfs von Hohenberg verloren. Auch das Grab der Nichthabsburgerin Margarethe Maultasch hatte sich hier befunden.

Wien/Dominikanerkirche

Claudia Felicitas, 2. Gemahlin Kaiser Leopolds I. ihr Herz befindet sich in der Kaisergruft

Wien/Salesianerinnenkirche

Amalia Wilhelmina, Gemahlin Kaiser Josephs I.

Wien/Hütteldorfer Friedhof/Samptwandnergasse 6

Elisabeth von Windischgrätz-Habsburg, verehelichte Petznek, Enkelin Kaiser Franz Josephs, Tochter Kronprinz Rudolphs. (Ihre Grabstätte sollte auf eigenen Wunsch unauffindbar sein.)

Heiligenkreuz / Stift Kapitelsaal

Abgesehen von den Grablegen der Babenberger, sind hier die Enkelkinder König Rudolphs I., Rudolph und Heinrich, bestattet.

Stift Lilienfeld/Niederösterreich

Cimburga von Masovien, die 2. Gemahlin von Herzog Ernst des Eisernen

Schloß Artstetten/Niederösterreich

Thronfolger Franz Ferdinand, Sophie von Hohenberg, deren Söhne Ernst und Maximilian und die Tochter Sophie

Ehemalige Klosterkirche der Kartause Gaming, der Grablege Herzog Albrechts II. und seiner Gemahlin Johanna von Pfirt.

Grabplastik vom Eleonorengrab im Neukloster zu Wiener Neustadt.

Gaming/Niederösterreich

Herzog Albrecht II. und seine Gemahlin Johanna von Pfirt. (Die Gebeine befanden sich ursprünglich in der Stiftskirche der Kartause Gaming. Später wurden sie in die Pfarrkirche verlegt und dort gemeinsam mit denen der Schwiegertochter Elisabeth – Gemahlin Albrechts III. – unter dem Hochaltar beigesetzt. Im Zuge der Revitalisierung von Stiftskirche und Kloster im Jahre 1985 wurde die alte Grabstätte wiederhergestellt.)

Wiener Neustadt/Neukloster (ehemaliges Zisterzienserinnenkloster)

Eleonore von Portugal, Gemahlin Kaiser Friedrichs III., und ihre drei frühverstorbenen Kinder

Wiener Neustadt/Dom

Jung verstorbene Kinder Herzog Ernst des Eisernen (Vater Kaiser Friedrichs III.)

Wiener Neustadt/St.-Georgs-Kapelle in der kaiserlichen Burg

Kaiser Maximilian I. (unter den Stufen des Hochaltars)

Sindelburg/Niederösterreich

Marie Valerie, jüngste Tochter Kaiser Franz Josephs

St. Florian/Oberösterreich/Augustinerchorherrenstift

Katharina, Tochter Kaiser Ferdinands I., Gemahlin von König Sigismund August II. von Polen

Linz/Alter Dom, Ignatiuskirche

Maria Elisabeth, Tochter Maria Theresias
Friedrich III. (Bein und Herz)

Hall in Tirol/Damenstift

Ehzgn. Magdalena, Tochter Kaiser Ferdinands I., sowie ihre Schwestern Margarethe und Helene

Stams/Tirol

Angehörige der Tiroler Linie des Erzhauses
Bianca Maria Sforza, die 2. Gemahlin Kaiser Maximilians I.

Innsbruck/Hofkirche/Silberne Kapelle

Ehzg. Ferdinand II. von Tirol und seine 1. Gemahlin, die Augsburger Patriziertochter Philippine Welser

Innsbruck/Jesuitenkirche (Universitätskirche)

U.a. Ehzg. Leopold V. (Bruder Kaiser Ferdinands II.), seine beiden Söhne Sigismund Franz und Ferdinand Karl sowie seine Gemahlin Claudia von Medici

Innsbruck/Servitenkloster

Anna Katharina Gonzaga, 2. Gemahlin Ferdinands II. von Tirol, und ihre Tochter Anna Juliana

Innsbruck/Stadtpfarrkirche St. Jakob

Ehzg. Maximilian III. von Tirol, 3. Sohn Kaiser Maximilians II.
Ehzg. Eugen, der letzte Hoch- und Deutschmeister, gest. 1954

Tulfes bei Innsbruck/Dorffriedhof

Adelheid, älteste Tochter Kaiser Karls und Zitas

Klagenfurt/Unterkirche der Elisabethunerinnen

Maria Anna, Tochter Maria Theresias

St.-Georgs-Kapelle in der ehemaligen Burg zu Wiener Neustadt, der Grablege Kaiser Maximilians I.

*Mausoleum Karls II. von Innöster-
reich und der Erzherzogin Maria in
der Seckauer Stiftsbasilika.*

*Sarkophag Karls II. von Innöster-
reich und seiner Gemahlin Erzherzogin Maria.*

*Detail vom Kenotaph Karls II. von
Innösterreich in Seckau.*

326

St. Paul im Lavanttal/Kärnten

Sterbliche Überreste von fünfzehn Mitgliedern des Hauses Habsburg – u. a. Albrecht I. und seine Gemahlin Elisabeth. (Die beiden waren ursprünglich in Basel und im Kloster Königsfelden in der Schweiz bestattet. Nach Aufhebung des Klosters wurden die Gebeine zunächst nach St. Blasien im Schwarzwald und 1807 nach St. Paul im Lavanttal überführt.)

Seckau/Steiermark/Basilika

Karl II. von Innerösterreich, seine Söhne und Töchter

Neuberg an der Mürz/Steiermark/Zisterzienserabtei

Herzog Otto der Fröhliche, seine beiden Gemahlinnen und Kinder

Stift Rein/Steiermark

Herzog Ernst der Eiserne (Vater Kaiser Friedrichs III.) und seine 1. Gemahlin Margarethe von Pommern

Stiftskirche St. Paul im Lavanttal, der Grablege von fünfzehn Mitgliedern des Hauses Habsburg.

Mausoleum und Klosterkirche der hl. Clara in Graz, der Grablege Kaiser Ferdinands II.

Mausoleum Graz/Kirche des Klosters der hl. Clara

Maria von Bayern, Gemahlin Karls II.
Kaiser Ferdinand II., seine 1. Gemahlin Maria Anna von Bayern und das Herz seiner 2. Gemahlin Eleonora von Mantua. (Das Herz Ferdinands befindet sich im Grab seiner Mutter im Kloster der hl. Clara, die Herzen seiner Eltern und Geschwister sind bei den Jesuiten in Graz.)
Ehzg. Johann (von 1859 bis 1869)

Siezenheim bei Salzburg

Ehzg. Viktor, Bruder Kaiser Franz Josephs

München/St. Michaelskirche

Gisela, Tochter Kaiser Franz Josephs
Maria Anna, Tochter Kaiser Ferdinands II.

München/Theatinerkirche

Maria Amalie, Kurfürstin von Bayern, Tochter Kaiser Josephs I.

Bozen/Maria Himmelfahrtskirche

Ehzg. Rainer Joseph, Sohn Kaiser Leopolds II.

Obermais/Meran

Ehzg. Ferdinand Karl (Ferdinand Burg), 3. Sohn Ehzg. Karl Ludwigs

Schloß Schenna bei Meran/Mausoleum

Ehzg. Johann und seine Gattin Gräfin von Meran (Anna Plochl)

Görz

Marie Thérès, Tochter Maria Antoinettes (Mme. Royale) und ihr Gemahl Karl X., der Herzog von Angoulême

Prag/St.-Veit-Dom

Ferdinand I., Maximilian II., Ladislaus Posthumus, Rudolph II., Maria Amalia (Tochter Maria Theresias) u. a.

Mosonmayarovár/Ungarn/Unterkirche der Pfarrkirche

Ehzg. Friedrich

Buda/Königliche Burg/Familiengruft

Seit Ehzg. Joseph Anton, einem Sohn Kaiser Leopolds II., wurden die Nachkommen der Familie bis 1944 in der Palatingruft bestattet.

Madrid/Escorial/San Lorenzo

Kaiser Karl V. und seine Gemahlin Isabella von Portugal
Don Juan d'Austria I. und II.
Marie Anna, 2. Gemahlin Philipps IV.
Margarethe von Innerösterreich, 2. Gemahlin Philipps III.
Maria Christina, 2. Gemahlin Alfons XII.

Madrid/Kloster Santa Clara

Maria, Gemahlin Kaiser Maximilians II.

Granada/Kathedrale

Philipp der Schöne, Johanna die Wahnsinnige u. a.

Madeira/Funchal/Kirche Nossa Señhora do Monte (Unsere Liebe Frau vom Berge)

Kaiser Karl, der letzte Kaiser von Österreich und König von Ungarn
Die neue Familiengruft des Hauses Habsburg-Lothringen befindet sich in Muri in der Schweiz.

Lissabon/Kirche der Deutschen Barfüßigen Karmeliter

Königin Maria Anna von Portugal, Tochter Kaiser Leopolds I. (Ihr Herz ist in der Kaisergruft bestattet.)

Neudorf/Banat

Maria Anna, Tochter Kaiser Leopolds II.

Speyer/Krypta des Doms

Rudolph I. von Habsburg
Albrecht I.

Brügge/Kirche Unserer Lieben Frau

Maria von Burgund, 1. Gemahlin Kaiser Maximilians I., sowie dessen Herz

Brüssel/Kathedrale zu St. Gudula und St. Michael

Ehzg. Ernst, Statthalter der Niederlande, gest. 1595 (sein Leichnam wurde von der Kapelle bei Brüssel in die Hauptkirche, St. Gundula und St. Michael, in die Gruft der Herzöge von Brabant überführt)
Ehzg. Albrecht VII. und seine Gattin Clara Eugenia
Kardinal Infant Ferdinand, Sohn Philipps II.

Paris/Saint Denis

Marie Antoinette, Königin von Frankreich, Tochter Maria Theresias. (Das Grab ist verschollen.)

Paris/Dome des Invalides

Herzog von Reichstadt, der Sohn Napoleons. (Sein Herz und die Intestina blieben bei der Überführung 1940 in Wien.)

Ferrara/Il Ghesu

Barbara, Tochter Ferdinands I. und ihr Gemahl Alfons II. d'Este

Florenz/San Lorenzo

Ferdinand III., Großherzog von Toskana, Sohn Kaiser Leopolds II.
Erbgroßherzog Franz

Großherzogin Johanna von Österreich, Gemahlin Francescos de Medici
Maria Luisa, Schwester Großherzog Leopolds II.
Maria Anna, 1. Gemahlin Großherzog Leopolds II.
Maria Magdalena, Gemahlin Großherzog Cosimos II.

Mantua/St. Ursula Kloster

Isabella Klara, Tochter Leopolds V. von Tirol, Gemahlin Karls II., Herzog von Mantua

Modena/San Vicenzo

Francesco IV. Herzog von Modena, Massa und Carrara, seine Gemahlin Marie von Savoyen und sein Sohn Ferdinand Karl

Neapel

Maria Klementina, Tochter Kaiser Leopolds II.

Brou/Savoyen

Margarethe von Österreich, Statthalterin der Niederlande, Tochter Maximilians I. und Marias von Burgund, und ihr 3. Gemahl Philibert von Savoyen

Sao Paulo/Brasilien

Leopoldine, Tochter Kaiser Fanz II., Kaiserin von Brasilien

Baum (auch gefällter Baum): Sterben und Wiedergeburt

Bienenstock/-korb: Maria, jungfräuliche Mutterschaft, aus der alle Süßigkeit (Jesus) kommt

Blatt dreilappig: Dreifaltigkeit, Mönchsgelübde, theologische Tugenden

Blatt vierlappig: Evangelisten, Kardinaltugenden, Welt

Blatt fünflappig: Christus – 5 Wunden

Blatt siebenlappig: Sakramente, Gaben des Hl. Geistes

Blindschleiche: gilt bei den süditalienischen Bauern seit Jahrhunderten als Todessymbol; im kalabrischen Volksglauben beherbergt sie vorübergehend die Seele eines Ermordeten

Cypresse: Unsterblichkeit, Zeichen der Trauer im antiken Rom

Dreipaß oder Dreistufigkeit: Dreifaltigkeit

Efeu: Unvergänglichkeit, Unsterblichkeit, Leben in Christus, Treue

Eiche, Eichenlaub: Unsterblichkeit, Licht

Engel: Wächter und Begleiter, geleiten die Seligen ins Paradies

9 Engelchöre: 1. Throne, Cherubin, Seraphin;
  2. Herrschaften, Fürstentümer, Gewalten;
  3. Engel, Erzengel, Tugenden

Fackel nach unten gerichtet: Nacht, Tod

Fackel nach oben gerichtet: Hoffnung, Leben, Urkräfte Gottes

Flammenzungen: Hl. Geist, Glaube

Fahne (des Auferstandenen): Siegeszeichen, Überwindung des Todes

Gesichter: Klugheit; symbolisieren auch Vergangenheit, Gegenwart, Zukunft, Vorausschau

Genien: Schutzgeister – tauchen in der Kunst der Antike und wieder seit der Renaissance als geflügelte, meist kindliche Gestalten auf

Ginster: Erlösung, Leiden Christi

Goldenes Vlies: Ordensemblem des religiös motivierten burgundischen Ritterordens gleichen Namens; 1430 in Brügge von Herzog Philipp dem Guten gestiftet, waren seine Ritter – gentilhommes de nom et d'armes et sans reproches – durch das Band der Treue an die Person des Souveräns gebunden. Mit dem Recht der Erstgeburt ging der Orden auf die Tochter Karls des Kühnen, Maria von Burgund, bzw. ihren Sohn Philipp den Schönen, später auf das Oberhaupt des spanischen Zweiges der Habsburger und nach deren Erlöschen auf Karl III. (als Kaiser Karl VI.) über. Nur der österreichische Zweig des Ordens hält sich bis heute an die alten Statuten.

Hände verhüllt: Demutsgeste

Hermelin: Christus (Hermelin jagt Schlange)

Herz brennend: Glaube

Herz geflügelt mit Stern: Verklärung

Horn: Tapferkeit

7 Hörner: 7 Gaben des Hl. Geistes

Ibiskopf: Auferstehung (wie Storch)

IHS: Jesus Hominum Salvator (= Jesus, Erlöser der Menschen) oder 3 griechische Buchstaben Jota, Eta, Sigma als Anfangsbuchstaben des Namens Jesus

Immergrün: Treue, Ewigkeit, Beständigkeit, schützt vor Verwesung

Kerze: Christus

Kerze brennend: Glaube, Leben

Kerze geknickt: physischer Tod

Keule: Tapferkeit

Kleeblatt: Dreifaltigkeit

Knoten: Herrschaft, Leben; wird auch apotropäisch (= dämonenabschreckend) gebraucht

Kranz: Ewigkeit (kein Anfang, kein Ende), Ehe, Kirche

Kreis: Weltall, Ewigkeit (auch Schlangenring mit Kranz), sakrale Mitte

Kreuz: Christus, Kirche, getragenes Leid, Glaube, Überwindung des Bösen, Demut

Kronen: Zeichen der Herrschaft und des Rechtsanspruches, der Auserwähltheit vor Gott

Kuppel: Hoheit, Herrlichkeit, Himmel, weltumspannendes Symbol

Lampe: Wachsamkeit

7 Lampen: Gaben des Hl. Geistes

Laterne geöffnet: Christus, neues Licht

Lanze: Kampf der Tugenden mit dem Laster, Tugenden stoßen ihre Lanzen in besiegte Leiber

Lilie: Tod, auch Gnade

Libelle: Vergänglichkeit

Lorbeer: ewiger Ruhm, Leben in Christus durch den Sieg über die Welt, Unsterblichkeit

Löwe: Auferstehung der Toten, Stärke, Stolz, die überwundene Sünde (Physiologus: durch Brüllen des Löwen werden die Jungen zum Leben erweckt); in der Antike war der Löwe der Todesbote; in der Apokalypse des Johannes (5,5) wird Christus „der Löwe aus dem Stamme Juda" genannt

Olivenzweig: Eintracht, Friedensliebe

Palme: Sieg (durch das Martyrium), Wissenschaft, Gerechtigkeit; gemeinsam mit Phönix Sieg über Tod und Sünde

Pinienzapfen: Frucht des immergrünen Pinienbaumes – Sinnbild des Lebens und der Fruchtbarkeit, häufig als Bekrönung an Brunnen

Phönix: seit Herodot bei zahlreichen antiken Schriftstellern erwähnt; kommt im „Physiologus" vor, der den Phönix im Zusammenhang mit Johannes (10,17f) sieht – „Deshalb liebt mich der Vater, weil ich mein Leben hingebe, um es wieder zu nehmen. Niemand nimmt es mir, sondern ich gebe es freiwillig hin."

symbolisiert Tod und Auferstehung Christi, aber auch ewiges Leben; Attribut für Tugenden wie Beständigkeit, Hoffnung, Keuschheit (Geburt ohne Zeugung) und nicht zuletzt das Symbol für das Geheimnis der Herrschermacht, die nach altägyptischer Vorstellung immer wieder in neuem Glanz ersteht

Posaune: Stimme Gottes

Posaune in den Wolken: Gott redet

Putti: Glorifizierung des toten Herrschers; auch Tugenden wie Friede, Glaube, Tapferkeit

Putti mit Vorhang: machen Weg in die Verklärung sichtbar

Putti seifenblasend: Tod, Vergänglichkeit

Ring: Ewigkeit, Ehe, Unendlichkeit

3 Ringe: Dreifaltigkeit

Reichskrone: durch Jahrhunderte Symbol der Einheit des Reiches; Form, Gestaltung und Zahlenmystik sowie die Anordnung der Steine entsprechen einem theologischen Programm und christlicher Symbolik; sie stehen darüber hinaus in alttestamentarischem Bezug; Mythos der Reichskrone erfuhr unter Kaiser Karl VI. seine besondere Ausprägung

Reichswappen (urspr.): schwarzer Adler im goldenen Schild (vom römischen Rechtssymbol, dem Adler Jupiters, abstammend), Kaiser Sigismund übernahm 1410 den byzantinischen Doppeladler

Sanduhr: Vergänglichkeit, Tod

Sense: Tod, Sterben

Schlange: Teufel, das Böse; wegen der Häutung auch Auferstehung; uraltes Unterwelts- und Unsterblichkeitssymbol, auch Klugheit

Schlange, die das Schwanzende im Maul hält: Ewigkeit

Schlangenring, durch den ein Pfeil hindurchführt: das menschliche Leben in der Ewigkeit

Schild: Glaube

Schwert: Tapferkeit, Glaube

Schwert beim Mund des Weltenrichters: Verdammnis

7 Schwerter: 7 Schmerzen Mariae

Stab: Macht, Strafgericht, Schutz

Stundenglas (umgestürzes): die abgelaufene Zeit

Taube: Hoffnung, Frieden mit Gott, Hl. Geist

Topf: Hinfälligkeit des menschlichen Seins, Zerbrechlichkeit

Totenkopf: das am häufigsten verwendete Vanitassymbol – Eitelkeit, Vergänglichkeit, Gleichheit aller Menschen, Hinweis auf zeitliches Ende als Folge der Sünde

Totenkopf ohne Unterkiefer: Betonung des körperlichen Verfalls

Weinranken/-trauben: Symbol des Lebens

ANMERKUNGEN

VORWORT

1 Stranitzky errichtete 1708 eine hölzerne Hütte auf dem Platz am Neuen Markt und 1709 ein steinernes Haus am Kärntner Tor.
2 *Küchelbecker, Johann Basilius:* Allerneueste Nachricht vom Römisch-Kayserlichen Hof ... Berlin 1730.

DAS ZEREMONIELL BEI TOD UND BEGRÄBNIS

1 *Ehalt, Hubert Ch.:* Ausdrucksformen absolutistischer Herrschaft. Der Wiener Hof im 17. und 18. Jahrhundert. Wien 1980.

DIE KAISERGRUFT BEI DEN KAPUZINERN

1 *Lhotsky, Alphons:* Apis Colonna. Fabeln und Theorien über die Abkunft der Habsburger. Ein Exkurs zur Cronica Austrie des Thomas Ebendorfer. In: *Lhotsky:* Aufsätze und Vorträge 2. Wien 1971. – *Coreth, Anna:* Österreichische Geschichtsschreibung in der Barockzeit 1620–1740. Wien–Graz 1950. – *Ortner, Josef Peter:* Marquard Herrgott 1694–1762. Sein Leben und Wirken als Historiker und Diplomat. Wien 1968. Phil. Diss.
2 Vgl. dazu *Braulik, Georg:* Cölestin Wolfsgruber. Hofprediger und Universitätsprofessor. Diss. Wien 1967.
3 Kennzeichnend für Wolfsgrubers Arbeitsweise war die Antwort auf die Frage bezüglich der Biographie über die Kaiserin Carolina Augusta, der vierten Gemahlin Franz II./I.: „*Ich habe alles genau beschrieben. Aber nur das Gute, das Schlimme unterdrückt.*"
4 Vgl. dazu *Loidl, Franz:* Cölestin Wolfsgruber. Wien 1959.
5 ebd.
6 Lexikon für Theologie und Kirche. Freiburg 1958.
7 Annales Domestici pro Familia Viennensi intra Urbem, Tomus Immus. Ab Anno 1617 usque 1717 inclusive conscripti ab ARPBVCEP Anno 1736.
8 Vgl. *Wolfsgruber, Cölestin:* Die Kaisergruft bei den Kapuzinern in Wien. Wien 1887.
9 a.a.O. S. 3.
10 Hofkammerarchiv. Niederösterreichische Herrschaftsakten. Kapuziner 1600–1732. W 61/B22 Wien, Fasz. 37.
11 Das Kapuzinerkloster stieß in seiner einstigen Ausdehnung an das später errichtete Dorotheerkloster an und war nur durch die Spiegelgasse von diesem getrennt. Unter Joseph II. wurde es auf seine heutige Größe reduziert.
12 *Ginhart, Carl:* Die Kaisergruft bei den PP Kapuzinern in Wien. Wien 1925.
13 *Wolfsgruber,* a.a.O. S. 6.
14 a.a.O. S. 70.
15 a.a.O. S. 8.
16 ebd.
17 ebd.
18 a.a.O. S. 9.
19 Für die KK. General-Hof-Bau-Direction: Jos. v. Sehitzenau 19. Juli 1787.
20 Johann Aman (1765–1834), geb. St. Blasien i. Schwarzwald, 1789 nachweislich in der Wiener Akademie. Nach Italienaufenthalt Übersiedlung nach Wien. 1803 Hofunterarchitekt, 1812 Hofarchitekt. Verfällt 1832 durch den Tod seiner Frau in Schwermut. Aman ist der Hauptvertreter der nüchternen, klassischen Architektur im ersten Viertel des 19. Jahrhunderts in Österreich.
21 Vgl. *Fillitz, Hermann:* Katalog der Weltlichen und Geistlichen Schatzkammer. Wien 1971.
22 Vgl. *Feigl, Erich:* Kaiserin Zita. Legende und Wahrheit. Wien 1977. S. 518.
23 Vgl. *Görlich, E. J.:* Der letzte Kaiser – ein Heiliger? Wien 1978.
24 *Marquard Herrgott* und *Martin Gerbert:* Taphographia a.a.O., tab. LXX.
25 Vgl. Allgemeines Lexikon der bildenden Künstler von der Antike bis zur Gegenwart. Hrsg. von Ulrich Thieme und Felix Becker. Leipzig 1907–1950.
26 Vgl. *Ginhart,* a.a.O.
27 *Wolfsgruber,* a.a.O. S. 10.
28 *Ginhart,* a.a.O. S. 35.
29 a.a.O. S. 31.
30 a.a.O. S. 26.
31 vgl. ebd.
32 a.a.O.

33 Vgl. *Bilzer, Bert:* Begriffslexikon der Bildenden Künste. Braunschweig 1971.
34 *Habermas, Jürgen:* Strukturwandel der Öffentlichkeit. Untersuchungen zu einer Kategorie der bürgerlichen Gesellschaft. Politica 4. 4. Aufl. 1969. – *Ehalt,* a.a.O., S. 67.
35 *Ehalt,* a.a.O. S. 112
36 a.a.O. S. 61 f.
37 Vgl. *Hawlik van de Water, Magdalena:* Der schöne Tod. Zeremonialstrukturen des Wiener Hofes bei Tod und Begräbnis zwischen 1640 und 1740. Wien 1989.
38 Vgl. *Ginhart,* a.a.O. – Allgemeines Künstlerlexikon. Hrsg. von Günter Meissner. Leipzig 1983.
39 *Thieme–Becker,* a.a.O.
40 Die Protokolle des Haus-, Hof- und Staatsarchivs in Wien über den Trauerzug beim Ableben Maria Theresias wurden 1887 zum ersten Mal vom Kirchenhistoriker Wolfsgruber normalisiert und ediert. Die Übernahme erfolgt hier wortgetreu und ohne jede Veränderung.
41 *Wolfsgruber,* a.a.O. S. 53.
42 ebd. – Die Kaisergruft wird heute während der touristischen Sommerzeit täglich von mehreren hundert Besuchern besichtigt.
43 a.a.O. S. 55.
44 a.a.O. S. 53.
45 Historisches Taschenbuch. Geusau 1810. S. 308. In: *Wolfsgruber,* a. a. O. S. 75.
46 Alles ist eitel (vergänglich) außer der Stärke (der Macht).
47 Der Kustos der Kaisergruft, Provinzsekretär Pater Gottfried Undesser, unterrichtet die Mitglieder viermal jährlich durch ein vierseitiges Nachrichtenblatt über den Fortschritt der Arbeiten. Beigefügt sind geschichtliche und kunstgeschichtliche Aufsätze, die auf jene Personen Bezug nehmen, deren Sarkophage soeben restauriert werden.
Der jährliche Mitgliedsbeitrag beträgt 100 Schilling.
Adresse: Gesellschaft zur Rettung der Kapuzinergruft, 1010 Wien, Kapuzinerkloster, Tegetthoffstraße 2.
48 *Wolfsgruber, Cölestin:* Geschichte der Loretokapelle bei St. Augustin in Wien. Wien 1886.
49 Ihr Herz ist im Mausoleum ihres Gatten in Graz bestattet.
50 *Wolfsgruber,* a.a.O.
51 Archiv der Hofkirche zu St. Augustin.
52 *Wolfsgruber,* a.a.O.
53 Vgl. *Hawlik:* Der schöne Tod, a.a.O.
54 Vgl. *Rohr,* a.a.O. S. 279. – Die Herzöge und Kurfürsten in Bayern ließen ihre Herzen in Alt-Ötting beisetzen. Der Brauch entsprach altfranzösischer Sitte im Königshaus: Als der Vater Ludwigs VIII. 1226 in Montpensier starb, wurde sein Körper nach St. Denis gebracht, sein Herz mit den Intestina in der St.-Andreas-Kirche in Auvergne begraben. Vgl. *Lünig,* a. a. O.
55 *Moser, Fridrich Carl von:* Teutsches Hofrecht 2. Frankfurt–Leipzig 1754. S. 386.
56 *Rohr, Julius Bernhard Frhr. von:* Einleitung zur Ceremoniel-Wissenschaft der grossen Herren. Berlin 1733. S. 2 ff.
57 Vgl. *Michel, W.:* Herzbestattung und Herzkult des 17. Jahrhunderts. In: Archiv für mittelrheinische Kirchengeschichte 23. 1971. S. 121 ff.
58 *Moser,* a.a.O. S. 386.
59 H.H.St.A. Familienakten K 66, ohne Folio. – Ihre Mutter, Anna von Medici, die einige Monate nach Claudia Felicitas starb (12. 9. 1676), wurde neben ihrer Tochter beigesetzt.
60 *Lünig, Johann Christian:* Theatrum Ceremoniale historico politicum oder Historisch und Politischer Schau-Platz aller Ceremonien ... Tomus II. Pars I. Leipzig 1719/20.
61 Vgl. *Hawlik:* Der schöne Tod, a.a.O.
62 H.H.St.A. Familienakten K. 66, ohne Folio.
63 Bezüglich des Geburtsdatums der Karoline von Fuchs-Mollarth besteht in den diversen Europäischen Genealogien keine Einheitlichkeit.

Wer ist in welchem Sarkophag bestattet?

1 Vgl. dazu *Vocelka, Karl:* Habsburgische Hochzeiten 1550–1600. Wien 1976. – Ausstellungskatalog Höfische Feste. KHM Schloß Ambras. 1984.
2 Vgl. *Fillitz, Hermann:* Die Wiener Schatzkammer. Wien 1971. Kat. Nr. 43.
3 Vgl. *Nack, Emil:* Ägypten und der Vordere Orient im Altertum. Wien 1977. S. 133.
4 Die alte Form des Anna-Sarkophags – vor der Veränderung durch Moll – ist abgebildet bei *Herrgott–Gerbert:* Monum. domus. Aug. tom. IV. part II tab. LXXI a. 16.
5 *Wurzbach, Alfred von:* Niederländisches Künstlerlexikon. Amsterdam 1964.
6 Schönbrunner Chronik. Hrsg.: Schloßhauptmannschaft Schönbrunn. Wien 1976.
7 Ä.Z.A. K4, Fol. 1–5.

8 H.H.St.A. Familienakten K66, ohne Folio.
9 H.K.A. Reichsakte 202, Fol. 792.
10 Vgl. *Wurzbach, Constant von:* Biographisches Lexikon. Wien 1856–1891.
11 Nachweis bei *Wolfsgruber:* R. v. Mayer. Bericht des O.H.M.A. Nr. 21, 7.
12 Vgl. *Hawlik:* Der schöne Tod, a.a.O. S. 94 und S. 211.
13 Vgl. *Vocelka,* a.a.O.
14 H.H.St.A. Familienakten K. 66, ohne Folio.
15 *Wolfsgruber,* a.a.O. S. 100. Aus: Bericht K. K. Schatzmeisters R. v. Mayer, 14. Februar 1852. Archiv des O.H.M.A.
16 H.H.St.A. Familienakten K. 66, ohne Folio.
17 Datum laut *Schwennicke, Detlev* (Hrsg.): Europäische Stammtafeln. Bd. V. Neue Folge. Tafel 16. 1984.
18 Die Beziehungen der Gonzaga zu den Habsburgern im 17. Jahrhundert. Ausstellungskatalog Fürstenhöfe der Renaissance. 1989.
19 Vgl. *Mericka, Vaclav:* Orden und Ehrenzeichen der österreichischen Monarchie. Wien 1974.
20 Vgl. *Ricaldone, Luisa:* Italienisches Wien. Wien 1986.
21 H.H.St.A. ÄZA. K. 20, Fol. 207–214.
22 *Wolfsgruber,* a.a.O. S 108. In: R. F. A.
23 *Wolfsgruber,* a.a.O. S. 108. In: Bericht des R. V. Mayer, k. k. Schätzmeisters. Archiv des O.H.M.A.
24 Vgl. *Hamann, Brigitte:* Die Habsburger. Biographisches Lexikon. 1988.
25 Herzog Karl Leopold von Lothringen war von 1683 bis 1688 Oberbefehlshaber der kaiserlichen Truppen.
26 Wolfsgruber, a.a.O. S 153. In: H. C. P.
27 Diese beiden Heiligen wurden damals wegen ihrer Mildtätigkeit besonders verehrt.
28 Laut *Schwennicke, Detlev* (Hrsg.): Europäische Stammtafeln. Bd. I. Tafel 16. 1984. ist der 12. 7. 1651 als Geburtsdatum anzunehmen.
29 Lothar Som, auch Lothar Sohm, Zinngießer, 1653 Meister in Lindau, 1667 Hofzinngießer in Wien, zuletzt 1680 erwähnt.
30 *Adler, Guido:* Ferdinand III., Leopold I. und Karl VI. als Tonsetzer und Förderer der Musik. Wien 1892.
31 Vgl. *Leitich, Ann Tizia:* Vienna Gloriosa, Weltstadt des Barock. Wien 1963.
32 Vgl. *Hawlik:* Der schöne Tod, a.a.O.
33 Johann Philipp Stumpf war Zinngießer in Würzburg und wurde 1678 Meister.
34 *Locher, Agatho:* Inschriften. S. 13: Ben-oni (hebr.) = Sohn meines Schmerzes, vgl. Gen. 35, 18.
35 Vgl. *Thieme-Becker:* Künstlerlexikon, a.a.O.
36 Haus-, Hof- und Staatsarchiv. Ältere Familienakten.
37 Hofkammerprotokolle bearbeitet durch *Wolfsgruber.*
38 *Küchelbecker,* a.a.O.
39 Gemeint ist die Erzherzogin-Regentin Maria Elisabeth.
40 H.H.St.A. Ältere Zeremonialakten. K 20, Fol 1–29.
41 H.H.St.A. Ältere Zeremonialakten. K 27, Fol 32–33.
42 Es handelt sich um Maria Anna, Erzherzogin von Österreich, vgl. Herzurnenepitaph Leopoldsgruft!
43 Vgl. *Hawlik,* Der schöne Tod, a.a.O.
44 Vorangegangen war bereits im Jahre 1703 ein Geheimvertrag zwischen den beiden Brüdern Josef und Karl über das gegenseitige Erbrecht der Nachkommen, das sog. Pactum mutuae successionis.
45 Vgl. *Coreth, Anna:* Pietas Austriaca. Ursprung und Entwicklung barocker Frömmigkeit in Österreich. Wien 1959.
46 Vgl. *Spielmann, John P.:* Leopold I. Zur Macht nicht geboren. Graz–Wien–Köln 1981.
47 H.K.A. NÖ Kammer Fasz. 557, Fol. April bis Oktober 1707:
   Die Autorin stieß 1987 auf einen elf Seiten umfassenden Akt aus dem Jahre 1707, der sich als Kostenvoranschlag für den Sarkophag Kaiser Leopolds herausstellte. Die Detaillierung von Arbeitszeit und Materialien sowie die Hinweise auf die beiden Künstler gaben wertvolle sozialgeschichtliche Auskünfte. Der Hof bewilligte schließlich die Kosten in der Höhe von 4700 fl. – ein stolzer Preis, wenn man bedenkt, daß ein Zimmermeister zum selben Zeitpunkt 10 Kreuzer am Tag verdiente und ein kaiserlicher Kammerdiener 150 fl. im Jahr!
48 Hier irrte der Zinngießer. Es muß richtig heißen: „tertio nonas maii."
49 Vgl. *Ingrao, Charles W.:* Josef I., der „vergessene" Kaiser. Graz–Wien–Köln 1982.
50 *Wolfsgruber,* a.a.O. S 167. In: Reichs-Finanz-Ministerial-Archiv.
51 Johann Andreas Pfeffel der Ältere, Kupferstecher und Verleger, geb. 1674 in Bischoffingen bei Altbreisach, gest. 1748 in Augsburg, Schüler der Akademie Wien, dort auch tätig, Hofkupferstecher, später in Augsburg, häufige Zusammenarbeit mit Christian Engelbrecht.

52 Korrigiert durch *Agatho Locher:* 1702. Es irrte der Zinngießer.
53 Vgl. dazu Lexikon der Deutschen Geschichte. Hrsg. von *Gerhard Taddey.* – Wurzbach, Biographisches Lexikon.
54 Tag der Beisetzung war nach sicheren Quellen der 13. April. – *Wolfsgruber, a.a.O.* S. 198. – H. C. P. Es irrte der Zinngießer.
55 *Wolfgruber, Cölestin:* Die kaiserliche und königliche Hofburgkapelle und die k.u.k. geistliche Hofkapelle. Wien 1905. S. 221.
56 *Küchelbecker,* a.a.O.
57 Annales Domestici F. Min. Capucin pro Famil: Vienn. intra urbem 1640 usque ac 1673 inclus. Tom.II.
58 *Wandruszka, Adam:* Das Haus Habsburg. Die Geschichte einer Europäischen Dynastie. Wien 1986.
59 *Herrgott-Gerbert:* Monumenta Augustae Domus Austriacae IV. part II. Tab. LXXXIII. In: *Wolfsgruber,* a.a.O. S. 189.
60 Vgl. *Taddey:* Lexikon zur Deutschen Geschichte, a.a.O.
61 *Wolfsgruber,* a.a.O. S. 208. In: H. C. P.
62 Dies bedeutet, daß sie Wohltaten im Verborgenen spendete.
63 *Wolfsgruber,* a.a.O. S. 201. In: H. C. P.
64 Das Kind Maria Annas erhielt seinen Platz in der Maria-Theresien-Gruft, auch dieser Kindersarkophag ist eine Arbeit Molls.
65 Katalog der Maria-Theresia-Ausstellung. Wien 1980.
66 Vgl. ebd.
67 Vgl. *Koschatzky, Walter* (Hrsg.): Maria Theresia und ihre Zeit. Wien 1979.
68 *Mikoletzky, Hans Leo:* Kaiser Franz I. Stephan und der Ursprung des Habsburg-Lothringischen Familienvermögens. Wien 1981. – *Habsburg-Lothringen,* Michael Salvator: Der Habsburgische Familienversorgungsfond. In: Maria Theresia und ihre Zeit. 1980. S. 421 ff.
69 Vgl. dazu Porträtgalerie zur Geschichte Österreichs.
70 *Khevenhüller-Metsch:* Aus der Zeit Maria Theresias. 1764–1767. S. 149 f.
71 *Hennings, Fred:* Das josephinische Wien. Wien 1966. S. 29.
72 *Loidl, Franz:* Geschichte des Erzbistums Wien. Wien 1985.
73 Vgl. dazu *Mahovsky, Ekhard:* Die Furche von Slawikowitz. Wien 1980. – *Magenschab, Hans:* Revolutionär von Gottes Gnaden. Josef II. Wien 1979. – Katalog zur Ausstellung Josef II. Wien 1980.
74 Vgl. *Wolfsgruber,* a.a.O. S 263. – Vgl. *Fejtö, François:* Portrait eines aufgeklärten Despoten. München 1953.
75 *Pangels, Charlotte:* Die Kinder der Maria Theresia. München 1980. – Katalog zur Josef II.-Ausstellung. Wien 1980.
76 Es muß richtig heißen: 27. November. Hier irrte der Graveur.
77 Die Herren von Mollarth waren seit 1571 im Herrenstand.
78 Katalog zu Maria Theresia-Ausstellung. Wien 1980.
79 *Wolfsgruber,* a.a.O. S. 213.
80 Es muß heißen: postmeridianam
80a *Arneth, Alfred Ritter von* (Hrsg.): Briefe der Kaiserin Maria Theresia an ihre Kinder und Freunde. 4 Bde. Wien 1881.
81 *Pangels,* a.a.O.
82 Vgl. dazu *Wachter, Friederike:* Die Erziehung der Kinder Maria Theresias. Phil. Diss. Wien 1968.
83 *Pangels,* a.a.O. S. 281.
84 Es muß richtig heißen: 1745 (Fehler von Pater Dr. Agatho Locher).
85 *Khevenhüller-Metsch, Johann Joseph:* Aus der Zeit Maria Theresias. Tagebuch des kaiserlichen Obersthofmeisters 1742–1776. Bd. 6. Wien–Leipzig 1907. S. 235.
86 Vgl. dazu *Khevenhüller,* der als Datum den 16./17.5. angibt.
87 Vgl. *Zöllner, Erich:* Geschichte Österreichs. Von den Anfängen bis zur Gegenwart. Wien 1974.
88 Vgl. *H. Andics:* Die Frauen der Habsburger. Wien–München 1985. – *Magenschab, Hans:* Revolutionär von Gottes Gnaden. Joseph II. Wien 1979.
89 Vgl. dazu *Leitich, Ann Tizia:* Kaiserin Maria Ludovika. In: Neue Österreichische Biographien. XII. Bd. Wien 1957.
90 Vgl. *Wolfsgruber, Cölestin:* Carolina Augusta. Die Kaiserin-Mutter. Wien 1893.
91 Vgl. Wiener Schatzkammer. Kat. Nr. 113.
92 Im selben Jahr wurde ein Gesetz zur Durchführung einer Wahlreform im Reichsrat eingebracht. U. a. ist jeder wahlberechtigt, der im Jahr 10 fl. (Gulden) direkte Steuern zahlt, das waren 6% der Bevölkerung. – Vgl. dazu *Kleindel, Walter:* Österreich. Daten zur Geschichte und Kultur. Wien 1978.
93 Ursprünglich in der Franzensgruft bestattet (seit 1832), wurde der Sarg 1940 auf Befehl Adolf Hitlers nach Paris in den Invalidendom überführt. – Vgl. dazu *Aubry, O.:* Der König von Rom. 1935. – *Bourgoing, Jean de:* Der Sohn Napoleons. Wien 1956. *Castelot, A.:* Der Herzog von Reichstadt. 1960.

94 Vgl. *Holler, Gerd:* Gerechtigkeit für Ferdinand. Wien 1986.

95 Vgl. *Koschatzky, Walter/Strobl, Alice* (Hrsg.): Die Albertina in Wien. Wien 1989.

96 Vgl. *Pangels,* a.a.O. – *Wurzbach,* a.a.O. – *Gutkas, Karl:* Die Habsburg-Lothringische Familie zwischen 1740–1790. In: Österreich zur Zeit Kaiser Josephs II. – *Adam, Wolf:* Maria Christine. Erzherzogin von Österreich. Wien 1863.

97 Vgl. *Wandruszka, Adam:* Leopold II. Erzherzog von Österreich, Großherzog von Toskana, König von Ungarn und Böhmen, Römischer Kaiser. Wien–München 1963–1965.

98 ebd.

99 ebd.

100 *Feuchtmüller, Rupert:* Kunst in Österreich vom frühen Mittelalter bis zur Gegenwart. Wien 1973.

101 Vgl. *Pangels,* a.a.O.

102 Vgl. *Andics,* a.a.O.

103 Vgl. *Wandruszka,* a.a.O.

104 Vgl. Haus-, Hof- u. Staatsarchiv. Kabinettsarchiv Geheimakten K 16. Strüff: „Skizzen aus meinem Leben".

105 *Wolf,* a.a.O.

106 *Corti, Conte Egon Cesare:* Ich, eine Tochter Maria Theresias. Ein Lebensbild der Königin Maria Karoline von Neapel. München 1950.

107 Vgl. dazu *Pangels,* a.a.O. – *Wurzbach,* a.a.O. – *Hajos, Geza:* Schönbrunn. Wien 1976.

108 Vgl. *Pangels,* a.a.O.

109 *Wandruszka,* a.a.O.

110 *Rota, Ettore:*L'Austria in Lombardia. Biblioteca Storica del Risorgimento Italiano. Movimento Democratico Cisalpino. Milano/Roma/Napoli 1911. Aus dem Italienischen von Ch. Pangels.

111 Vgl. *Mikoletzky, Hans Leo:* Kaiser Franz I. Stephan und der Ursprung des Habsburgisch-Lothringischen Familienvermögens. Wien 1961.

112 Lungenödem infolge kardialer Dekompensation. – Vgl. *Wolfsgruber,* a.a.O. S. 279.

113 Vgl. *Benedikt, Heinrich:* Kaiseradler über dem Apennin. Die Österreicher in Italien 1700–1866. Wien 1964.

114 Vgl. *Pangels,* a.a.O.

115 Vgl. *Wandruszka,* a.a.O. S. 338.

116 Vgl. *Wolfsgruber,* a.a.O. Porträtgalerie KHM. – Das Schicksal der Sammlung des Erzherzogs Leopold Wilhelm. Jahrbuch der kunsthistorischen Sammlungen in Wien 64 1968. – *Holterhoff, Speth:* La célèbre Galerie de tableaux de l'archiduc Leopold-Guillaume. Brüssel 1952.

117 Vgl. dazu *Klauner, Friderike:* Die Gemäldegalerie des Kunsthistorischen Museums in Wien. Wien 1978. – Verzeichnis der Gemälde des Kunsthistorischen Museums Wien. Wien 1973.

118 Vgl. *Braunbach, Max:* Maria Theresias jüngster Sohn Max Franz, letzter Kurfürst von Köln und Fürstbischof von Münster. Wien–München 1961.

119 *Wolfsgruber,* a.a.O.

120 *Wolfsgruber,* a.a.O.

121 Irrtum des Graveurs – richtig: 25. September.

122 Vgl. dazu *Haslip, Joan:* Imperial Adventurer. Emperor Maximilian of Mexiko. London 1971. – *Hamann, Brigitte:* Mit Kaiser Max in Mexiko. Aus dem Tagebuch des Fürsten Khevenhüller 1864–1867. Wien 1983. – *Wallisch, Friedrich:* Sein Schiff hieß Novara. Wien 1966. – *Kisch, Egon Erwin:* Entdeckungen in Mexiko. Wien 1946.

123 Vgl. *Schiel, Irmgard:* Maria Louise. Eine Habsburgerin für Napoleon. Stuttgart 1983.

124 ebd.

125 *Hamann, Brigitte:* Die Habsburger, a.a.O.

126 *Leitner,* a.a.O. S. 258.

127 Vgl. *Wolfsgruber,* a.a.O. S. 315.

128 Was ruht, soll man nicht bewegen.

129 *Fedrigotti, Anton Bossi:* Kaiser Franz Joseph I. und seine Zeit. Zürich–München 1978. – Katalog: Österreich unter Kaiser Franz Joseph I. Hrsg. von Siegfried Nasko. 1979.

130 Vgl. dazu *Srbik, Heinrich von:* Aus Österreichs Vergangenheit. Von Prinz Eugen zu Franz Joseph. 1949. – *Corti, Conte Egon Cesare:* Mensch und Herrscher. Wege und Schicksale Kaiser Franz Josephs I. zwischen Thronbesteigung und Berliner Kongreß. 1952. – *McGarvie, Michael:* Francis Joseph I. A Study in monarchy. 1966. – *Novotny, Alexander:* Franz Joseph I. an der Wende vom alten zum neuen Europa. 1968.

131 *Hamann, Brigitte:* Elisabeth. Kaiserin wider Willen. Wien 1982.

132 *Corti, Conte Egon Caesare:* Elisabeth von Österreich. Wien 1984.

133 Vgl. *Andics,* a.a.O. – *Hamann, Brigitte:* Kronprinz Rudolph. Der Weg nach Mayerling. Wien 1980. – *Judtmann, Fritz:* Mayerling ohne Mythos. Wien 1968. – *Mitis, Oskar von:* Das Leben des Kronprinzen Rudolph. Hrsg. von Adam Wandruszka. Wien 1971.

134 Vgl. dazu *Feigl, Erich* (Hrsg.): Kaiserin Zita: Legende und Wahrheit. Wien 1978.

Abraham a Santa Clara: Neu eröffnete Weltgalerie. Nürnberg 1703.

Adorno, Theodor: Ästhetische Theorie. Frankfurt 1970.

Allgemeines Künstlerlexikon. Hrsg. von Günter Meißner. Leipzig 1983.

Allgemeines Lexikon der bildenden Künstler von der Antike bis zur Gegenwart. Hrsg. von Ulrich Thieme und Felix Becker. Leipzig 1907–1950.

Andics, Hellmut: Das österreichische Jahrhundert. Wien 1974.

Andics, Hellmut: Die Frauen der Habsburger. Wien–München 1985.

Ariès, Philippe: Geschichte des Todes. München 1982.

Aubry, O.: Der König von Rom. 1935.

Benedikt, Heinrich: Die Monarchie des Hauses Österreich. Wien 1968.

Benedikt, Heinrich: Kaiseradler über dem Apennin. Die Österreicher in Italien, 1700 bis 1866. Wien 1964.

Béthouart, Antoine: Metternich et l'Europe. Librairie Académique. Perrin 1979.

Bilzer, Bert: Begriffslexikon der Bildenden Künste. Braunschweig 1971.

Bled, Jean-Paul: Franz Joseph. Der letzte Monarch der alten Schule. Wien 1988.

Bossi-Fedrigotti, Anton: Kaiser Franz Josef I. und seine Zeit. Zürich–München 1978.

Bourgoing, Jean de: Der Sohn Napoleons. Wien 1956.

Braubach, Max: Maria Theresias jüngster Sohn Maximilian Franz, letzter Kurfürst von Köln und Fürstbischof von Münster. Wien–München 1961.

Braulik, Georg: Cölestin Wolfsgruber. Hofprediger und Universitätsprofessor. Kath.-Theol. Diss. Wien 1967.

Brückner, Wolfgang: Bildnis und Brauch. Studien zur Bildfunktion der Effigies. Berlin 1966.

Castelot, A.: Der Herzog von Reichstadt. 1960.

Coreth, Anna: Pietas Austriaca. Ursprung und Entwicklung barocker Frömmigkeit in Österreich. Wien 1959.

Corti, Egon Cesare Conte: Elisabeth von Österreich. Wien 1984.

Corti, Egon Cesare Conte: Ich, eine Tochter Maria Theresias, ein Lebensbild der Königin Maria Karoline von Neapel. München 1950.

Corti, Egon Cesare Conte: Mensch und Herrscher. Wege und Schicksale Kaiser Franz Josephs I. zwischen Thronbesteigung und Berliner Kongreß. 1952.

Die Albertina in Wien. Hrsg. von Walter Koschatzky. Wien 1979.

Die Habsburger. Ein biographisches Lexikon. Hrsg. von Brigitte Hamann. Wien 1988.

Ehalt, Hubert: Ausdrucksformen absolutistischer Herrschaft. Wien 1980.

Elias, Norbert: Die höfische Gesellschaft. Untersuchungen zur Soziologie des Königstums und der höfischen Aristokratie mit einer Einleitung: Soziologie und Geschichtswissenschaft. Neuwied–Berlin 1969.

Endler, Fritz: Wien im Biedermeier. Wien 1978.

Feigl, Erich: Kaiserin Zita. Legende und Wahrheit. Wien 1977.

Feuchtmüller, Rupert: Kunst in Österreich vom frühen Mittelalter bis zur Gegenwart. Wien 1973.

Fillitz, Hermann: Die Wiener Schatzkammer. Wien 1971.

Franzel, Emil: Kronprinzen-Mythos und Mayerling-Legenden. Wien 1978.

Freud, Sigmund: Totem und Tabu. Frankfurt 1984.

Fridell, Egon: Kulturgeschichte der Neuzeit. München 1976.

Ginhart, Karl: Die Kaisergruft bei den PP Kapuzinern in Wien. Wien 1925.

Görlich, Ernst J.: Der letzte Kaiser – ein Heiliger? Stein 1972.

Graham, Stephan: Sarajewo. La crime de la Saint-Vitus. Paris 1933.

Groner Richard: Wien wie es war. Wien–München 1980.

Habermas, Jürgen: Strukturwandel der Öffentlichkeit. Untersuchungen zu einer Kategorie der bürgerlichen Gesellschaft. Politica 4. Frankfurt 1964.

Hajós, Géza: Schönbrunn. Wien 1976.

Hamann, Brigitte: Elisabeth. Kaiserin wider Willen. Wien 1982.

Hamann, Brigitte: Kronprinz Rudolph. Der Weg nach Mayerling. Wien 1980.

Hamann, Brigitte: Kronprinz Rudolph. Majestät, ich warne Sie ... Wien 1979.

Hamann, Brigitte: Mit Kaiser Max in Mexiko. Aus dem Tagebuch des Fürsten Khevenhüller 1864–1867. Wien 1983.

Hantsch, Hugo: Die Geschichte Österreichs. Graz 1968.

Haslip, Joan: Imperial Adventurer. Emperor Maximilian of Mexico. London 1971.

Hawlik-van de Water, Magdalena: Der schöne Tod. Zeremonialstrukturen des Wiener Hofes bei Tod und Begräbnis zwischen 1640 und 1740. Wien 1989.

Heidegger, Martin: Sein und Zeit. Halle 1979.

Heindl, Gottfried: Leg mich zu Füßen, Majestät. Wien 1985.

Heinz, Günther: Studien zur Porträtmalerei an den Höfen der österreichischen Erblande. In: Jahrbuch der kunsthistorischen Sammlungen in Wien. Wien 1963.

Hennings, Fred: Das josephinische Wien. Wien–München 1966.

Hennings, Fred: Und sitzet zur linken Hand. Franz Stephan von Lothringen. Wien 1961.

Herre, Franz: Kaiser Franz Joseph von Österreich. Sein Leben, seine Zeit. Köln 1978.

Herrgott, Marquardus/Gerbert, Martinus: Monumenta Augustae Domus Austriacae. St. Blasien 1772.

Holler, Gerd: Gerechtigkeit für Ferdinand. Wien 1986.

Holterhoff, Speth: Le célèbre Galerie de tableaux de l'archiduc Léopold-Guillaume. Brüssel 1952.

Hubatschek, H.: „Barock" als Epochenbezeichnung? Archiv für Kulturgeschichte 40. 1958.

Ingrao, Charles W.: Josef I. Der „vergessene" Kaiser. Graz–Wien–Köln 1982.

Jahrbuch der kunsthistorischen Sammlungen des allerhöchsten Kaiserhauses. I–XXXVI. Wien 1883–1923/25.

Isenburg, Wilhelm Karl Prinz von: Stammtafeln zur Geschichte der europäischen Staaten. Ed. von Frank Baron Freytag von Loringhofen/Detlev Schwennicke. Marburg 1953–1984.

Judtmann, Fritz: Mayerling ohne Mythos. Wien 1968.

Katalog: Maria Theresia und ihre Zeit. Wien 1980.

Katalog: Österreich unter Kaiser Franz Joseph I. Hrsg. von Siegfried Nasko. 1979.

Katalog: Österreich zur Zeit Kaiser Josephs II. Wien 1980.

Khevenhüller-Metsch, Fürst Johann Josef: Aus der Zeit Maria Theresias. Tagebuch des kaiserlichen Obersthofmeisters 1724–1776. Ed. von Hans Schlitter. 8 Bde. Wien–Leipzig 1907/08.

Kisch, Egon Erwin: Entdeckungen in Mexiko. Wien 1946.

Klauner, Friderike: Die Gemäldegalerie des Kunsthistorischen Museums in Wien. Wien 1973.

Kleindel, Walter: Österreich. Daten zur Geschichte und Kultur. Wien 1978.

Koepf, Hans: Bildwörterbuch der Architektur. Stuttgart 1968.

Koenigsberger, H. G.: The Habsburgs and Europe 1516–1600. Ithaka 1971.

König, Ulrike: Balthazar Ferdinand Moll. Ein Bildhauer des Wiener Spätbarock. Phil. Diss. Wien 1976.

Kovacs, Elisabeth: Kirchliches Zeremoniell am Wiener Hof des 18. Jahrhunderts im Wandel von Mentalität und Gesellschaft. In: Mitteilungen des österreichischen Staatsarchivs 32. Wien 1979.

Kruedener, Jürgen Frhr. von: Die Rolle des Hofes im Absolutismus. Stuttgart 1973.

Kusin, Eberhard: Die Kaisergruft. Wien 1973.

Lein, Elisabeth: Begräbnisstätten der Alt-Habsburger in Österreich. Wien o. J.

Lexikon Christlicher Kunst: Themen, Gestalten, Symbole. Wien 1982.

Lexikon der Deutschen Geschichte. Hrsg. von Gerhard Taddey. Stuttgart 1977.

Lockyer, Roger: Habsburg and Bourbon. Europe 1470–1720. London 1974.

Loidl, Franz: Cölestin Wolfsgruber. Wien 1958.

Magenschab, Hans: Revolutionär von Gottes Gnaden. Joseph II. Wien 1979.

Mahovsky, Ekhard: Die Furche von Slawikowitz. 1980.

Marcuse, Herbert: Die Ideologie des Todes. In: Ebeling, Hans (Hrsg.): Der Tod der Moderne. Königstein 1979.

Maria Theresia, Geheimer Briefwechsel mit Marie Antoinette. Hrsg. von Paul Christoph. Wien 1980.

Maria Theresia und ihre Zeit. Hrsg. von Walter Koschatzky. Wien 1979.

Marquard, Odo: Die Schwierigkeiten mit der Geschichtsphilosophie. 1986.

Matsche, F.: Die Kunst im Dienste der Staatsidee Kaiser Karls VI. Ikonographie, Ikonologie und Programmatik des „Kaiserstils". Berlin–New York 1981.

McGarvie, Michael: Francis Joseph I. A study in monarchie. 1966.

McGuigan, Dorothy Gies: Familie Habsburg 1273 bis 1918. Wien–München 1967.

Mikoletzky, Hans Leo: Kaiser Franz I. Stephan und der Ursprung des Habsburg-Lothringischen Familienvermögens. Wien 1961.

Mikoletzky, Hans Leo: Österreich – das große 18. Jahrhundert. Von Leopold I. bis Leopold II. Wien 1967.

Mitis, Oskar von: Das Leben des Kronprinzen Rudolf. Leipzig 1928.

Moser, Fridrich Carl von: Teutsches Hof-Recht. 2 Bde. Frankfurt–Leipzig 1754/55.

Neue Österreichische Biographien. Wien 1959.

Novotny, Alexander: Franz Joseph I. An der Wende vom alten zum neuen Europa. Wien 1968.

Österreichische Künstler in Rom vom Barock zur Sezession. Ausstellungskatalog. Rom–Wien 1972.

Pangels, Charlotte: Die Kinder der Maria Theresia. München 1980.

Pesendorfer, Franz: Ein Kampf um die Toskana. Wien 1984.

Porträtgalerie zur Geschichte Österreichs von 1400 bis 1800. Wien 1976.

Reallexikon für Antike und Christentum. o. O. 1950.

Reallexikon zur Deutschen Kunstgeschichte. Stuttgart 1967.

Redlich, Josef: Kaiser Franz Joseph v. Österreich. Eine Biographie. Berlin 1929.

Redlich, Oswald: Weltmacht des Barock. Österreich in der Zeit Leopolds I. Wien 1961.

Redlich, Oswald: Das Werden einer Großmacht. Österreich 1700–1740. Wien 1962.

Reschauer, Heinrich/Smets, Moritz: Geschichte der Wiener Revolution im Jahre 1848. Wien 1898.

Rohr, Julius Bernhard Frhr. von: Einleitung zur Ceremoniel-Wissenschaft der grossen Herren. Berlin 1733.

Schiel, Irmgard: Maria Louise. Eine Habsburgerin für Napoleon. Stuttgart 1983.

Schimmer, Eduard Karl: Alt und Neu Wien. Geschichte der österreichischen Kaiserstadt. Wien–Leipzig 1904.

Schmidt, Heinrich und Margarethe: Die vergessene Bildersprache christlicher Kunst. Ein Führer zum Verständnis der Tier-, Engel- und Mariensymbolik. München 1981.

Schneider, Reinhold: Winter in Wien. Freiburg–Basel–Wien 1958.

Schollich, Ambros: Zur Geschichte der Vermählungsfeierlichkeiten des Matthias (1611). In: Zeitschrift des historischen Vereins für Steiermark 9. 1911. S. 180–187.

Schramm, Percy Ernst: Herrschaftsreisen und Staatssymbolik. Schriften der Monumenta Germaniae Historica. Stuttgart 1954.

Spiel, Hilde: Der Wiener Kongreß in Augenzeugenberichten. Düsseldorf 1965.

Spielmann, John P.: Leopold I. Zur Macht nicht geboren. Graz–Wien–Köln 1981.

Spira, Leopold (Hrsg.): Attentate, die Österreich erschüttern. Wien 1981.

Srbik, Heinrich von: Aus Österreichs Vergangenheit. Von Prinz Eugen zu Franz Joseph. Wien 1949.

Stadtmüller, Georg: Geschichte der Habsburgischen Macht. 1966.

Tamussino, Ursula: Isabella von Parma. 1989.

Tietze-Conrat: Die Kaisergruft in Wien. In: Österreichische Kunstbücher, Bd. 30. o.J.

Tromballa, Theophil: Franz Stephan von Lothringen und sein Kreis. Beiträge zur Kulturgeschichte des Hauses Habsburg-Lothringen. Phil. Diss. Wien 1955.

Vallotton, Henry: Maria Theresia. Herrscherin und Mutter. Hamburg 1968.

Vehse, Eduard: Geschichte des österreichischen Hofes und Adels und der österreichischen Dynastie. Hamburg 1852.

Vocelka, Karl: Habsburgische Hochzeiten 1500–1600. Wien 1976.

Vocelka, Karl: Der Josephinismus in der Maria-Theresianischen Epoche. In: Österreich zur Zeit Josephs II. Wien 1980.

Wachter, Friederike: Die Erziehung der Kinder Maria Theresias. Phil. Diss. Wien 1968.

Wallisch, Friedrich: Sein Schiff hieß Novara. Wien 1966.

Wandruszka, Adam: Das Haus Habsburg. Die Geschichte einer Europäischen Dynastie. Wien 1982.

Wandruszka, Adam: Leopold II., Erzherzog von Österreich, Großherzog von Toskana, König von Ungarn und Böhmen, Römischer Kaiser. Wien–München 1965.

Weissensteiner, Friedrich: Die rote Erzherzogin. Wien 1983.

Weissensteiner, Friedrich: Franz Ferdinand. Der verhinderte Herrscher. Wien 1983.

Weissensteiner, Friedrich: Johann Orth. Ein Aussteiger aus dem Kaiserhaus. Wien 1985.

Welt des Barock. Ausstellungskatalog St. Florian. Linz 1986.

Wentsche, Paul: Karl V. Herzog von Lothringen. Leipzig 1943.

Wilde, Harry: Der politische Mord. Morde und Attentate in der Weltgeschichte, ihre Hintergründe, Triebkräfte und Folgen. München 1976.

Wolf, Adam: Maria Christine. Erzherzogin von Österreich. Wien 1863.

Wolfsgruber, Cölestin: Carolina Augusta. Die Kaiserin-Mutter. Wien 1893.

Wolfsgruber, Cölestin: Die Kaisergruft bei den Kapuzinern in Wien. Wien 1887.

Wolfsgruber, Cölestin: Geschichte der Loretokapelle bei St. Augustin in Wien.
  Wien 1886.
Wurzbach, Constant von: Biographisches Lexikon. Wien 1856–1891.
Wurzbach, Alfred von: Niederländisches Künstlerlexikon. Amsterdam 1964.
Zöllner, Erich: Geschichte Österreichs. Von den Anfängen bis zur Gegenwart.
  Wien 1974.

Archivalische Nachrichten aus folgenden Archiven:
Haus-, Hof- und Staatsarchiv
Hofkammerarchiv
Archiv des Kapuzinerklosters
Porträtsammlung und Bildarchiv der Österreichischen Nationalbibliothek
Sammlungen der Albertina

VOLLSTÄNDIGES VERZEICHNIS ALLER IN DER KAISERGRUFT BEIGESETZTEN PERSONEN

Gründergruft

1   Anna (1585–1618), Kaiserin, Gemahlin von Kaiser Matthias, Gründerin von Kloster und Gruft
2   Matthias (1557–1619), Kaiser, Mitbegründer von Kapuzinerkloster und Gruft

Leopoldsgruft

3   Anna Maria Sophia (1674), Kolumbarium (Nische)
4   Ferdinand Joseph (1657–1658), Kolumbarium
5   Ferdinand Wenzel (1667–1668), Kolumbarium
6   Johann Leopold (1670), Kolumbarium
7   Maria Anna (1672), Kolumbarium
8   Maria Josepha (1675–1676), Kolumbarium
9   Maria Anna (1683–1754), Königin, Herzurne, Tochter Leopolds I., Gemahlin Johanns V. König von Portugal. Ihr Leichnam ruht in Lissabon
10   Maria Margareta (1690–1691), Kolumbarium
11   Maximilian Thomas (1638–1639), Kolumbarium
12   Philip August (1637–1639), Kolumbarium
13   Christine (1679), Kolumbarium
14   Theresia Maria (1652–1653), Kolumbarium
15   Unbenannter Sohn (1686), Kolumbarium
16   Maria Josepha (1687–1703), Tochter Leopolds I.
17   Maria Anna Josepha (1654–1691), Tochter Ferdinands III.
18   Eleonora Maria (1653–1697), Tochter Ferdinands III., Gemahlin Michaels, König von Polen, und, nach dessen Tod, Carolus V., Herzog von Lothringen
19   Eleonora (1630–1686), Kaiserin, 3. Gemahlin Ferdinands III.
20   Margarita Teresa (1651–1673), Kaiserin, 1. Gemahlin Leopolds I.
21   Maria Leopoldina (1632–1649), Kaiserin, 2. Gemahlin Ferdinands III.
22   Maria Anna (1606–1646), Kaiserin, 1. Gemahlin Ferdinands III., ist gemeinsam mit ihrer Tochter Maria bestattet
23   Maria Amalia (1724–1730), Schwester Maria Theresias
24   Claudia Felicitas (1653–1676), Kaiserin, Herzurne, 2. Gemahlin Leopolds I.
25   Maria Theresia (1684–1696), Tochter Leopolds I.
26   Leopold Joseph (1682–1684), Sohn Leopolds I.
27   Ferdinand III. (1608–1657), Kaiser
28   Maria Antonia (1669–1682), auch Margarita Antonia, Tochter Leopolds I.
29   Ferdinand IV. (1633–1654), römischer König, Sohn Ferdinands III.
30   Leopold (1716), einziger Sohn Karls VI.
31   Maria Magdalena (1689–1743)
32   Eleonore Magdalena (1655–1720), Kaiserin, 3. Gemahlin Leopolds I., Großmutter Maria Theresias

Karlsgruft

33   Leopold Joseph (1700–1701), Sohn Josephs I.
34   Amalia Wilhelmina (1673–1742), Kaiserin, Herzurne, Gemahlin Josephs I.

35	Joseph I. (1678–1711), Kaiser, Sohn Leopolds I.
36	Elisabeth Christine (1691–1750), Kaiserin, Gemahlin Karls VI.
37	Leopold I. (1640–1705), Kaiser, Sohn Ferdinands III.
38	Maria Elisabeth (1680–1741), Statthalterin der Niederlande, Tochter Leopolds I.
39	Maria Anna (1718–1744), Schwester Maria Theresias
40	Karl VI. (1685–1740), Kaiser, Sohn Leopolds I., Vater von Kaiserin Maria Theresia

Maria-Theresien-Gruft

41	Karoline Fuchs-Mollarth (1681–1754), Gräfin, Erzieherin und Hofdame von Kaiserin Maria Theresia, einzige Nichthabsburgerin in der Kaisergruft
42	Joseph II. (1741–1790), Kaiser, Sohn und Nachfolger Maria Theresias
43	Karoline (1748), Tochter Maria Theresias
44	Karl Joseph (1745–1762), Sohn Maria Theresias
45	Johanna Gabriele (1750–1762), Tochter Maria Theresias
46	Maria Josepha (1751–1767), Tochter Maria Theresias
47	Unbenannte Prinzessin (1744), Tochter der Erzherzogin Maria Anna (Nr. 39)
48	Maria Elisabeth (1737–1740), Tochter Maria Theresias
49	Maria Josepha (1739–1767), Kaiserin, 2. Gemahlin Josephs II.
50	Isabella (1741–1763), Kronprinzessin, 1. Gemahlin Josephs II.
51	Christine (1763), Tochter Maria Isabellas (Nr. 50)
52	Maria Theresia (1762–1770), Tochter Josephs II.
53	Maria Karoline (1740–1741), Tochter Maria Theresias
54	Christine (1767), Tochter von Maria Christine und Herzog Albert von Sachsen-Teschen
55	Maria Theresia (1717–1780), Kaiserin
56	Franz Stephan (1708–1765), Kaiser, Sohn des Herzogs Leopold von Lothringen, Großherzog von Toskana, Gemahl Maria Theresias

Franzensgruft

57	Franz II./I. (1768–1835), Sohn Leopolds II., Träger der römisch-deutschen Kaiserkrone bis 1806, Kaiser von Österreich ab 1804
58	Maria Ludovica (1787–1816), Kaiserin, 3. Gemahlin Franz II./I.
59	Elisabeth Wilhelmine (1767–1790), Kronprinzessin, 1. Gemahlin Franz II./I.
60	Maria Theresia Karolina (1772–1807), Kaiserin, 2. Gemahlin Franz II./I.
61	Karolina Augusta (1792–1873), Kaiserin, 4. Gemahlin Franz II./I.

Ferdinandsgruft

62	Ferdinand I. (1793–1875), Kaiser, Sohn von Franz II./I.
63	Maria Anna (1803–1884), Kaiserin
64A	Alexander Leopold (1772–1795)
65A	Maria Amalia (1780–1798)
66A	Louise Elisabeth (1790–1791)
67A	Maria Eleonore (1864)
68A	Franz Joseph (1855)
69A	Joseph Franz (1799–1807)
70A	Leopold (1823–1898)

71A   Johann Nepomuk Karl (1805–1809)
72A   Robert Ferdinand (1895)
73B   Maria Antonia (1858–1883)
74B   Maria Anna (1835–1840)
75B   Maria Karoline (1821–1844)
76B   Ferdinand Salvator (1888–1891)
77B   Rainer Salvator (1880–1889)
78B   Sophie Frederike (1855–1857), Tochter Kaiser Franz Josephs
79B   Karoline Ferdinanda (1793–1802)
80C   Natalie (1884–1898)
81C   Stephanie (1886–1890)
82C   Maria Anna (1804–1858)
83C   Maria Karoline (1825–1915)
84C   Louise Maria (1773–1802) und Sohn
85C   Maria Antonia (1814–1898), Gemahlin Leopolds II., Toskana, Mutter des Johann Orth
86C   Maria Anna (1796–1865)
87C   Karoline Louise (1795–1799)
88D   Albrecht Salvator (1871–1896)
89D   Maria Immakulata (1844–1899)
90D   Karl Salvator (1839–1892), Bruder des Johann Orth
91D   Leopold Maria Alphons (1897–1958), verstorben in den USA, Aschen-urne
92D   Maria Antonia (1874–1891)
93D   Ernst (1824–1899)
94D   Adelgunde (1823–1914)
95D   Karoline Leopoldine (1794–1795)
96D   Amalia Theresia (1807)
97D   Henriette Maria (1884–1886)
98D   Ludwig Salvator (1847–1915), Bruder des Johann Orth
99D   Maria Theresia (1855–1944)
100D Joseph Ferdinand (1872–1942)

Toskaner-Gruft

101   Franz V. (1819–1875), Herzog von Modena, 1859 entthront
102   Ferdinand Karl d'Este (1781–1850)
103   Anton Viktor (1779–1835), Sohn Leopolds II., Großmeister des Deut-schen Ordens
104   Ludwig Joseph (1784–1864), Sohn Leopolds II., führte unter Ferdinand I. gemeinsam mit Metternich und Kolowrat die Staatsgeschäfte von 1835–1848
105   Ferdinand Karl Anton Herzog von Modena (1754–1806), Sohn Maria Theresias, General-Kapitän der Lombardei
106   Maria Beatrix von Este (1750–1829)
107   Maria Karoline (1752–1814), Königin, Gemahlin Ferdinands IV., König Beider Sizilien
108   Ferdinand IV. (1835–1908), Großherzog von Toskana
109   Leopold II. (1797–1870), Großherzog von Toskana, Vater des Johann Orth
110   Rainer (1827–1913)
111   Albert (1738–1822), Herzog von Sachsen-Teschen, Gemahl Maria Chri-stines

112 Maria Christine (1742–1798), Lieblingstochter Maria Theresias

113 Leopold II. (1747–1792), Kaiser, Sohn Maria Theresias, Nachfolger Josephs II.

114 Maria Ludovica (1745–1792), Kaiserin, Gemahlin Leopolds II.

Neue Gruft

115 Leopold Wilhelm (1614–1662), Sohn Ferdinands II., Bischof, Hochmeister des Deutschen Ritterordens, spanischer Statthalter in den Niederlanden

116 Karl Joseph (1649–1664), Fürsterzbischof von Olmütz, Erbe von Leopold Wilhelm

117 Karl Joseph (1680–1715), Prinz von Lothringen, Fürsterzbischof von Trier

118 Maximilian Franz (1756–1801), Fürsterzbischof von Köln, Sohn Maria Theresias

119 Rudolph (1788–1831), Kardinal, Fürsterzbischof von Olmütz

120 Wilhelm (1827–1894)

121 Karl Ferdinand (1818–1874)

122 Karl Ludwig (1771–1847), Sohn Kaiser Leopolds II., Sieger von Aspern

123 Henriette von Nassau (1797–1829), Gemahlin Erzherzog Karls, einzige Protestantin in der Kaisergruft

124 Henriette von Nassau, Herz- und Eingeweide-Urne

125 Rudolph Franz (1822)

126 Maximilian von Mexiko (1832–1867), Kaiser, Bruder von Kaiser Franz Joseph

127 Maria Louise (1791–1847), Kaiserin, Tochter Franz' II./I., 2. Gemahlin Napoleons

128 Albrecht (1817–1895), Sohn Karl Ludwigs, Sieger von Custoza 1866

129 Hildegard (1825–1864)

130 Mathilde (1849–1867), Tochter von Albrecht (Nr. 128)

131 Karl Albert (1847–1848)

132 Leopold Salvator (1863–1931)

133 Rainer Karl (1895–1930)

134 Margarethe Karoline (1840–1858), 1. Gemahlin von Karl Ludwig

135 Franz Karl (1802–1878), Vater Kaiser Franz Josephs I.

136 Unbenannter Sohn (1840)

137 Sophie Friederike (1805–1872), Mutter Kaiser Franz Josephs I.

138 Karl Ludwig (1833–1896), Vater des 1914 in Sarajewo ermordeten Thronfolgers Franz Ferdinand

139 Maria Annunziata (1843–1871), 2. Gemahlin von Karl Ludwig, Mutter von Franz Ferdinand

140 Otto (1865–1906), Vater des letzten Kaisers Karl I.

141 Maria Josepha (1867–1944), Gemahlin von Erzherzog Otto, Mutter von Kaiser Karl I.

Franz-Josephs-Gruft

142 Franz Joseph I. (1830–1916), Kaiser

143 Elisabeth (1837–1898), Kaiserin, Gemahlin Kaiser Franz Josephs

144 Rudolph (1858–1889), Kronprinz, Sohn von Kaiser Franz Joseph und Kaiserin Elisabeth

Gedenkraum

145   Büste von Kaiser Karl I. (1887–1922), letzter Kaiser der österreichisch-ungarischen Monarchie

146   Madonnenstandbild von Georg Zala für die ermordete Kaiserin Elisabeth, 1899 von den Frauen Ungarns gestiftet

147   Zita (1892–1989), letzte Kaiserin der österreichisch-ungarischen Monarchie, Gemahlin Kaiser Karls I.

BILDQUELLENNACHWEIS

Albertina, Wien: 32, 69, 70

Archiv der Kapuziner, Wien: 12, 25, 28, 29, 37, 40, 41, 42, 43, 44/45, 48, 49, 50, 51, 52, 53, 54, 55, 58, 60 (2), 61, 62/63, 73 (m), 78, 83, 88 (u), 95, 96, 114, 116, 118, 119 (2), 122, 124, 126, 129, 130, 135, 136 (2), 137, 139, 142, 144, 145, 151, 155, 156, 157, 161 (2), 170, 172, 173, 174, 175, 176, 177, 182, 184, 186, 187, 189, 192 (2), 198, 203, 204, 218, 222, 223 (u), 261, 265, 268, 271, 295, 303 (u), 313 (u), 319

Bildarchiv der Österreichischen Nationalbibliothek, Wien: 26/27, 33, 73 (o, u), 74/75, 88 (o), 102, 113, 125, 128, 138, 140/1, 146, 147, 148, 150, 154, 159, 185, 193, 194, 195, 202, 213, 214, 215, 221, 223 (o), 226, 231 (o), 234, 235, 243, 244, 252 (o), 253 (2), 254, 260, 263, 264, 266/67, 268, 279, 280/81, 282, 283, 285 (u), 287, 288, 291, 292/93, 294 (2), 296, 298, 299 (2), 300, 301, 302, 303, 304, 307, 308, 310, 311, 312, 313 (o), 323 (2), 330

Bundesdenkmalamt, Wien: 31, 32, 39, 64, 65, 66, 67 (4), 68, 70, 99 (4), 216 (2), 217, 230, 322, 324 (2), 325 (2), 326 (3), 327

Foto Charly, Wien: 158, 286

Magdalena Hawlik – van de Water, Wien: 19, 77, 80, 127, 164, 191, 224, 250, 252 (u), 256, 284, 314, 316, 320, 329

Heeresgeschichtliches Museum, Wien: 247, 248, 258, 259, 272, 275, 276, 285 (o)

Kunsthistorisches Museum, Wien: 34, 35, 71, 82, 84, 89, 94, 97, 99 (o), 107, 110, 111, 112, 115, 117, 121, 133, 153, 163, 166, 167, 169, 180, 183, 188, 190, 196, 197, 201, 205, 207, 208, 227, 229, 231 (u), 232/233, 237, 239, 241, 251, 255, 270, 297

Eva Pusch, Wien: 92, 100, 103, 105, 108, 109, 143, 209, 211, 212

Stadtmuseum Düsseldorf: 104

Tab. LXXXIII.

Sandapila stannea
CAROLI VI.
CAES. AVG.

Mon. Aust. T. IV. P. II.

Salomon Kleiner delineavit et sculps. Vindobonae. 1747.

C. 999.

Ursprünglicher Sarkophag Kaiser Karls VI. von Nikolaus Moll.

DAS STANDARDWERK

Adam Wandruszka

DAS HAUS HABSBURG

Die Geschichte einer europäischen Dynastie

Eine Publikation über das Haus Habsburg, das bis zum Ende des Ersten Weltkrieges 1918 über ein halbes Jahrtausend lang eine entscheidende Rolle in der Geschichte und Kultur Europas spielte. Die zeitliche Distanz erlaubt uns heute eine unbefangene Rückschau auf die historische Bedeutung dieser Dynastie.

Ein Standardwerk für alle historisch Interessierten, die eine sachlich fundierte, leicht lesbare Rückschau auf die Geschichte des Hauses Habsburg suchen.

224 Seiten, gebunden mit Schutzumschlag, 40 Abbildungen und 3 Karten, ISBN 3-210-24569-X

herder

GENEALOGIE DER HABSBURGISCHEN KAISER AB MATTHIAS UND ANNA, DEN GRÜNDERN DER GRUFT

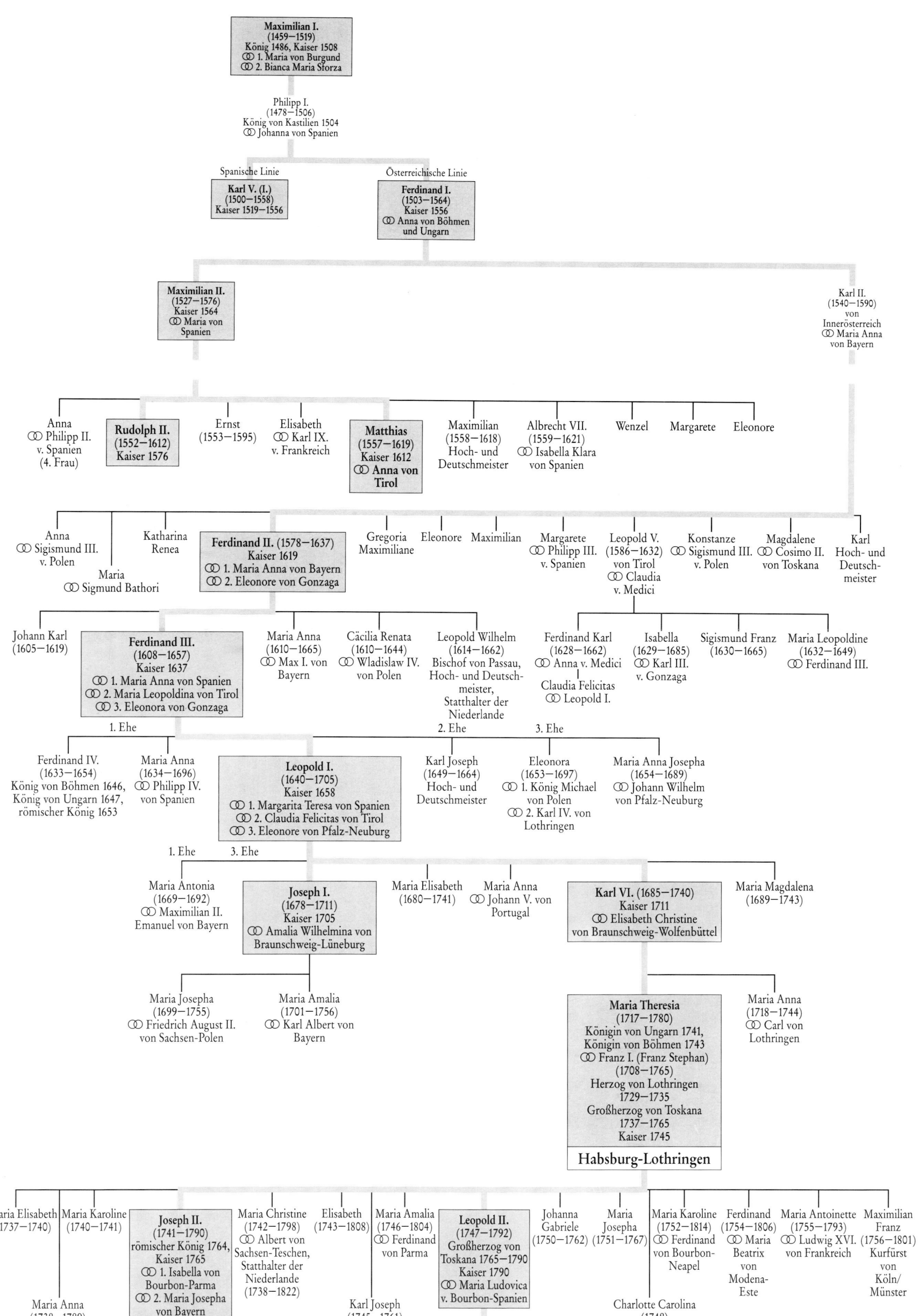

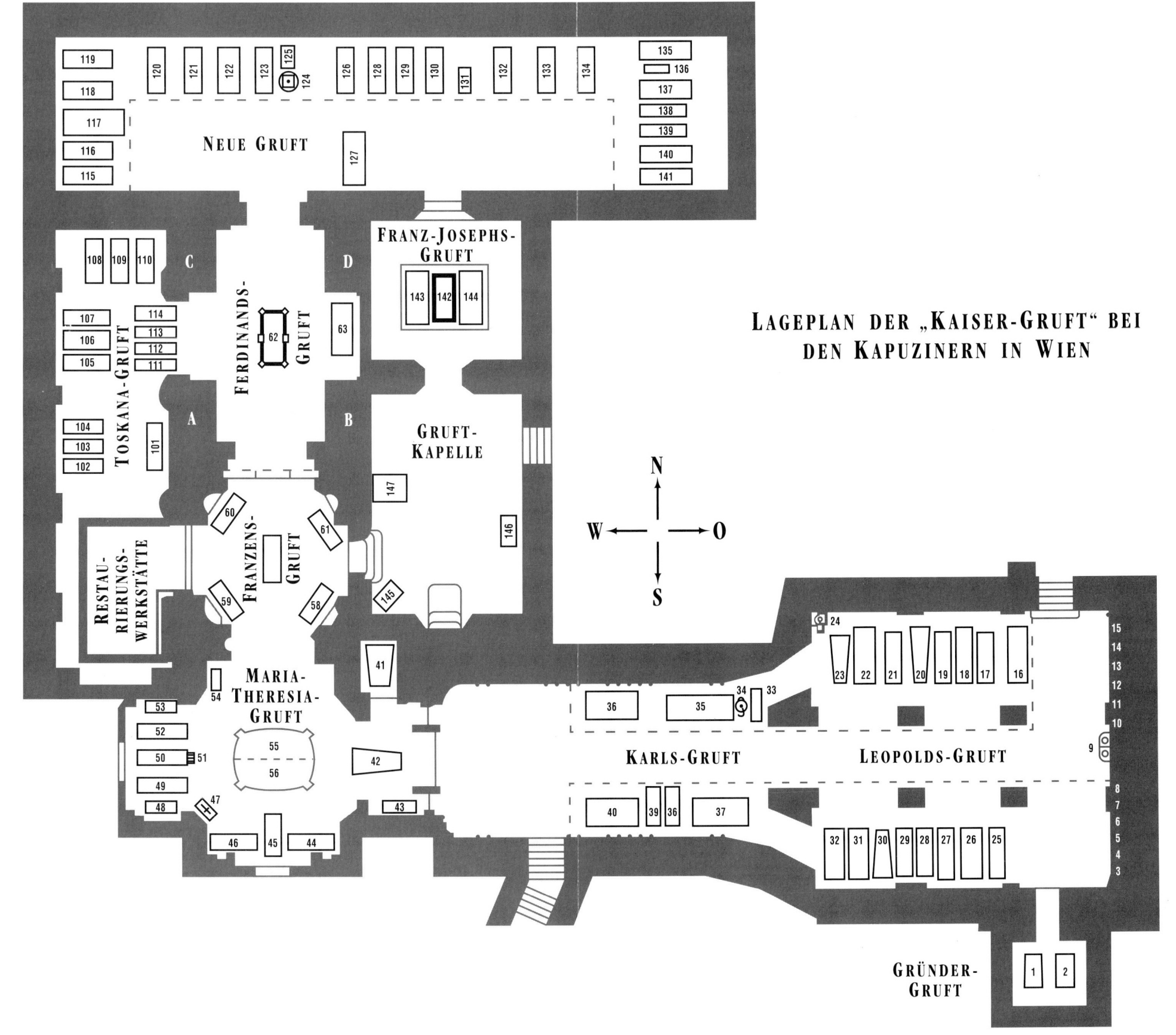

LAGEPLAN DER „KAISER-GRUFT" BEI
DEN KAPUZINERN IN WIEN

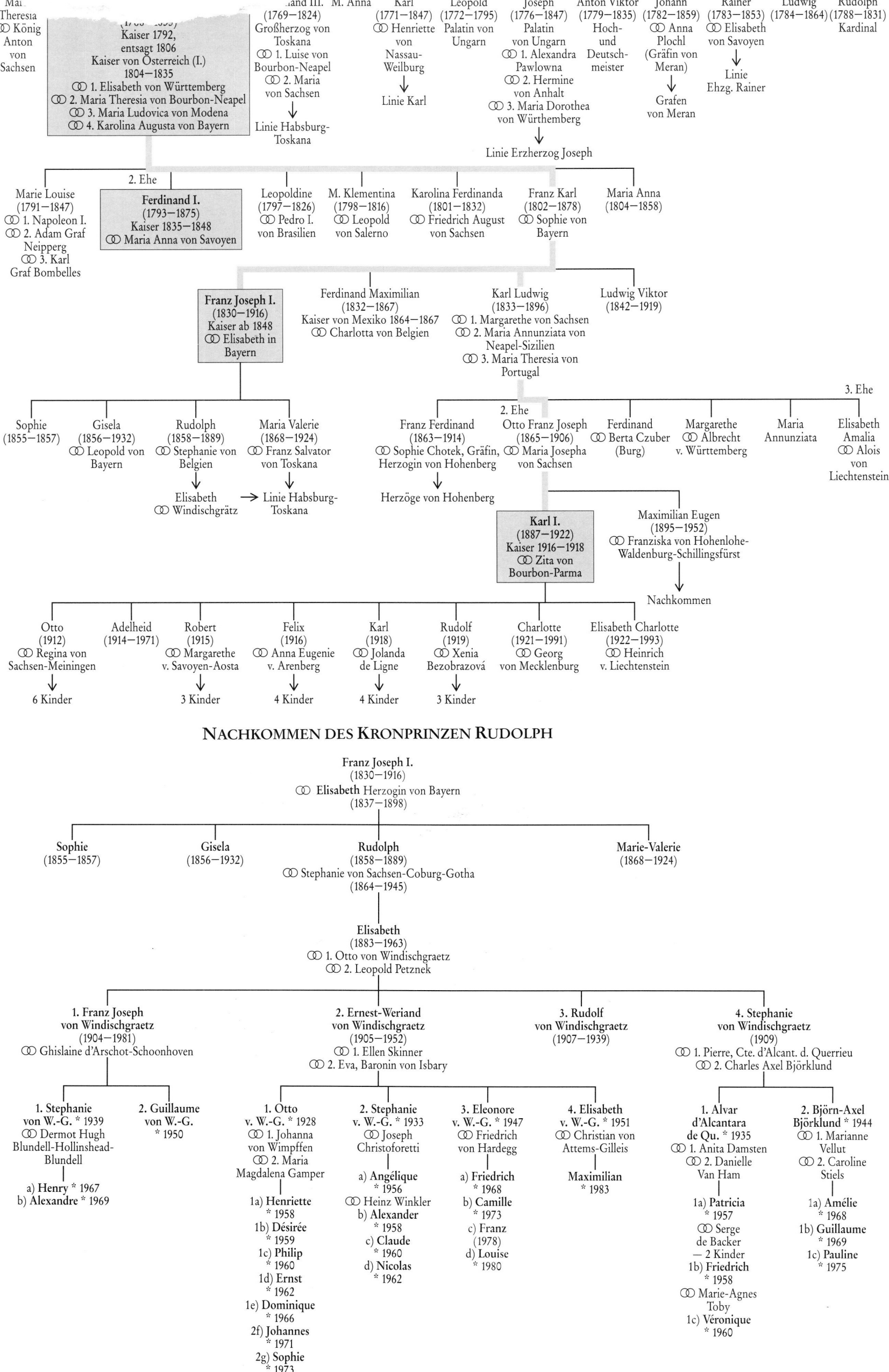

Mal Theresia König Anton von Sachsen

(1768—1835) Kaiser 1792, entsagt 1806 Kaiser von Österreich (I.) 1804—1835 ⚭ 1. Elisabeth von Württemberg ⚭ 2. Maria Theresia von Bourbon-Neapel ⚭ 3. Maria Ludovica von Modena ⚭ 4. Karolina Augusta von Bayern

...and III. M. Anna (1769—1824) Großherzog von Toskana ⚭ 1. Luise von Bourbon-Neapel ⚭ 2. Maria von Sachsen → Linie Habsburg-Toskana

Karl (1771—1847) ⚭ Henriette von Nassau-Weilburg → Linie Karl

Leopold (1772—1795) Palatin von Ungarn

Joseph (1776—1847) Palatin von Ungarn ⚭ 1. Alexandra Pawlowna ⚭ 2. Hermine von Anhalt ⚭ 3. Maria Dorothea von Würthemberg → Linie Erzherzog Joseph

Anton Viktor (1779—1835) Hoch- und Deutschmeister

Johann (1782—1859) ⚭ Anna Plochl (Gräfin von Meran) → Grafen von Meran

Rainer (1783—1853) ⚭ Elisabeth von Savoyen → Linie Ehzg. Rainer

Ludwig (1784—1864)

Rudolph (1788—1831) Kardinal

2. Ehe

Marie Louise (1791—1847) ⚭ 1. Napoleon I. ⚭ 2. Adam Graf Neipperg ⚭ 3. Karl Graf Bombelles

Ferdinand I. (1793—1875) Kaiser 1835—1848 ⚭ Maria Anna von Savoyen

Leopoldine (1797—1826) ⚭ Pedro I. von Brasilien

M. Klementina (1798—1816) ⚭ Leopold von Salerno

Karolina Ferdinanda (1801—1832) ⚭ Friedrich August von Sachsen

Franz Karl (1802—1878) ⚭ Sophie von Bayern

Maria Anna (1804—1858)

Franz Joseph I. (1830—1916) Kaiser ab 1848 ⚭ Elisabeth in Bayern

Ferdinand Maximilian (1832—1867) Kaiser von Mexiko 1864—1867 ⚭ Charlotta von Belgien

Karl Ludwig (1833—1896) ⚭ 1. Margarethe von Sachsen ⚭ 2. Maria Annunziata von Neapel-Sizilien ⚭ 3. Maria Theresia von Portugal

Ludwig Viktor (1842—1919)

Sophie (1855—1857)

Gisela (1856—1932) ⚭ Leopold von Bayern

Rudolph (1858—1889) ⚭ Stephanie von Belgien → Elisabeth ⚭ Windischgrätz

Maria Valerie (1868—1924) ⚭ Franz Salvator von Toskana → Linie Habsburg-Toskana

Franz Ferdinand (1863—1914) ⚭ Sophie Chotek, Gräfin, Herzogin von Hohenberg → Herzöge von Hohenberg

2. Ehe

Otto Franz Joseph (1865—1906) ⚭ Maria Josepha von Sachsen

Ferdinand ⚭ Berta Czuber (Burg)

Margarethe ⚭ Albrecht v. Württemberg

Maria Annunziata

3. Ehe

Elisabeth Amalia ⚭ Alois von Liechtenstein

Karl I. (1887—1922) Kaiser 1916—1918 ⚭ Zita von Bourbon-Parma

Maximilian Eugen (1895—1952) ⚭ Franziska von Hohenlohe-Waldenburg-Schillingsfürst → Nachkommen

Otto (1912) ⚭ Regina von Sachsen-Meiningen → 6 Kinder

Adelheid (1914—1971)

Robert (1915) ⚭ Margarethe v. Savoyen-Aosta → 3 Kinder

Felix (1916) ⚭ Anna Eugenie v. Arenberg → 4 Kinder

Karl (1918) ⚭ Jolanda de Ligne → 4 Kinder

Rudolf (1919) ⚭ Xenia Bezobrazová → 3 Kinder

Charlotte (1921—1991) ⚭ Georg von Mecklenburg

Elisabeth Charlotte (1922—1993) ⚭ Heinrich v. Liechtenstein

NACHKOMMEN DES KRONPRINZEN RUDOLPH

Franz Joseph I. (1830—1916) ⚭ Elisabeth Herzogin von Bayern (1837—1898)

Sophie (1855—1857)

Gisela (1856—1932)

Rudolph (1858—1889) ⚭ Stephanie von Sachsen-Coburg-Gotha (1864—1945)

Marie-Valerie (1868—1924)

Elisabeth (1883—1963) ⚭ 1. Otto von Windischgraetz ⚭ 2. Leopold Petznek

1. Franz Joseph von Windischgraetz (1904—1981) ⚭ Ghislaine d'Arschot-Schoonhoven

2. Ernest-Weriand von Windischgraetz (1905—1952) ⚭ 1. Ellen Skinner ⚭ 2. Eva, Baronin von Isbary

3. Rudolf von Windischgraetz (1907—1939)

4. Stephanie von Windischgraetz (1909) ⚭ 1. Pierre, Cte. d'Alcant. d. Querrieu ⚭ 2. Charles Axel Björklund

1. Stephanie von W.-G. * 1939 ⚭ Dermot Hugh Blundell-Hollinshead-Blundell

a) **Henry** * 1967
b) **Alexandre** * 1969

2. Guillaume von W.-G. * 1950

1. Otto v. W.-G. * 1928 ⚭ 1. Johanna von Wimpffen ⚭ 2. Maria Magdalena Gamper

1a) **Henriette** * 1958
1b) **Désirée** * 1959
1c) **Philip** * 1960
1d) **Ernst** * 1962
1e) **Dominique** * 1966
2f) **Johannes** * 1971
2g) **Sophie** * 1973

2. Stephanie v. W.-G. * 1933 ⚭ Joseph Christoforetti

a) **Angélique** * 1956 ⚭ Heinz Winkler
b) **Alexander** * 1958
c) **Claude** * 1960
d) **Nicolas** * 1962

3. Eleonore v. W.-G. * 1947 ⚭ Friedrich von Hardegg

a) **Friedrich** * 1968
b) **Camille** * 1973
c) **Franz** (1978)
d) **Louise** * 1980

4. Elisabeth v. W.-G. * 1951 ⚭ Christian von Attems-Gilleis

Maximilian * 1983

1. Alvar d'Alcantara de Qu. * 1935 ⚭ 1. Anita Damsten ⚭ 2. Danielle Van Ham

1a) **Patricia** * 1957 ⚭ Serge de Backer — 2 Kinder
1b) **Friedrich** * 1958 ⚭ Marie-Agnes Toby
1c) **Véronique** * 1960

2. Björn-Axel Björklund * 1944 ⚭ 1. Marianne Vellut ⚭ 2. Caroline Stiels

1a) **Amélie** * 1968
1b) **Guillaume** * 1969
1c) **Pauline** * 1975

DER FAMILIENZWEIG HABSBURG-TOSKANA

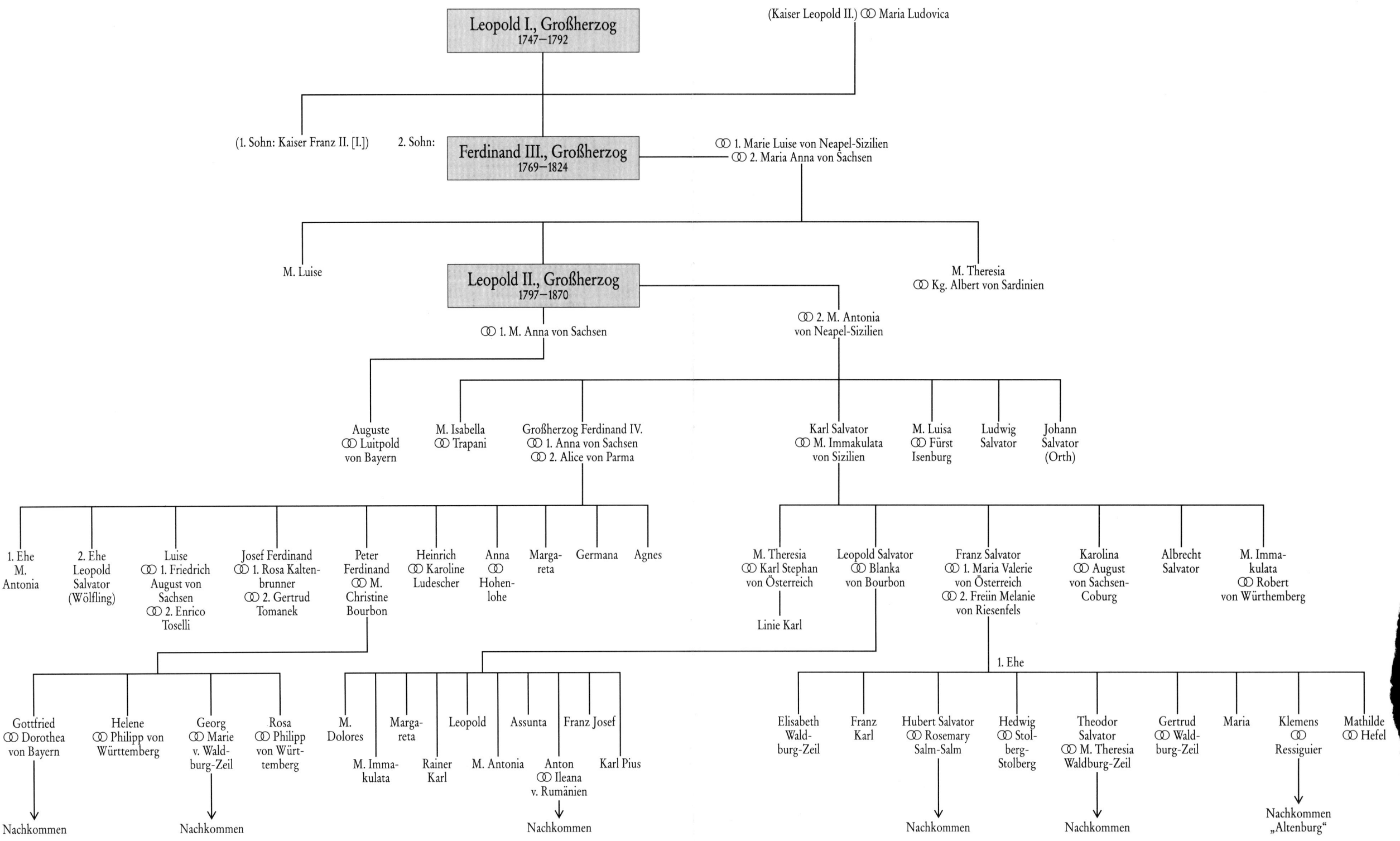

Leopold I., Großherzog
1747–1792

(Kaiser Leopold II.) ⚭ Maria Ludovica

(1. Sohn: Kaiser Franz II. [I.])   2. Sohn:

Ferdinand III., Großherzog
1769–1824

⚭ 1. Marie Luise von Neapel-Sizilien
⚭ 2. Maria Anna von Sachsen

M. Luise

Leopold II., Großherzog
1797–1870

⚭ 1. M. Anna von Sachsen

⚭ 2. M. Antonia
von Neapel-Sizilien

M. Theresia
⚭ Kg. Albert von Sardinien

Auguste
⚭ Luitpold
von Bayern

M. Isabella
⚭ Trapani

Großherzog Ferdinand IV.
⚭ 1. Anna von Sachsen
⚭ 2. Alice von Parma

Karl Salvator
⚭ M. Immakulata
von Sizilien

M. Luisa
⚭ Fürst
Isenburg

Ludwig
Salvator

Johann
Salvator
(Orth)

1. Ehe
M.
Antonia

2. Ehe
Leopold
Salvator
(Wölfling)

Luise
⚭ 1. Friedrich
August von
Sachsen
⚭ 2. Enrico
Toselli

Josef Ferdinand
⚭ 1. Rosa Kalten-
brunner
⚭ 2. Gertrud
Tomanek

Peter
Ferdinand
⚭ M.
Christine
Bourbon

Heinrich
⚭ Karoline
Ludescher

Anna
⚭
Hohen-
lohe

Marga-
reta

Germana

Agnes

M. Theresia
⚭ Karl Stephan
von Österreich

Leopold Salvator
⚭ Blanka
von Bourbon

Franz Salvator
⚭ 1. Maria Valerie
von Österreich
⚭ 2. Freiin Melanie
von Riesenfels

Karolina
⚭ August
von Sachsen-
Coburg

Albrecht
Salvator.

M. Imma-
kulata
⚭ Robert
von Würthemberg

Linie Karl

1. Ehe

Gottfried
⚭ Dorothea
von Bayern

Helene
⚭ Philipp von
Württemberg

Georg
⚭ Marie
v. Wald-
burg-Zeil

Rosa
⚭ Philipp
von Würt-
temberg

M.
Dolores

Marga-
reta

Leopold

Assunta

Franz Josef

Elisabeth
Wald-
burg-Zeil

Franz
Karl

Hubert Salvator
⚭ Rosemary
Salm-Salm

Hedwig
⚭ Stol-
berg-
Stolberg

Theodor
Salvator
⚭ M. Theresia
Waldburg-Zeil

Gertrud
⚭ Wald-
burg-Zeil

Maria

Klemens
⚭
Ressiguier

Mathilde
⚭ Hefel

M. Imma-
kulata

Rainer
Karl

M. Antonia

Anton
⚭ Ileana
v. Rumänien

Karl Pius

Nachkommen

Nachkommen

Nachkommen

Nachkommen

Nachkommen

Nachkommen
„Altenburg"